JOSEPH REINACH

8114

LA

POLITIQUE

OPPORTUNISTE

— 1880 - 1889 —

PARIS

BIBLIOTHÈQUE-CHARPENTIER

11, RUE DE GRENELLE, 11

1890

LA POLITIQUE OPPORTUNISTE

LA
POLITIQUE
OPPORTUNISTE
— 1880-1889 —

PAR

JOSEPH REINACH
Député

PARIS
BIBLIOTHÈQUE-CHARPENTIER
11, RUE DE GRENELLE, 11
—
1890

A M. WALDECK-ROUSSEAU

Mon cher ami,

Je sais, comme vous, que l'on ne trouverait pas une seule fois dans l'œuvre oratoire de Gambetta le mot d'opportunisme et que ses successeurs, ses amis, ses élèves ne l'ont jamais adopté. Cependant il a été attaché par les partis et semble devoir rester à la politique que Gambetta définissait la politique des résultats et qui était, par excellence, la politique républicaine et nationale. Aujourd'hui comme hier, je pense que le nom de républicain est assez beau pour se passer d'épithète. Mais je crois aussi que nous n'avons pas à rougir de ce qui a été appelé, pendant tant d'années, la politique opportuniste et que l'événement a justifié avec éclat les actes et les prévisions de ceux qui furent, comme vous l'avez été au premier rang, les collaborateurs et les continuateurs *du grand citoyen, notre maître et notre ami. Ayant commenté, au jour le jour, dans les revues et les journaux, les principaux incidents de cette politique, je n'ai donc pas craint de donner au livre où je réunis quelques-uns de ces articles le nom même qui a été l'objet de tant d'injustes attaques, mais qui n'a plus aujourd'hui, après les événements qui ont brisé le cadre des anciens partis, qu'une signification historique.*

Vous avez été le disciple favori de Gambetta; nul n'a mieux compris et n'a continué sa tradition avec plus de fermeté et de clairvoyance que vous; vous me permettrez de vous offrir la dédicace de ce volume, en souvenir de la grande affection et de la grande admiration qui nous ont unis.

JOSEPH REINACH.

Octobre 1890.

QUESTION D'ORIENT

LA POLITIQUE CIVILISATRICE EN SYRIE.
L'OPINION PUBLIQUE EN FRANCE ET LA POLITIQUE EXTÉRIEURE.
LA FAUSSE POLITIQUE DE PAIX.
CHOSES D'ÉGYPTE.
LES ENSEIGNEMENTS DE LA QUESTION ÉGYPTIENNE.

LA POLITIQUE CIVILISATRICE EN SYRIE

29 mai 1880.

I

On a souvent noté comme un signe des temps la réaction violente qui s'est produite dans l'esprit public, au lendemain de nos désastres de 1870, contre ce qu'on appelait le don quichottisme en politique. Lasse d'avoir versé tant de sang et gaspillé tant de richesses pour des causes étrangères, la France s'était décidée à restreindre désormais son champ d'action au cercle de ses intérêts immédiats et à consacrer ses efforts au seul développement de sa prospérité et de sa puissance intérieures. On s'aperçoit aujourd'hui que dans ce retour à une politique plus modeste, l'esprit français, toujours extrême, court le risque de ne pas savoir s'arrêter. Il ne se contente pas de n'être plus don Quichotte, il aurait quelque disposition à se faire Sancho Pança.

Il importe de réagir contre ce nouvel excès. Un pays qui a une histoire, des traditions séculaires, une industrie, un commerce, des colonies, des voisins ambitieux et entreprenants, n'a pas le droit de fermer les yeux sur ce qui se passe au delà de ses frontières ; il lui est interdit de

croire que les révolutions qui s'opèrent, les modifications
d'équilibre qui se préparent ou s'accomplissent, ne le
touchent qu'autant que son territoire est directement mis
en cause. Rien de mieux que de ne pas sacrifier ses intérêts à des intérêts étrangers ; mais un problème n'est pas
étranger à la France par cela seul qu'il se débat à cinq
cents lieues de nous. Tout se tient, tout s'enchaîne dans
la politique comme dans la nature, et les événements
les plus indifférents en apparence peuvent avoir des
conséquences lointaines, des contre-coups funestes qu'il
vaut mieux prévoir et parer que subir. Gardons-nous d'un
égoïsme imprudent et d'un optimisme gros de déceptions,
qui, en flattant notre paresse, finiraient par compromettre
notre grandeur nationale. Cette sécurité indolente et coupable serait celle du perroquet de la fable qui ne cessa
de répéter : « Cela ne sera rien », jusqu'au jour où l'équi-
page entier du navire et lui-même moururent de faim
au milieu de l'Océan immobile.

De toutes les questions qui, sans concerner directement
l'intégrité territoriale de la France, n'engagent pas moins
ses intérêts les plus sérieux, la question d'Orient est à la
fois la plus ancienne, la plus complexe et la plus pressante.
Lord Beaconsfield raillait au congrès de Berlin les intérêts de pur sentiment que la France a toujours eus dans
les contrées du Levant ; on pourrait répondre qu'à l'époque
reculée où ces intérêts ont pris naissance, aucun État de
l'Europe, sauf peut-être quelques villes d'Italie, n'avait en
Orient des intérêts d'une autre nature. Mais quoi ! les
exploits des croisés, l'empire latin de Constantinople,
les principautés éphémères de Jérusalem, d'Antioche,
d'Achaïe, les établissements plus durables des îles de
l'Archipel et de la Méditerranée n'ont-ils pas eu pour
résultat de faire connaître l'Orient à la France et la France
à l'Orient ? le nom de *Franc* n'est-il pas ainsi devenu
et resté dans le monde musulman synonyme d'Européen ?
Enfin, des croisades sont nées les capitulations. Il y a
longtemps que Charles VIII, notre dernier paladin, est mort
au château d'Amboise et que nul ne songe plus à rétablir

sur le trône de leurs aïeux les descendants problématiques des Baudouin et des Lusignan, ni à partir en guerre pour délivrer du joug de l'infidèle le lieu où ne fut pas enseveli Jésus-Christ; mais aux raisons de pur sentiment ont succédé, quoi qu'on en dise, des considérations plus positives, moins capables peut-être de soulever notre enthousiasme, très dignes pourtant de fixer notre attention. Depuis que le port de Marseille a hérité de la splendeur de Gênes et de Venise, depuis que l'Algérie, cette France africaine, a doublé l'étendue de notre littoral méditerranéen, depuis que le canal de Suez a ouvert une route nouvelle ou plutôt rouvert l'ancienne route vers l'Inde, l'Indo-Chine et l'Océanie, depuis enfin que la France est une puissance à la fois industrielle, maritime et musulmane, notre commerce a trouvé dans les pays du Levant un de ses débouchés les plus importants, les capitaux français y ont été employés à des créations nombreuses, nos nationaux s'y sont multipliés. Il y a là des intérêts de premier ordre à étudier, à protéger, à étendre. Et ce ne sont pas les seuls. La France ne poursuit pas seulement en Orient un but mercantile, elle n'a pas cessé d'y remplir et doit y remplir encore une mission de propagande et de liberté dont elle n'a pas à se défendre; elle y répand, avec ses produits, sa langue, ses mœurs, sa civilisation; elle doit y exercer encore, sous peine de déchoir, cette influence politique qui est une partie du patrimoine d'une grande nation. Chaque pouce de terrain que le nom français perd en Orient est gagné par la barbarie ou par l'un de nos rivaux. Si c'est la barbarie, quel affront à notre dignité de nation civilisée! Si c'est un rival, quelle atteinte à notre position en Europe! L'équilibre continental peut-il être bouleversé au profit de la Russie ou de l'Autriche, l'équilibre de la Méditerranée peut-il être dérangé au profit exclusif de l'Angleterre, sans un détriment réel pour la France? Non sans doute, et, s'il en est ainsi, on ne saurait trop regretter le peu de curiosité que les affaires d'Orient excitent depuis quelques années dans le public français. Cette indifférence tient à deux causes : l'une générale, l'autre particulière. La première, c'est ce parti pris de concentration systématique qui a été dénoncé plus haut ; la seconde, c'est cette espèce de lassitude que finit par produire dans les esprits une question trop souvent rebattue et à laquelle on a proposé depuis des siècles tant de solutions infaillibles dont le seul tort était de n'être pas nées viables. La plus belle mélodie, écorchée par les orgues de Barbarie, dégoûte à la longue les oreilles les plus avides de musique... Je ne veux rien exagérer. Nous ne sommes pas dans la léthargie, mais nous nous assoupissons sans cesse. On ne se réveille que lorsque le tonnerre roule, lorsqu'un grand coup est frappé quelque part. On se frotte les yeux. Que s'est-il donc passé ? Plewna est tombée, l'Angleterre a acheté les actions de Suez, elle a signé la convention de Constantinople. Et alors le public se sent piqué au vif, il s'enflamme, il accuse ses diplomates, jamais lui-même ; il s'excite à agir, il se souvient de ses devoirs, il s'apprête à les remplir et tout à coup

Soupire, étend les bras, ferme l'œil et s'endort.

C'est à ces brusques soubresauts, à ces alternatives d'apathie et d'excitation fébrile qui se traduisent dans la politique journalière par de tristes défaillances, qu'il s'agirait de substituer ce qui existe chez nos voisins d'outre-Manche et ce qui fait leur force : dans la nation, une vigilance persistante, calme, soutenue, une curiosité virile de ses intérêts, l'esprit d'initiative qui pousse aux grandes entreprises pacifiques, l'esprit de suite qui les fait réussir ; chez les gouvernants et chez leurs agents, l'activité constante d'une diplomatie éclairée et appuyée, les encouragements apportés à propos aux efforts des particuliers, la confiance que donne la certitude d'avoir avec soi l'opinion publique.

Dans ce concours de toutes les intelligences, les publicistes ont un devoir nettement tracé : c'est de signaler, dans la mesure de leur expérience, aux hommes d'État et aux hommes de bonne volonté les points où leur action

peut s'exercer avec le plus de fruit. L'Orient est un vaste
-champ qui serait mieux cultivé s'il était mieux connu. Je
voudrais porter un peu de lumière sur l'état d'une de ses
provinces les plus favorisées de la nature et les plus délais-
sées par les hommes : la Syrie.

II

S'il n'est pas facile de découvrir les remèdes qui peuvent
régénérer les pays d'Orient, un peu d'observation suffit
pour reconnaître les maux dont ils souffrent. Un voyage
récent à travers la Syrie m'a fourni l'occasion de constater
sur les lieux mêmes l'étendue et les principales causes de
sa décadence.

Première impression que produit la Syrie sur le voyageur
qui l'aborde avec le cerveau plein de souvenirs et d'illusions : la Terre promise est devenue une terre de désolation. Ce qu'était la Syrie au temps des Grecs et des
Romains, qui ne le sait ? Antioche, reine de l'Orient, avec
ses sept cent mille habitants, était la grande ville asiatique
du luxe et de l'art ; Daphné, sa voisine, était « le temple
de la lumière et de la volupté » ; la vallée de Laodicée
était un jardin exquis, la Cœlé-Syrie un des jardins de
Rome ; la Phénicie ouvrait aux vaisseaux de toute la Méditerranée des ports magnifiques et sûrs. Puis c'étaient la
Galilée, la terre même de l'idylle ; la plaine de Génésareth, fertile comme l'Égypte même ; les bords du lac de
Tibériade, couverts de riches villages ; Damas, Émèse, et
plus loin Palmyre, citadelle avancée de la civilisation
gréco-romaine au milieu des tribus nomades du désert (1).

De tout cela qu'est-il resté ? De Séleucie à Antioche, au
bord du misérable sentier qui fut la grande route de com ·

(1) Josèphe, *Bell. Jud.*, III, 3, 1. — Antonin, *Itin.*, 5. — Libanius,
Lettres. — Renan, *Vie de Jésus*, p. 64.

merce de l'Asie, pas une maison ; Antioche, dégénérée en
Antakieh, n'est plus qu'une sale bourgade où croupissent
quatre mille Arabes ; Beît-Elma, l'ancienne Daphné,
n'offre plus que des ruines ; le désert a envahi la plaine
de Latakieh, jaunâtre et rocailleuse ; la Béka est déboisée
et desséchée ; la Galilée, brûlée comme une autre Judée ;
plus un arbre dans la vallée de Génésareth, plus une ville
sur le lac de Tibériade, triste comme la mer Morte ;
disparues, les innombrables cités qui peuplaient les
plaines d'Ammon, de Batanée, d'Iturée et de Chalcis ; et
des bandes de Circassiens nichent avec les oiseaux de
proie dans les décombres de Saïda et de Sour, qui s'appe-
lèrent Sidon et Tyr.

Entre ces siècles de vie et nos siècles de mort, qu'est-il
donc arrivé ? Une série de conquêtes, d'invasions, de massacres, une succession de gouvernements de plus en plus
rapaces, oppressifs et ignorants. Nul pays n'a changé plus
souvent de maîtres et n'a plus souffert de ces changements.
Les Arabes l'ont pris aux Grecs, les Turcs Seldjoucides
aux Arabes, les croisés aux Seldjoucides, les Égyptiens
aux croisés, les Turcs Ottomans aux Égyptiens. Tout cela
ne s'est pas fait sans une effroyable consommation d'hommes
et de richesses, car les Saladin, les Tamerlan, les Sélim
ont passé là. Les populations primitives, aussi incapables
de se gouverner elles-mêmes que les fellahs du Nil, dans
l'inextricable confusion de leurs races, indissolublement
attachées d'ailleurs à la même glèbe, ne sont que des
outils, ne valent que par l'ouvrier qui les manie. Ce même
outil devient aux mains des Séleucides et de Rome un
instrument de richesse ; aux mains des Turcs, un instrument de destruction. Les Romains étaient conquérants
comme les Turcs, mais ils l'étaient d'une autre manière.
Leur intérêt bien entendu leur faisait respecter celui des
peuples soumis à l'empire. En échange de l'indépendance,
ils leur apportaient l'ordre, une administration vigilante,
les libertés municipales, tous les éléments d'une prospérité
dont ils recueillaient les premiers fruits. Chaque année
était marquée par un nouveau bienfait : tantôt des voies de

communication impérissables, tantôt des temples, des ports, des marchés. Impitoyable aux rebelles seulement, Rome donnait sa grande paix au monde, et le monde, en retour, emplissait ses caisses et ses greniers. Hier, au cours d'un voyage de deux mois, dans l'universel et sûr envahissement de la ruine musulmane, dès que mon cheval mettait le pied sur une route large et régulièrement tracée, dès que j'apercevais un pont de pierre, un aqueduc, un canal, une belle enceinte de murs, je savais aussitôt que j'allais trouver la majestueuse signature de Rome. Rome était le cœur de son empire ; Stamboul est la sangsue du sien. Le grand but que poursuivait le Romain, c'était l'assimilation pacifique des vaincus réconciliés aux vainqueurs ; le Turc, depuis près de quatre siècles, n'a rien perdu en Asie de la morgue insolente du conquérant qui croit que tout est à lui et n'use jamais de ses droits que pour en abuser. Voilà bien le despotisme que Montesquieu a peint par l'image fameuse du sauvage qui coupe l'arbre au pied pour en avoir le fruit. Le Romain vivifiait, l'Arabe laissait vivre, le Turc stérilise et tue. Est-ce cruauté de sa part ? férocité naturelle ou système ? Rien de tout cela, mais l'ignorance cupide de l'avare qui ouvre la poule aux œufs d'or.

Et pourtant, quoi qu'en ait dit Chateaubriand, le sol de la Syrie n'est pas épuisé ; « il n'y a sur lui qu'un manteau de sécheresse et de deuil » dont des siècles de désolation brutale et d'exactions l'ont enveloppé comme dans un linceul. La terre est toujours celle qui inspirait aux païens le culte de Cybèle aux mille seins. Nulle campagne n'est plus grasse que celles de Saaron, de Gaza, de l'Esdrelon, de Haouran, que la plaine de Houleh où la terre arable atteint une profondeur de deux mètres. Il n'est pas de ciel plus doux, de climat plus délicieux. Dès que finit l'hiver, la campagne se couvre de myriades de fleurs éclatantes : elle ne demande qu'à se couvrir d'opulentes moissons. La pauvre charrue indigène n'a qu'à gratter le sol pour y faire germer, hauts et drus, les plus beaux épis de l'Asie.

Si la fécondité naturelle de ce sol est étouffée, s'il ne

produit pas la dixième partie de ce qu'il peut produire et
de ce qu'il a produit, c'est donc aux vices de l'économie
agricole, étroitement liés aux vices du gouvernement,
qu'il faut s'en prendre avant tout. Quand on parcourt
les collines de la Béka et du pays maronite, on rencontre
à chaque instant des sources taries, des citernes des-
séchées. Pourquoi la montagne a-t-elle perdu ses eaux ?
Parce qu'elle a été déboisée par les incendies et par
les troupeaux innombrables de chèvres qui dévorent incessamment les jeunes pousses. Mais ne vous hâtez pas d'accuser la seule incurie des populations. Je demandais un
jour à un haut fonctionnaire ottoman : « Pourquoi ne
reboisez-vous pas toutes ces admirables collines qui bor-
dent la vallée de Zebdani à Damas ? » Il me répondait :
« Parce que c'est nous-mêmes qui les avons déboisées,
pour enlever aux voleurs et aux pillards un asile où nos
gendarmes ne pouvaient les atteindre. »

Mais une cause de ruine, plus efficace encore que les
chèvres et les incendies, ce sont les exactions fiscales, qui
ruinent et dégoûtent le cultivateur, lui font prendre sa
tâche en horreur et lui font chercher un refuge philosophique dans la pauvreté. Pour un pacha qui considère tout
éloignement de Stamboul comme un exil, qu'est-ce qu'une
province confiée à son administration ? Un moyen de
rétablir ou d'accroître sa fortune, rien de plus. L'historien
romain disait d'un proconsul : *Provinciam quam pauper
divitem intraverat, dives pauperem reliquit.* Il n'est guère
de pacha turc dont on n'ait pu en dire autant, aussi longtemps qu'il y a eu quelque chose à prendre dans son
gouvernement. Le gouverneur se considère encore comme
le délégué du conquérant ; il n'a qu'une mission : fournir
au padischah tant d'hommes et tant d'argent. Comment,
par quels moyens, peu importe. A lui de savoir mettre en
campagne ses zaptiés et ses dîmiers. C'est la seule chose
qu'il sache, mais il y est passé maître.

D'abord, sauf pour les protégés de l'Europe, point de
certitude dans la propriété. La terre, regardée toujours
comme conquise, appartient au sultan, qui, par lui-même

ou par ses agents, en trafique selon son bon plaisir, abandonnant des villages entiers et des campagnes à ses créanciers ou à ses favoris. Tel croit posséder un champ, qui demain apprendra que l'héritage de ses pères appartient, de par la volonté du khalife, à un usurier ou à un colonel quelconque. Puis, quand il n'y a pas spoliation directe, la dîme. Chaque province, chaque district, chaque village est affermé à des adjudicataires dont le métier consiste à tirer de leur marché le plus de bénéfice possible. Voici un village qui, en bonne justice, devrait et pourrait rapporter à l'État 20000 piastres : le pacha l'estime arbitrairement à 30000 ; le dîmier, pressé par les enchères, l'achète 40000. Alors, pour que son marché ne soit pas une ruine, il doit faire suer à ce village, sa chose à lui, 50000 ou 60000 piastres, c'est-à-dire le double ou le triple de la taxe rationnelle. Mais comment obtenir *dix* du contribuable, qui sait ne devoir que *deux* ou *trois?* Rien de plus simple. Le blé récolté est-il, par exemple, de deux qualités, le dîmier estime la récolte en bloc et ne se paye que sur la qualité supérieure, car la dîme est à sa volonté payable en nature ou en argent. La récolte est-elle insuffisante, le retard apporté à dessein à la tournée a-t-il eu pour résultat qu'une moitié du blé a pourri sur place (car la moisson ne peut être déplacée avant la venue du dîmier), celui-ci prend tout ce qui reste, et, sous prétexte de fraude, exige un appoint d'argent pour le surplus. Le taillable refuse-t-il, soit qu'il se révolte contre l'injustice, soit que réellement il n'ait plus rien? Un dîmier turc n'est pas embarrassé pour si peu. Il envoie au rebelle d'abord un garnisaire, qui prend domicile dans son logis, l'incommode de mille façons et augmente sa détresse; puis un gendarme, qui le traîne en prison. Or la prison turque a vite raison du plus endurci. Généralement, au bout d'une semaine, le misérable capitule : tantôt il emprunte à un usurier (dans les transactions les plus régulières, le taux normal de l'argent est de 30, 40 et 50 pour 100), tantôt il s'engage d'avance sur la récolte prochaine. L'hiver passe, le printemps revient, l'homme se met à l'œuvre,

la récolte est superbe : il va, se dit-il, retrouver l'équilibre
de sa petite fortune. Point du tout. La dîme précédente
ayant rapporté 60000 piastres, les enchères du nouvel
exercice ont naturellement été plus élevées; le village a
été vendu 60000 ou 70000 piastres, il faut que le dimier
en trouve 80000. En conséquence, il grossit, quadruple
ou quintuple toutes les cotes, celles du payeur irrégulier,
dont le garnisaire lui répondra, comme celles du payeur
exact, qui va devenir irrégulier à son tour. Et alors,
comme en France avant 1789, le taillable de Syrie va devi-
ner que, contre le dîmier, le garnisaire et le zaptié, il n'a
qu'une ressource : sa pauvreté, simulée ou réelle, volon-
taire ou involontaire. Dans les plus beaux districts de
Syrie, voyant la terre à peine écorchée par la charrue, les
semailles insuffisantes, les plantations maigres, je demandais aux paysans : « Pourquoi ne travaillez-vous pas davantage? Pourquoi laisser incultes des terres aussi riches et
vous priver vous-mêmes de vrais trésors? » Et l'on me
répondait par ces mots terribles : « A quoi bon travailler
pour le dîmier? » Le désir de la propriété est inné chez
l'homme, mais cette atroce machine à tondre qui s'appelle
le fisc a rendu toute possession précaire, toute acquisition
vaine, toute épargne dérisoire. Le proverbe arabe dit que
mille cavaliers ne sauraient dépouiller un homme nu.
Après tout, mieux vaut être nu que maltraité; mieux vaut
n'avoir jamais rien eu que de perdre incessamment ce
qu'on a tant peiné pour acquérir. Aussi, les villages sont
misérables, les cabanes sont des cubes de boue pétrie avec
de la paille hachée. La superficie cultivée a diminué de
moitié, rongée peu à peu par le désert envahissant. Jetez
les yeux sur la carte de la Syrie actuelle et comparez-la à
une carte de la Syrie romaine ou même byzantine : les
espaces blancs ont doublé d'étendue. La désespérance,
comme au moyen âge chez nous, est au fond des âmes.
On travaille tout juste assez pour satisfaire aux premiers
besoins, pour vivre, mais rien de plus. Tout le monde
mendie sans vergogne. *Backschich!* est le premier mot
qu'on enseigne aux enfants.

La ruine de la richesse agricole a eu pour première conséquence le dépérissement des classes laborieuses. Il y a dix siècles, la Syrie était deux ou trois fois plus peuplée qu'aujourd'hui : les terres en friche font les villages déserts. Dans les régions jadis les plus populeuses, on voyage pendant de longues heures sans rencontrer une figure humaine. Presque pas d'année sans quelque famine horrible, où les hommes de la campagne meurent par troupeaux. On a pu estimer qu'à la fin du siècle dernier la Béka, le Hauran et la Galilée avaient perdu le quart, le tiers et même la moitié de leurs habitants. Et toutes les causes de dépopulation, disette, épidémie, stérilité, se ramènent en dernière analyse à la misère voulue du contribuable. Comme les paysans français de 1750, les Syriens répondent à qui les interroge que ce n'est pas la peine de faire des malheureux comme eux-mêmes. Il est certain que, sauf dans les montagnes, les races syriennes ont partout dégénéré, empoisonnées par la pauvreté, par le mauvais régime, abruties par la peur, atteintes dans les sources mêmes de la vitalité par les vices d'un service militaire qui change les jeunes gens en vieillards; les types ont perdu leur noblesse originelle. A l'un des degrés les plus bas de l'échelle humaine, il faut placer les Juifs de Jérusalem et de Tibériade, descendants de ceux qui ont donné au monde la Bible et l'Évangile.

Arbitraire dans la perception des taxes, arbitraire dans le recrutement du nizam (on se rachète pour 100 francs du service militaire), arbitraire partout. La justice n'est qu'un mot. Le trafic éhonté des fonctions donne une administration corrompue jusqu'à la moelle. La pauvreté protège contre le dîmier; devant le cadi, elle condamne. La richesse se tire d'affaire, mais à quels frais! Les musulmans, riches ou pauvres, le disent eux-mêmes : « Il vaut mieux être étranger, c'est-à-dire soutenu par un consul. » La plus grande ambition d'un Maronite, d'un Grec ou d'un Druse de Syrie, c'est d'être protégé français, russe ou anglais; sans cela, point de sûreté pour les biens, point de sûreté pour les personnes. Un gouverneur est-il à court

d'argent, tous les moyens lui sont bons pour en trouver;
celui de Jérusalem imagina l'autre jour la petite comédie
que voici. Il envoie des hommes à lui dans un village et
fait voler des bœufs, qu'on conduit tranquillement dans
ses étables. Rumeur et agitation parmi les villageois,
plaintes contre l'auteur inconnu du vol, indignation simulée du bey, qui promet une enquête. Puis tout à coup
ordre est donné aux zaptiés de mener en prison les vingt
ou trente propriétaires les plus imposés de la localité.
Quelques jours s'écoulent, le cachot turc produit son effet;
alors le bey fait dire en secret à chacun des notables
captifs qu'il existe contre lui des preuves accablantes et
qu'une seule chance de salut lui reste : le payement
immédiat d'une forte rançon. Que fait le prisonnier? Il
paye, et, un beau matin, tous les vingt se retrouvent dans
la cour du sérail, libres, mais allégés d'une somme ronde,
pendant que les bœufs dérobés ruminent en paix dans
l'étable du bey.

A dire vrai, on ne respire que dans les cantons où tout
gouvernement a disparu, où, découragé par cette ruine
qui est son œuvre, le dîmier a jugé inutile de repasser, où
le pacha ne peut plus entretenir de zaptiés, où l'on est
revenu, et cela n'est pas rare, au simple état de nature.
La désorganisation du pays par le gouvernement a eu pour
contre-coup la désorganisation du gouvernement même.
La grande machine, si grossière et si mal agencée dès
l'origine, est aujourd'hui complètement détraquée. Où
elle fonctionne encore, ce n'est qu'en vertu de la vitesse
acquise autrefois et qui va se perdant. A Beyrouth, il n'y
a pas de police; à Alexandrette, il n'y a pas de douane;
à Damas, il y a conflit incessant entre toutes les auto-
rités; à Djennin, grosse ville en pleine Judée, il n'y a
pas un fonctionnaire. Depuis cinquante ans, le fameux corps
d'armée de l'Arabistan n'existe plus que sur le papier.
Les Turcs ne sont pas plus nombreux au milieu de la
masse bigarrée des Arabes que les Maronites ou les Druses,
et ils sont sans ressort et sans énergie, incapables de venir
au secours des paysans contre les Bédouins. Tout ce qu'ils

peuvent faire, c'est de payer tribut à ceux-ci pour qu'ils
ne viennent pas piller les villes et qu'ils laissent passer en
paix la caravane de la Mecque. Pour tout dire, sur la Syrie
comme sur l'Arabie, la Porte n'exerce plus guère que des
droits de suzeraineté. A voir de près ce qui reste de ce
grand empire, on dirait un vaisseau désemparé et sans
pilote. Dans les villes de la côte, ce sont les consuls étrangers qui commandent en souverains; et dans les campagnes, les Bédouins. Quant aux réformes, on en réserve
le plan à quelques naïfs de Paris ou de Londres. A supposer que Midhat pacha, par exemple, ait jamais eu l'intention de tenter une amélioration sérieuse, l'inflexible cen-
tralisation lui liait bras et jambes. Depuis deux ans qu'il
est à Damas, Midhat s'est borné à construire un café-
concert, et je doute même qu'il ait pu faire part aux
Syriens de ce grand bienfait de la civilisation occidentale
sans en référer au préalable à la Sublime-Porte.

Si l'on doit juger de la valeur d'un gouvernement par les
sentiments qu'il inspire aux gouvernés, il faut reconnaître
maintenant que le système ottoman s'est condamné lui-
même. Le Turc, après quatre siècles, étant resté le conquérant brutal du premier jour, mais conquérant à son
tour dégénéré, le Syrien a gardé contre lui une haine aussi
vivace et aussi justifiée qu'à l'époque de la conquête. Ce
sentiment d'aversion joint à de vagues aspirations vers un
avenir meilleur, je l'ai trouvé partout en Syrie, chez les
Grecs comme chez les Arméniens, chez les Arabes comme
chez les Juifs, chez les Druses comme chez les Maronites.
Toutes ces populations si diverses de race, d'intérêt, de
croyances, de traditions, sont unies dans la haine du vainqueur. Et cette haine s'est fait jour dans plus d'une occasion qui aurait dû ouvrir les yeux à l'Europe. C'est grâce
à la complicité des indigènes que Méhémet-Ali, en 1833,
a pu asseoir si rapidement sa domination sur la Syrie
entière. Plus récemment, en 1857, l'émir Abd-el-Kader,
à son retour de Constantinople et de Brousse, dirigea
de Damas les fils d'une vaste conspiration dont le but
était d'affranchir la Syrie du joug ottoman. En essayant

de reconstituer un empire arabe au bord oriental de la
Méditerranée, l'émir poursuivait la même idée qui l'avait
autrefois soutenu dans sa lutte contre le dey d'Alger, puis
dans sa guerre acharnée contre les Français, héritiers de
la puissance turque en Afrique. Son projet avorta brusquement par un de ces sanglants coups de théâtre si fréquents en Orient: le massacre de Damas suivi de l'intervention française ; mais le seul fait de cette confédération
révolutionnaire où étaient entrés tant de tribus et de villages et dont le secret fut si bien gardé, ne révèle-t-il pas
tout ce que la domination ottomane en Syrie a d'artificiel,
d'odieux, partant d'instable?

Les causes qui, à deux reprises différentes, ont arrêté la
Syrie dans la voie de l'affranchissement et de la régénération — les massacres de 1839 et de 1860 — ne sont pa.
moins instructives. Le gouvernement turc n'a pu s'établir
que grâce à la désunion et aux luttes incessantes des races
qui habitent la Syrie. En interrogeant l'histoire, on verra
que Sélim lui-même doit ses triomphes bien moins à la
force de ses armes qu'aux trahisons, aux défections innombrables qui lui ouvrirent les portes des principales villes.
Les Turcs, fort bons logiciens, ont vite conclu que leur
domination ne pouvait se maintenir que par les moyens
mêmes qui lui avaient permis de se fonder. Au lieu de
s'efforcer à introduire la concorde, la paix, les bons rapports parmi les peuples conquis, ils semblent s'être attachés à nourrir soigneusement tous les germes de division
qui préexistaient à la conquête, à envenimer les haines de
religion et de race, à neutraliser les forces qu'ils pouvaient
craindre en les opposant les unes aux autres. Ils ont atteint
leur but, évidemment, mais aux dépens des provinces
soumises, qui ont eu désormais à souffrir à la fois de
la barbarie des maîtres et des rivalités souvent sanglantes des sujets. Pour quiconque a visité l'Orient, il est
donc démontré que le despotisme anarchique ira croissant, que les explosions périodiques qu'il provoque se
répéteront aussi longtemps que les populations sujettes de
la Porte seront réduites à leurs propres ressources. Toute

sève et toute énergie n'ont pas disparu de la Syrie; mais, comprimée depuis des siècles par un joug étranger, lentement abêtie et appauvrie, dégoûtée par ses échecs réitérés, elle se sent incapable de se porter secours à elle-même. Tantôt elle s'abandonne tristement à ce fatalisme du désespoir qui est dans le climat et dans les croyances de l'Orient, tantôt elle tourne vers l'Europe un regard suppliant. Il faut que les puissances occidentales en prennent leur parti : c'est en elles que réside l'espérance de tout ce qui a gardé quelque vitalité parmi les Syriens. A elles peut revenir l'honneur de leur salut, à elles reviendrait la responsabilité de leur décadence irrémédiable. Voyons de quelle manière elles ont compris jusqu'à présent les exigences de leur situation et comment elles ont rempli les devoirs qui leur incombent.

III

Parmi les cinq grandes puissances, il y en a deux, la France et l'Angleterre, dont les politiques sont en jeu dans la question de Syrie. La politique française a la prétention d'avoir été par excellence chrétienne : elle n'a guère été que catholique. La politique anglaise s'est toujours vantée d'être musulmane : elle n'a été que turque. La France, dans ce siècle, a par trois fois joué un rôle prédominant en Syrie; mais, en 1840, entraînée par une admiration démesurée pour le pacha d'Égypte, elle souleva l'Europe contre elle pour ne pas s'être suffisamment rendu compte des intérêts opposés aux siens; en 1856, elle mit tout son orgueil à ne protéger que le saint sépulcre et la sainte crèche; en 1860, elle n'intervint qu'en faveur des Maronites. L'Angleterre, dès 1799, ne cache pas que le maintien de la suprématie ottomane est son but exclusif : peu importe que cette suprématie soit la déchéance morale comme elle est la ruine matérielle, peu importe qu'elle

soit une cause incessante de révoltes et qu'elle fasse couler
le sang à flots, il faut la conserver à tout prix, car défendre
les Turcs, dit Stratford Redcliffe, c'est « combattre en
Orient les progrès de l'influence française et c'est se
mettre en état de gouverner soi-même la Turquie pour
la sauver. »

La politique de la France a-t-elle été bien généreuse ou
bien habile? Je ne le crois pas. Celle de l'Angleterre est-
elle bien pratique? Je ne le crois pas non plus. S'appeler
la France, avoir fait la Révolution, avoir pris la plus grande
part à la libération de la Grèce et de la Roumanie, être
saluée dans les deux mondes comme la patronne de tous
les peuples opprimés, voir un universel courant de sympathie pousser vers soi la Syrie tout entière, et dans cette
situation unique s'obstiner, par peur ou par ignorance, à
limiter sa protection à trois cent mille Maronites ou
moines de Terre-Sainte, c'est une erreur impardonnable,
car c'est manquer à la vraie tradition nationale et lâcher
la proie pour l'ombre, la cause de la civilisation, qui est
éternelle, pour une cause religieuse qui demain cherchera
ailleurs son point d'appui. D'autre part, avoir nom l'Angleterre, être le génie incarné du commerce, avoir pour
ambition de faire rayonner son industrie sur le monde
et de tirer de chaque contrée ce qu'elle a de meilleur,
retrouver dans la Syrie le grenier d'abondance de l'empire
romain et de l'empire grec, et, par simple jalousie de la
France, s'imposer pour tâche le soutien de cette suprématie turque qui est la ruine de toute culture, le découragement d'un peuple créé pour le travail, l'envahissement
persistant du désert, n'est-ce pas l'aberration économique
et politique la plus funeste qu'il soit possible d'imaginer?

Ainsi, attachée opiniâtrément à la durée du passé, l'Angleterre ne conçoit le maintien de l'empire ottoman que
sous sa forme ancienne, tout inepte et brutale qu'elle est;
à son propre détriment, elle aide à pousser dans une
barbarie de plus en plus profonde cet Orient qui a jadis
montré pour la civilisation de si brillantes aptitudes.
Chaque fois que se produit une tentative d'affranchisse-

ment, l'Angleterre soutient avec une énergie impitoyable
le parti de la répression et de la compression, comme si
toute révolte contre la Turquie était dirigée contre elle-
même, comme si la rénovation de l'Orient devait être la
ruine de ses intérêts matériels. Sans doute, elle a su mériter ainsi que la Porte lui abandonnât toute l'action politique et que les pachas turcs ne fussent pas moins à sa
dévotion que ses propres consuls. Mais cette action qui lui
a été abandonnée elle ne l'exercera que sur une terre
dévastée et couverte de ruines; elle partage avec le Turc
la haine des peuples asservis.

La France contemporaine a-t-elle agi plus sagement?
Pendant toute la durée du second empire, elle n'a
rien vu en dehors de l'étroit cercle des intérêts catholiques. On lui a tant de fois répété que les affaires
d'Orient ne touchaient que son sentiment, qu'elle a fini
par le croire. On ne s'expliquerait pas autrement cette
espèce de torpeur qui s'est si longtemps répandue sur
notre corps diplomatique, l'insuffisance de tous les efforts
accomplis pour étendre en Syrie cette influence française
soutenue par une tradition séculaire et par les sympathies
des populations. Renoncer à étendre son influence, c'est
consentir à la voir diminuer. Plus d'un, de Smyrne à
Jaffa, voyant la France s'effacer de plus en plus devant
l'audace de ses rivaux, finit par craindre qu'elle ne dispa-
raisse bientôt dans l'Océan comme une autre Atlantide...

A qui ont profité l'égoïsme anglais et l'indifférence française? A la barbarie seule. Or est-il possible de constater
ces choses, l'état de désolation où le despotisme turc a
réduit l'une des contrées les plus fécondes de l'Asie,
la responsabilité qui dans cette ruine incombe à la
Grande-Bretagne et à nous-mêmes; est-il possible de
reconnaître une si grande misère et d'en découvrir les
causes, sans que le sentiment de l'humanité se révolte,
sans avouer que le devoir aussi bien que l'intérêt commande de chercher des remèdes et que ces remèdes ne
peuvent se trouver dans aucun des systèmes politiques
suivis jusqu'à présent?

IV

La grande difficulté pour tous ceux, hommes d'État ou simples publicistes, qui s'occupent d'appliquer des idées de progrès ou de réforme à une fraction quelconque de l'empire ottoman, c'est qu'il n'y a point en Orient de question isolée, de question locale ou partielle. Qu'il s'agisse de la Grèce ou de la Bulgarie, de l'Anatolie ou de la Macédoine, qu'il s'agisse de la Syrie, — c'est toujours la question d'Orient qui se pose tout entière. Le pressentiment qui domine les puissances, c'est que le grand malade est incapable de guérir, que sa mort plus ou moins prochaine, plus ou moins naturelle, est inévitable et déjà écrite au livre du Destin. Mais, comme cette mort de la Turquie doit avoir pour conséquence logique le partage de son empire, il semble impossible, quelque séduisants que soient les rêves des philosophes politiques, que ce partage puisse se faire pacifiquement, surtout si le dénouement était violemment hâté, si l'empire ottoman venait à disparaître avant que les provinces qui le composent fussent mûres pour l'autonomie ou pour des annexions compatibles avec l'équilibre général. Or l'Europe a soif de paix : possédée de ce désir légitime, elle redoute le moment de l'effondrement final de la Turquie, et voilà pourquoi, « sachant que pas une secousse ne peut se faire sentir dans un coin de l'édifice, que pas une pierre ne peut s'en détacher sans que l'édifice entier paraisse et soit en effet près de crouler (1) », elle est toujours prête à mettre au ban toute puissance qui soulève en Orient une question partielle et qui la menace ainsi d'une conflagration générale.

Que l'Europe ait tort ou raison de redouter et de reculer le moment de la liquidation de l'empire ottoman, ces répu-

(1) Guizot, *Mémoires*, ch. XXVI.

gnances sont un fait qu'il faut accepter et dont doivent tenir compte les hommes d'État, sous peine d'être coupables, et les publicistes, sous peine d'être superficiels. Il faudrait cependant avoir l'esprit bien étroit pour penser que le *statu quo* territorial doive être l'immobilité. Si l'heure ne semble pas venue de tenter pour la Syrie l'œuvre de justice et de libération qui est accomplie dans les principautés danubiennes et en Grèce, il n'est point interdit de chercher le moyen, sans inquiéter l'Europe, de préparer l'avénement du progrès. La politique de partage étant impossible, ne reste-t-il pas ce que M. Thiers appelait judicieusement la politique de précaution, et qui est en réalité celle de la civilisation pacifique? Seulement, et c'est par là que je rentre dans le vif de la question syrienne, si cette politique se présente partout avec le même idéal, elle ne saurait l'atteindre en Europe et en Asie par les mêmes moyens ni le réaliser de la même manière.

Que voyons-nous, en effet, dans la Turquie d'Europe? D'abord, des nationalités chrétiennes — slaves, latines ou grecques — dont le développement social et politique, progressant de jour en jour, a permis, permet ou permettra prochainement de les constituer en États autonomes. La France, l'Angleterre et la Russie sont intervenues seulement au moment décisif pour favoriser la transformation de telle province en une principauté indépendante, pour qu'elle prenne place dans la famille des États et serve au nouvel équilibre politique. C'est ainsi qu'a été fondé le royaume de Grèce, que la Moldavie, la Valachie, la Serbie ont obtenu successivement les libertés administratives, l'autonomie avec le tribut, finalement l'indépendance complète. C'est ainsi que la Bulgarie et la Roumélie orientale semblent destinées à traverser des phases analogues. Par là aussi les lois existantes de ce système politique européen qui ne veut pas qu'aucune des grandes puissances prenne pied par la conquête dans la péninsule des Balkans ont été, en droit, sinon en fait, respectées jusqu'à ce jour.

En Asie, il n'en est pas de même, par cette simple raison
que l'on s'y trouve en présence non pas d'une majorité de
populations chrétiennes, mais d'une majorité de populations musulmanes. Les vices du gouvernement turc et ses
effets délétères sont les mêmes en Asie et en Europe; mais
en Europe les races assujetties sont encore jeunes et
vivaces; elles adoptent facilement la culture occidentale,
elles ont ou auront en elles la force de se gouverner
elles-mêmes. En Asie, les races assujetties sont vieilles et
découragées; appartenant au monde de l'Islam, elles sont
fatalistes; n'ayant fait de toute éternité que de passer d'un
joug à l'autre, elles ont besoin d'une tutelle, d'une direction étrangère. Rêver de principautés autonomes d'Anatolie
ou de Syrie serait pure chimère. Ainsi, la renaissance
définitive de l'Asie est au prix de la substitution des gouvernements occidentaux au gouvernement turc, et les
peuples asservis ne se cachent pas pour le dire, à Brousse
comme à Smyrne, à Jérusalem comme à Damas.

Mais cette substitution est-elle possible dès aujour-
d'hui? Il est clair que non. Sans doute, il est permis de
lire avec Lamartine dans l'avenir du vingtième siècle,
de prévoir et même d'espérer que, par l'effet des sympathies nationales et religieuses, par la puissance des
positions territoriales, la Russie *coulera* sur l'Arménie
pour faire de la mer Noire un lac russe, l'Angleterre se
répandra sur cette Anatolie qui est la grande route continentale de l'Inde, la Syrie deviendra une seconde Algérie.
Oui encore, cette impression ressort si nettement de toute
étude philosophique de l'Orient que l'Europe diplomatique
elle-même n'a pu s'en défendre et que, sans se l'avouer,
elle s'est inclinée devant cet avenir le jour où elle a
reconnu la possession de Kars et de Batoum à la Russie,
le protectorat anglais en Anatolie et le protectorat français
en Syrie. Mais, si cette perspective peut être le but lointain d'ambitions généreuses, les politiques pratiques
doivent se préoccuper d'un but plus prochain. Contraindre
la Porte à réaliser en Anatolie et en Syrie les réformes
que réclament la sécurité des personnes et la sécurité des

biens, infiltrer partout les idées occidentales, ranimer l'agriculture mourante, créer des exploitations industrielles, aider les jeunes générations à sortir de l'ignorance où leurs pères ont croupi, rendre la vie à l'Asie par la protection de l'Europe et enrichir l'Europe par la résurrection de l'Asie, afin que l'écroulement fatal de l'empire turc ne puisse pas laisser d'un jour à l'autre la place libre à l'anarchie et à la barbarie, voilà ce but prochain, voilà ce qui constituerait en Asie la politique de précaution, la politique civilisatrice.

L'Angleterre et la France semblent tout spécialement destinées à jouer ensemble ce rôle de propagatrices de la civilisation. Elles y sont appelées non seulement par la conformité de leurs intérêts, mais encore par la similitude de leurs institutions. Dévouées l'une et l'autre aux traditions du régime libéral et parlementaire, elles ne sauraient se faire en Orient les défenseurs et les complices de l'obscurantisme et de l'oppression. Elles ont travaillé jadis ensemble à l'affranchissement de la Grèce, de la Belgique et de l'Italie ; elles ne feraient que continuer dans la même voie en travaillant de concert à préparer l'émancipation future des populations orientales. La république en France, le nouveau ministère libéral en Angleterre sont faits pour coopérer à l'exécution d'un pareil programme.

Mais cette grande et belle œuvre, comme toutes les entreprises humaines, exige pour s'accomplir la réunion de deux conditions : l'entente parfaite des coopérateurs et la division du travail. Ces deux conditions sont intimement liées l'une à l'autre, et c'est faute d'avoir bien reconnu la seconde que la première n'a jamais été réalisée. L'entente cordiale de la France et de l'Angleterre n'a jamais existé en Orient que sur le papier. Aussi longtemps, en effet, que les deux puissances ont travaillé simultanément, concurremment, dans les mêmes contrées, les émules, par un penchant naturel à l'homme, se sont pris pour des adversaires. Dès lors, pendant que les cabinets échangeaient les plus vives protestations d'amitié, que faisaient, du Bosphore au Jourdain, les agents des deux nations? Loin de se seconder mutuellement dans la poursuite commune d'un but civilisateur, ils semblaient avoir pour toute ambition de se contrecarrer, de se nuire, de se créer des clientèles hostiles, de semer la haine et la défiance parmi les gouvernants et les gouvernés, d'augmenter encore le désarroi existant pour que l'une ou l'autre puissance ne fût pas avantagée au préjudice de sa rivale.

Au fond de ces intrigues qui discréditent les diplomates européens sans profit ni pour leur gouvernement ni pour personne, existe-t-il une opposition directe d'intérêts? En réalité, il n'y a que les froissements qui résultent de la juxtaposition d'ouvriers de caractère différent attelés à la même tâche. Aussi, pour que l'entente des collaborateurs devienne réelle et efficace, faut-il d'abord, et ce n'est point un paradoxe, qu'ils cessent de travailler au même endroit. Une division intelligente du travail, qui limite leurs attributions respectives, fera cesser cet antagonisme dont les causes sont si superficielles. Que les deux puissances déterminent chacune le champ spécial de leur activité nouvelle en se conformant aux indications de la nature et de l'histoire — l'Angleterre choisissant le bassin de l'Euphrate; la France, la Syrie — et cette équitable répartition fera disparaître l'un des obstacles les plus redoutables qui s'opposaient, en Asie, au progrès de la civilisation.

V

Edmond de Lesseps, consul général de France à Damas, au lendemain de la guerre de Crimée, écrivait, en 1856, au ministère des affaires étrangères : « Ce n'est pas seulement dans l'intérêt des évêques de la montagne ou de quelques commerçants que je suis ici. Ce que je représente, c'est la cause de la civilisation auprès de la Syrie tout entière. Que d'Alep à Gaza le saint-siège ne veuille connaître qu'Antoura et Bethléem, il est dans son rôle. Pays sans religion d'État, la France, surtout depuis la conquête de l'Algérie, n'a pas le droit de borner sa sollicitude aux seuls catholiques de Syrie. Nous avons dans les Maronites des clients et des amis dévoués : est-ce une raison d'être les ennemis des Druses? Quelques-uns l'ont pensé, qui n'ont fait ainsi que pousser entre les bras de l'Angleterre l'élément peut-être le plus intelligent de ce pays. Pour ma part, j'ai noué des relations avec les principaux cheiks des Druses : je leur ai trouvé à tous le désir ardent et sincère de l'amitié française. A coup sûr, le respect des lieux saints importe à notre dignité; mais le développement de notre commerce, de Homs à Damas et de Beyrouth à Jaffa, n'importe pas moins à notre fortune. Protéger contre toute insulte les moines et les pèlerins, cette tâche ne manque pas de noblesse; mais défendre les Arabes et les Grecs contre les exactions turques, c'est une tâche encore plus belle et plus profitable. Ce que doit être en Syrie le représentant de la France, c'est l'avocat de tous les opprimés sans distinction de culte ni de race; plus la clientèle française sera étendue, plus les valis mettront de soin à se conformer aux indications fermes et énergiques des consuls. Ne jamais soutenir que le bon droit, mais ne jamais manquer une occasion de le soutenir : toute notre politique doit être là. »

C'est au système préconisé par Edmond de Lesseps qu'il faut revenir.

Ce système présente-t-il à l'application des difficultés réelles? Je ne le crois pas : d'abord, parce qu'il est logique et généreux, c'est-à-dire conforme au génie français; ensuite parce que, d'un bout à l'autre de la Syrie, l'oppression turque a créé une immense clientèle qui ne cherche qu'un avocat, et que cet avocat, tous, chrétiens et musulmans, désirent ardemment qu'il s'appelle la France. Aujourd'hui comme hier, dans la plaine comme dans la montagne, on trouve partout le culte du drapeau français, l'ardent désir d'apprendre notre langue, les sympathies

les plus chaudes et les plus touchantes. A Alep, la population arabe porte ouvertement envie aux Arabes d'Algérie. A Damas, on joue la *Marseillaise* sous les fenêtres de
l'ambassadeur anglais; un modeste zaptié dit à M. Layard,
et cela dans notre langue, que tout le monde en Syrie
« pense français ». A Jérusalem, les musulmans, le cadi
en tête, envoient leurs enfants à l'école française. Dans la
plaine de Jéricho, on rencontre des Bédouins qui parlent
couramment français : le cheik a fait venir de Smyrne un
professeur qui est resté trois mois dans la tribu. A Beyrouth, les dames diaconesses prussiennes; à Jaffa, l'école
allemande; à Jérusalem, l'école anglaise, ont dû, pour
avoir des enfants indigènes, faire de l'étude du français
la base de leur enseignement. Partout, dans les villes de
l'intérieur comme dans celles de la côte, le commerce se
fait de préférence avec la France, avec Marseille. On ne
saurait imaginer de terrain mieux préparé pour recevoir
la semence française. Il ne s'agit que d'ouvrir toutes
grandes les mains jusqu'à ce jour trop parcimonieuses. Ce
qu'on a fait pour quelques-uns, il s'agit de le faire pour
tous.

Ce principe posé, c'est par un acte public qu'il convien-
drait d'en inaugurer l'application. Ce que la Russie a fait
pour la Bulgarie, l'Angleterre pour l'Anatolie, la France
devrait le faire pour la Syrie : présenter à la Porte un
plan général de réformes. Un tel acte, dont nous ne voulons pas exagérer la portée, aurait un double avantage : il
ferait savoir aux populations que la puissance qui a pris l'initiative des réformes est désormais leur guide et leur pro-
tectrice naturelle; puis, quelque rebelle à l'idée de progrès
que soit le gouvernement auquel il s'adresse, ce serait
toujours un avertissement qui le ferait réfléchir. La régénération définitive de la Syrie peut-elle être l'œuvre du gouvernement ottoman? Certes, non ; mais d'Alep à Gaza tout
le monde répète qu'un gouvernement qui ne serait mauvais qu'aux trois quarts suffirait pour permettre à la Syrie
de respirer, de renaître. Quant au caractère des réformes
que devrait indiquer ce plan général, il est connu dès long-

temps : ce qui tue les provinces ottomanes, c'est l'arbitraire. Il faut donc supprimer l'arbitraire, celui de l'administration comme celui du fisc, celui de la justice comme celui du recrutement. Point de sûreté des personnes tant que des tribunaux réguliers, moitié chrétiens et moitié musulmans, n'auront pas été établis dans tous les grands centres. Point de sûreté des biens tant que la confection d'un cadastre n'aura pas donné à la propriété foncière l'assise qui lui manque, tant que la dîme continuera à peser aussi lourdement sur le cultivateur. D'importantes modifications dans la régie des impôts, dans le système des douanes, dans l'organisation de la police, seraient le complément nécessaire de ces premières réformes.

La Porte acceptera-t-elle les améliorations proposées? Cela est possible. Les réalisera-t-elle? Cela est douteux. Le Turc est resté toujours conquérant, le génie de l'administration lui a toujours manqué. En attendant la création d'une administration occidentale comme celle qui se constitue aujourd'hui en Egypte, c'est aux consuls qu'il faudra remettre la surveillance des premières tentatives de réforme. Pour que cette surveillance soit efficace, c'est le régime consulaire anglais qu'il convient d'adopter. L'autorité d'un consul en Orient dépend de conditions nombreuses. Il faut que le consul se sente toujours soutenu par son gouvernement et que les populations s'habituent à voir toujours en lui ce gouvernement tout entier. Il faut que son prestige personnel impose le respect et inspire la confiance, qu'un traitement plus élevé lui permette de figurer dignement aux yeux des Orientaux. Mais il faut surtout que ce consul séjourne longtemps au même poste, avec la possibilité d'un avancement régulier sur place. Un consul français de deuxième classe a-t-il donné des preuves d'intelligence en Bulgarie ou en Syrie? A peine connaît-il le pays où il vient de passer quelque temps, qu'on l'envoie dans un poste de première classe, en Amérique ou en Chine, où il recommencera sans profit pour personne une éducation nouvelle. Bien différent est le système anglais: il maintient dix et vingt ans au même endroit un agent

éprouvé, qui finit par s'initier profondément aux mœurs
du pays, par faire corps avec lui, tout en gagnant sur place
ses galons. D'ordinaire, les agents anglais ne sont ni plus
instruits ni plus intelligents que les nôtres, leur moralité
est presque toujours inférieure; mais tous, sans exception,
connaissent mieux que les nôtres les pays qu'ils habitent.
Au reste, si l'on n'écrit pas le *Manuel du bon consul*
comme on fait celui du *Parfait cuisinier*, si les moyens
employés peuvent et doivent différer suivant les exigences
locales, le but poursuivi doit être partout le même. Défenseur de tous les opprimés, conseiller discret, mais écouté
des gouvernants, voilà ce que le consul doit être. Il ne faut
pas seulement qu'il répète, mais qu'il prouve que la France
est toujours là. Il n'obtiendra enfin le respect des fonctionnaires et des ministres que par une attitude toujours
ferme et énergique. Lorsque Saïd, pacha d'Égypte, se
sentit mourir, il fit venir M. de Lesseps : « Tu as pensé
que je t'ai soutenu parce que je t'aimais; détrompe-toi;
c'est parce que j'avais peur de toi. »

Élargir la politique étroitement catholique du second
empire, faire un usage effectif des droits reconnus par le
congrès de Berlin, provoquer les réformes, protéger les
populations, voilà le rôle du gouvernement et de ses
agents officiels. Mais l'instrument le plus efficace de la
régénération de la Syrie, et en même temps le plus puissant facteur de notre suprématie politique, ne peut être
que l'initiative individuelle de nos nationaux, initiative
que le publiciste peut et doit éveiller, que le gouvernement doit soutenir.

L'initiative individuelle en Syrie doit avoir deux objets:
le relèvement intellectuel par les écoles, le relèvement
agricole et industriel par le défrichement des terres, la
création d'usines et de maisons de commerce, l'établissement de routes, de chemins de fer et de ports.

D'abord, les écoles. Aujourd'hui, en dehors des préoc-
cupations de la vie matérielle, il semble que rien n'intéresse les cerveaux arabes, presque aussi incultes que la
terre elle-même. Les besoins intellectuels existent à

peine. Sans doute, on trouve presque partout des écoles primaires musulmanes; mais, dans ces écoles pittoresques qui ont inspiré tant de pinceaux, on n'enseigne presque rien en dehors de la récitation du Coran, qui n'est qu'un ânonnement musical. Il n'existe que deux ou trois écoles supérieures dans les grands centres; encore sont-elles consacrées à la théologie. Dans la plupart des villages, personne qui sache écrire. Dans les villes, la nombreuse corporation des scribes publics est un indice éloquent de l'ignorance générale du peuple. Les Juifs, qui sont cinquante ou soixante mille, végètent dans un état plus abject encore, malgré les efforts généreux de l'*Alliance universelle*. Maltraités ou méprisés par les Arabes ou les Turcs, dénués de protecteurs politiques, ils n'ont d'autres chefs que leurs rabbins. Les écoles talmudiques sont cent fois plus misérables que les écoles arabes. Seuls, comme partout, les Grecs et les Arméniens ont des écoles nationales. qui donnent d'excellents résultats et qui font d'eux les maîtres du commerce.

Le peu d'instruction occidentale qui a pénétré jusqu'à présent dans les montagnes et les campagnes de la Syrie, elle le doit au clergé catholique ou protestant. Les frères de la doctrine chrétienne à Jérusalem, à Jaffa, à Beyrouth et dans le Liban, les protestants dans toutes les grandes villes et dans quelques grosses bourgades, sont les seuls qui aient travaillé avec suite à l'éducation intellectuelle et morale de la Syrie : les protestants avec une arrière-pensée de prosélytisme qui a détourné d'eux un grand nombre de familles; les catholiques (sauf les jésuites, dont ici encore on peut constater l'impopularité méritée) avec un zèle, un dévouement et une intelligence admirables. Partout où des écoles chrétiennes ont été ouvertes, non seulement les résidents occidentaux, mais les Grecs, les Arméniens, les fonctionnaires musulmans, les Juifs en rupture de Talmud y ont envoyé leurs enfants pour y apprendre le français, les éléments de la science. Avec la merveilleuse facilité des enfants orientaux, les élèves de ces écoles en savent presque autant, au bout de six mois, que ceux de

3.

nos meilleures écoles primaires. Devenus hommes, ils
gardent un souvenir touchant de leurs maîtres et leur
conservent la clientèle de leurs familles. Ce sont autant
de nouveaux adeptes pour l'attachement à la France, dont
ils savent la langue, et pour l'attachement au progrès, ce
qui est une autre manière d'aimer la France.

Ainsi les écoles chrétiennes de Syrie ont déjà rendu les
plus grands services, et les instituteurs ecclésiastiques,
quoi qu'on puisse penser de leurs mérites dans d'autres
parages, ont été ici de vaillants pionniers de la civilisation.
Malheureusement, ces écoles ne sont pas de beaucoup
assez nombreuses. Le gouvernement français devrait-il
prendre directement l'initiative d'en créer de nouvelles?
Il semble, après examen, qu'il ferait mieux de se con-
tenter d'encourager puissamment les efforts des particuliers. Les frères de la doctrine chrétienne ne demandent
qu'une promesse de subvention, qui donnerait aux consuls le droit d'exercer un contrôle effectif, pour fonder de
nouvelles écoles à Gaza, à Naplouse, à Nazareth, à Beyrouth, à Baalbek, à Alep. Il serait désirable que des
laïques fondassent des établissements analogues, et notam-
ment des écoles supérieures et professionnelles, qui manquent complètement. Des musulmans français d'Algérie
pourraient, comme instituteurs, se rendre fort utiles en
Syrie, surtout dans les grands centres. L'Alliance israélite
projette de créer à Damas et à Jérusalem des écoles juives
qu'il faudra également soutenir, mais à la condition
qu'elles soient soustraites à l'autorité des rabbins indigènes. En résumé, une subvention annuelle générale
n'excédant pas 100000 francs serait suffisante pour couvrir la Syrie d'écoles, et ces écoles, en moins de dix ans,
feraient de la langue française une langue « à côté ».

Après la renaissance par les écoles, la régénération
agricole et industrielle. On a vu ce qu'était la Syrie à
l'époque des Romains et ce qu'elle est devenue : point de
travail, point de voies de communication, point de sûreté
pour le trafic. Voici cependant ce que donne cette terre si
mal cultivée : la plaine de Saaron exporte annuellement

4000 tonnes de blé; celles de Gaza et de Naplouse produisent pour 11 millions de francs de blé, d'orge, de laine et de coton; Ramleh et Jaffa fabriquent 6 millions de kilogrammes de savon; Jaffa, en 1877, exportait, d'après les documents anglais, 8000 tonnes de la plus belle huile du monde; le Liban, 3 millions de kilogrammes des plus beaux cocons; Beyrouth, 2 millions de kilogrammes de laine et 500000 kilogrammes de coton; la Béka, 7 millions de sésame, 5 millions de maïs, 10 millions de blé, 2 millions d'huile d'olives. Introduisez en Syrie la culture européenne, tous ces chiffres seront décuplés. Un dicton populaire veut que la Palestine, cultivée d'un bout à l'autre, ne fût-ce qu'à la manière du pays, nourrirait dix fois sa population actuelle : or la manière du pays est tout juste celle des nègres.

Les richesses minières, presque entièrement inexploitées, sont plus considérables encore que les richesses agricoles. La mer Morte est la nappe d'eau la plus salée du globe, le dépôt le plus abondant de chlorure de potassium et de brome. La Judée est inépuisable en bitumes et asphaltes : le gîte de Nébi-Mouça fournit des calcaires qui contiennent 25 pour 100 de bitume dont les Arabes se servent en guise de combustible. De Jaffa au Jourdain, le lignite est si répandu que cette seule exploitation suffirait pour tirer l'industrie syrienne de sa torpeur : les briquettes de lignite reviennent à 15 francs la tonne, tandis que le prix de la houille varie, en Égypte et sur la côte, de 35 à 55 francs. La Phénicie et le Liban regorgent de cuivre et d'étain. De Gaza à Jérusalem on pourrait rouvrir les nombreux puits de naphte qui existaient autrefois. Que de trésors perdus! que de sources de bien-être volontairement négligées, et cela à sept jours de mer de Marseille!

Ainsi, le sol attend partout le soc de la charrue et le sous-sol la pioche du mineur. Le peu d'industrie agricole et minière qui existe déjà suffit pour alimenter un commerce maritime considérable. À Jaffa, le mouvement annuel du port, où transitent deux cents paquebots et un

nombre trois ou quatre fois plus grand de voiliers, est de
16 000 tonnes d'importation et plus de 20 000 d'exportation. Pour tripler en peu de temps l'importance de ce
commerce, il suffit que quelques hommes de cœur,
de vrais pionniers civilisateurs, aillent donner en Syrie
l'exemple de la lutte contre la barbarie et imprimer par
leur exemple un vigoureux essor au travail national. Nulle
part la force de l'exemple n'est plus grande qu'en Orient,
le succès des fermes modèles en Égypte en est la preuve.
Ce que la Compagnie de Suez avait réalisé à l'Ouaddy de
Tell-el-Kébir par l'initiative de M. Guichard, il faudrait le
tenter d'abord sur cinq ou six des points les plus favori-
sés de la Syrie. Pour tous ceux qui ont étudié le pays, il
est clair que ces grandes fermes européennes seraient un
puissant levier de la renaissance agricole. Ici comme à
l'Ouaddy, ce ne seront pas seulement les Arabes séden-
taires qui profiteront de nos leçons, mais les Bédouins
nomades eux-mêmes qu'on verra fixer leurs tentes noires
et tourner vers la reconquête de la terre une activité
gaspillée, jusqu'à présent, dans le brigandage.

Ce qu'il y a peut-être de plus beau dans une œuvre de
régénération politique et sociale, c'est que chaque progrès
partiel en amène forcément un autre. L'exploitation agricole de la Syrie a pour corollaire la création de routes.
A l'heure présente, la Syrie, sauf en deux ou trois endroits,
n'a pour routes que les sentiers tracés à travers champs
par les pieds des chameaux. Il y aura là une œuvre double :
d'abord, la réparation des anciennes voies romaines en-
fouies sous le sable et sous l'humus, mais qui se retrouve-
ront sans peine et seront les artères du système vicinal de
la Syrie ; puis, la construction d'une voie ferrée d'Alep par
Homs à Damas, de Damas par la vallée du Jourdain à
Jérusalem, avec des embranchements sur le district du
Hauran d'une part, de l'autre sur Alexandrette, Beyrouth,
Saint-Jean-d'Acre et Jaffa. L'ouverture de cette voie ferrée, qui devra être subventionnée, n'offre presque aucune
difficulté naturelle. On a souvent prétendu qu'il ne faut
créer de chemins de fer que dans les régions où la civili-

sation existe déjà; je crois, au contraire, qu'il faut en
créer aussi dans les contrées où la civilisation ne demande
qu'à paraître, car ils en accélèrent partout l'éclosion avec
la rapidité même de la vapeur. Ne voit-on pas dans l'em-
bryon, avant que les membres soient définitivement constitués, les grosses artères porter déjà dans tous les sens le
fluide vivifiant et nourricier? En Orient, le moindre tron-
çon de voie ferrée en exercice fera plus pour le progrès
que tous les iradiés de Stamboul. C'est ce que les Anglais
ont compris quand M. Andrews a esquissé le magnifique
projet de la ligne de l'Euphrate, dont la réalisation n'est
qu'une affaire de temps. Pendant que l'Angleterre fera le
chemin de fer de l'Euphrate, à nous de faire celui du Jourdain, qui ne donnerait pas de moindres résultats. M. Andrews a estimé que les frais d'établissement de la voie
anglaise ne dépasseraient pas en moyenne 150 000 francs
par kilomètre. En Syrie, où les plus hauts salaires sont de
1 franc par jour, ce n'est pas 150 000 francs, c'est, d'après
M. Pressel, 100 000 francs par kilomètre tout au plus.
L'œuvre financière serait aussi bonne que l'œuvre civilisatrice serait belle...

Je m'arrête, n'ayant pas la prétention de tracer un programme complet, mais voulant seulement en indiquer les
grandes lignes. Pas un jour, pendant que je parcourais la
Syrie, je n'ai été sans éprouver ce sentiment, si pénible
pour tout civilisé, qu'une richesse énorme était sous mes
pieds, et qu'une barbarie stupide, jointe à notre incurie,
suffisait pour l'empêcher de sortir de terre. Quand je suis
arrivé au canal de Suez et quand j'ai vu ce que l'œuvre
de M. de Lesseps avait, par contre-coup, créé de trésors
en Égypte, je n'ai pu m'empêcher de rêver un pareil
avenir pour la Syrie. « Ah! s'écriait déjà Fourier,
la Syrie, l'Ionie, la Cilicie, la tête tourne de songer ce que
deviendraient ces pays travaillés par nos machines et par
les eaux et les feux dont nous disposons! Il y aurait là
pour nous, à volonté, avec les produits de nos plus belles
contrées méridionales, toutes les richesses des tropiques.
L'Asie Mineure et la Syrie sont une autre Amérique à la

porte de l'Europe... » Réveiller les initiatives endormies, appeler à la conquête de cette nouvelle Amérique tous nos déshérités qui meurent de faim, tous nos *réfractaires*, tous ceux à qui l'Europe offre un champ d'activité trop étroit, cette vision de l'illustre secrétaire de l'Académie des sciences est restée une vérité. Ce n'est pas pour délivrer le saint sépulcre qu'il faut aujourd'hui prêcher la croisade, c'est pour rendre les pays d'Orient à l'humanité. Qu'on ne vienne pas répéter d'ailleurs que la France est incapable d'une œuvre de colonisation. Ce qu'ont fait tous les jours ces Français qui, abandonnés à leur propres forces, ont donné à l'Orient le peu de civilisation dont il jouit, est là pour réfuter ce reproche. Les progrès de l'Algérie ne démentent-ils pas cette condamnation trop souvent portée à la légère contre nos aptitudes colonisatrices ? N'avons-nous pas vu encore, de l'autre côté de l'Atlantique, le bas Canada décupler en cent ans, sous la domination étrangère, sa population d'origine et de langue françaises ? Si des établissements français ont été trop souvent éclipsés, ruinés ou conquis par nos rivaux, la faute en a moins été au génie national qu'à l'indifférence des gouvernements. Aujourd'hui, la nation et ses chefs doivent conspirer ensemble dans cette œuvre de colonisation qui est une œuvre de civilisation. Si la France manquait en Syrie à cette tâche qui lui échoit, il se trouverait avant peu une autre grande puissance pour s'en charger, pour en avoir tout l'honneur et tout le bénéfice...

L'OPINION PUBLIQUE EN FRANCE ET LA POLITIQUE EXTÉRIEURE

11 décembre 1880.

I

Nous sortons d'une crise politique dont le spectacle a été nouveau dans nos annales et dont il est permis d'espérer qu'elle ne se renouvellera plus. Signataire avec les grandes puissances d'un traité international, le gouvernement de la République est engagé d'honneur à ne laisser protester sa signature dans les eaux ni de l'Adriatique ni de la mer Égée. Or, tout à coup, l'opinion se trouble, le public s'imagine que la paix est menacée, les partis déclarent que la France doit manquer à la parole donnée et rappeler sa flotte, la presse réclame avec une insistance si singulière le retour à une politique de non-intervention que l'Europe, étonnée, demande quel est ce phénomène : des Français qui cherchent à faire croire que la France a peur.

Est-ce un symptôme? Est-ce un accident?... Sans doute,
il y a d'abord, à l'origine de cette agitation, une intrigue
vulgaire. Le cri d'alarme n'a pas été poussé brusquement;
une culture savante de la fièvre avait préparé le terrain.
La peur fait son chemin comme la calomnie. « Effrayez,
effrayez, il en restera toujours quelque chose. » Quand
le télégraphe du 10 août apporta aux lecteurs de Paris
et de province les paroles prononcées à Cherbourg par
le président de la Chambre, nul ne devina entre les lignes
de ce toast des menaces de guerre contre l'Allemagne,
l'Autriche ou la Russie. Mais, deux ou trois jours après,
quelqu'un ayant commencé à murmurer : « Vous ne savez
pas lire, ce discours est une déclaration belliqueuse ! »
nombre de braves gens voulurent avoir lu aussi bien que le
journaliste parisien et, pour ne pas démentir l'astrologue,
jurèrent bientôt qu'ils voyaient un animal dans la lune.
C'est ainsi que, prononcé le 9 août, le discours de Cherbourg ne fut inventé que la semaine suivante. De même
pour la mission du général Thomassin. Le gouvernement grec avait prié M. de Freycinet de désigner un
officier supérieur et deux ou trois ingénieurs pour le
conseiller dans la direction de sa réorganisation militaire et de ses travaux publics; — la Porte empruntait
au même moment à M. de Bismarck des banquiers allemands pour mettre un peu d'ordre dans ses finances;
l'Égypte avait sollicité les cabinets de Londres et de
Paris de lui adresser des administrateurs probes et éco-
nomes; le Maroc et le Japon nous avaient déjà demandé
des officiers, qui leur avaient été accordés, pour introduire dans leurs bandes armées les éléments de la discipline française. — Le général Thomassin et deux ingénieurs avaient été désignés simultanément par M. de Freycinet. Rien n'était plus simple, plus normal. Mais les
mêmes qui inventèrent le discours de Cherbourg décou-
vrirent encore que l'arrivée du général Thomassin au Pirée
serait plus périlleuse pour la paix de la France que ne
l'avait été jadis le débarquement de tout le corps d'armée
du maréchal Maison en Morée. La presse radicale, la

réaction royaliste et bonapartiste, se ruèrent d'un même
assaut sur la crédulité publique. Le vote de l'amnistie plénière avait enlevé au parti intransigeant son drapeau de
combat. Il arbora la question de la paix, qui est une des
formes de la question du travail, et la peur de l'étranger
devint ainsi un drapeau. Les partis de monarchie virent
dans cette manœuvre un moyen sûr de nuire à la République : ils entonnèrent le même cantique.

Voilà l'intrigue, l'accident. Voici maintenant le symptôme, le mal qu'il faut savoir regarder en face. Évidemment
l'alarme des agitateurs était factice, leurs craintes pour la
paix étaient artificielles et mensongères. Mais, si les clameurs des meneurs de l'intrigue étaient de pure comédie,
l'impression produite — rien ne servirait de le nier —
a été sincère. Les bourgeois d'autrefois, au bon temps
du remplacement, acclamaient les troupes qui partaient
en guerre pour restaurer un Bourbon à Madrid ou installer un Habsbourg à Mexico : comme il s'agit aujourd'hui
d'eux-mêmes, de leurs fils, ils trouvent déjà cruel de
faire défiler l'armée de Paris, au clair soleil du 14 juillet,
devant le chef de l'État; il fait si chaud! L'ouvrier est
moins timide que le bourgeois, mais il est encore plus
ignorant des intérêts français qui sont en jeu hors des bar-
rières de l'octroi. Faire entendre la voix de la France
au Caire, à Tunis, dans l'Adriatique, sur le Bosphore,
quelle imprudence! quelle coupable folie! Que craint-on
précisément? On ne sait. Le caractère propre de la peur,
c'est le vague. Il eût suffi de réfléchir une minute pour
comprendre que, sur l'Adriatique comme à Berlin, la
France n'accomplissait que strictement — et sans péril
— son devoir de grande nation. Mais, précisément, on
ne voulait pas réfléchir.

Que se passait-il donc en Orient? Au mois de juillet 1878,
après quelque hésitation, la France était allée prendre sa
place au congrès de Berlin : elle y avait affirmé sa conviction que la Turquie restait, après comme avant sa défaite,
un facteur indispensable de l'équilibre européen; elle
s'était montrée favorable à l'émancipation progressive des

Slaves du Sud ; elle avait plaidé la cause de la Roumanie contre la Russie envahissante, et réclamé pour la Grèce, au nom de la civilisation et du droit, un accroissement de territoire en Thessalie et en Épire. M. Waddington aurait pu faire *plus* au congrès de Berlin ; il ne pouvait faire *moins*. Le traité une fois signé, la France n'eut plus devant l'Europe qu'une seule politique, par excellence sûre et juste : poursuivre l'application pleine et entière du traité, se cantonner sur le terrain de la légalité internationale.

Le traité de Berlin s'exécute sur les Balkans et sur le Danube : il ne s'exécute pas sur la mer Égée et sur l'Adriatique. Pendant deux ans, la diplomatie épuise contre la mauvaise foi et l'obstination de la Porte ses finesses et ses séductions. Pas une parole de colère n'est proférée, pas une menace. L'Angleterre se lasse la première, réclame la réunion d'une conférence pour trancher les difficultés pendantes entre la Turquie, la Grèce et le Monténégro. A l'unanimité des voix, la conférence se prononce contre les prétentions de la Porte, accorde Dulcigno aux Monténégrins ; au lendemain du discours de Cherbourg et de la mission du général Thomassin, elle promet solennellement à la Grèce ce que la France n'a pas cessé de réclamer pour elle : la réunion de la Thessalie avec Larisse, et de l'Épire avec Janina. On peut découvrir, sans doute, à l'horizon oriental plus d'un point noir. Mais quels risques la France court-elle d'allumer la guerre ? N'est-ce pas un événement rassurant entre tous que le concert européen réalisé à Berlin, que cette entente des grandes puissances s'occupant de résoudre pacifiquement des questions qui semblaient autrefois ne pouvoir être tranchées que par la guerre ? Cet arbitrage international, n'est-ce pas la France qui, par la sûreté de sa politique depuis trois années, par la sagesse de ses conseils, par la légitimité et le désintéressement de ses réclamations, a, plus que tout autre, contribué à le réaliser ? Évidemment, la Turquie refuse d'exécuter les conditions qu'elle avait commencé par accepter à Berlin, et l'Europe, qui ne peut en vérité se laisser bafouer plus longtemps, est réduite à ordonner une démonstration navale dans l'Adriatique. Mais les vaisseaux français qui mettent à la voile pour les bouches de Cattaro, est-ce qu'ils partent seuls et à la poursuite d'un idéal aventureux? Ils cinglent vers l'Adriatique pour que force reste à la foi des traités, pour y rejoindre les flottes alliées de l'Autriche, de l'Angleterre, de la Russie, de l'Italie et de l'Allemagne. La France avait déclaré à Londres et à Vienne que la démonstration navale n'impliquait aucun fait de guerre, qu'elle avait pour unique objet d'exercer une pression morale sur la Turquie (1). Si la République était restée en dehors de la démonstration, quels projets ambitieux n'aurait-on pu lui supposer? Bien plus, en envoyant sa flotte à Dulcigno, elle donnait par sa présence même un point d'appui à tous les scrupules pacifiques (2); elle pouvait, par sa sagesse et par sa prudence, préserver jusqu'à la fin le caractère originaire de la démonstration; elle faisait plus encore : par son concours dans l'affaire du Monténégro, elle engageait le concours de l'Europe dans l'affaire grecque. Le droit était tout entier du côté des puissances.

Telle était la situation qu'il appartenait à M. de Freycinet, président du gouvernement qui avait adopté ces mesures, de faire comprendre au pays. C'était à lui que revenait, pour la plus grande part, l'honneur des décisions récemment prises à Berlin. Des agitateurs de mauvaise foi dénoncent des dangers imaginaires à des ignorants qui s'alarment : mieux que tout autre, le président du conseil est en mesure de rassurer l'opinion. Il manque à chacune des obligations de cette tâche.

Comme si la mission du général Thomassin à Athènes avait caché un danger réel pour la paix, le ministre fit

_____

(1) *Livre jaune*, dépêche de M. de Freycinet à M. Challemel-Lacour, le 1ᵉʳ août.

(2) Discours de M. Barthélemy Saint-Hilaire au Sénat dans la séance du 30 novembre.

donner contre-ordre au général qui bouclait ses malles.

Comme si les paroles de M. Gambetta à Cherbourg avaient renfermé en effet des menaces belliqueuses, le ministre laissa dire de son propre discours de Montauban qu'il était une réponse au discours de Cherbourg, réponse destinée à rassurer l'Europe, cette Europe si inquiète sur notre compte qu'elle venait, à l'unanimité, de ratifier à Berlin toutes les propositions françaises.

Sa retraite des affaires, le 19 septembre, avait été motivée uniquement par des questions de politique intérieure (l'application du second décret contre les congrégations) : M. de Freycinet laissa les journaux officieux attribuer son brusque départ à des dissentiments qui auraient éclaté sur la politique extérieure « entre quelques-uns de ses amis » et lui.

Ces trois erreurs portèrent leurs fruits : l'agitation organisée par les partis extrêmes grandit au lieu de décroître. En vain, le nouveau ministre des affaires étrangères s'efforce de rassurer les esprits par une série de circulaires lénitives. Comme elles trouvent dans les fautes qui viennent d'être commises des arguments inattendus pour leurs haines et leurs rancunes, la presse intransigeante et celle de la réaction redoublent de violence. Soir et matin, dans l'*Intransigeant* et dans le *Français*, dans la *Commune* et dans le *Pays*, le gouvernement est accusé de conduire le pays à une guerre terrible. Ceux qui lancent ces accusations savent qu'elles sont mensongères ; ils n'ignorent pas que, dès le mois de juillet, le délégué français a pris l'engagement — d'ailleurs excessif — de ne tirer en aucun cas un seul coup de canon (1), que cette condition a été acceptée par les puissances et que M. Barthélemy Saint-Hilaire n'y tient pas moins que son prédécesseur. Ils comprennent encore que le gouvernement, quelque pacifiques que soient ses résolutions, ne peut pas cependant crier par-dessus les toits que le vice-

----

(1) *Livre jaune*, dépêche de M. de Montebello à M. de Freycinet, en date du 28 juillet.

amiral Lafon n'est devant Dulcigno que pour effrayer les Turcs et que ses batteries ne sont pas chargées. Mais justement parce que le ministre ne saurait leur répondre par une déclaration qui encouragerait la Porte à la résistance, qui serait, par conséquent, un danger sérieux pour la paix ; précisément parce que la démonstration n'est qu'une application de la célèbre doctrine : *Si vis pacem...*, et parce qu'ils le savent, ils poursuivent avec plus d'acharnement leur haineuse intrigue. L'Angleterre, l'Autriche, l'Allemagne, la Russie, l'Italie, ont adopté dans l'Adriatique la même politique que la France; mais il n'y a de crise qu'à Paris. Là, des gens qui, la veille encore, ignoraient l'existence de Dulcigno, crient que la France se prête dans l'Adriatique à une spoliation plus odieuse que celle de l'Alsace-Lorraine. On assiste aux plus surprenantes alliances : M. Chesnelong se joint au « général » Cluseret, M. le duc de Broglie à M. de Rochefort, pour protester contre la démonstration navale; MM. Laisant et Cassagnac dénoncent de concert la violation de la Constitution, « l'ambition sanguinaire de M. Barthélemy Saint-Hilaire » et la tyrannie de M. Gambetta! A lire les deux tiers des journaux, on eût dit que la République était sur le point de jeter le pays dans le gouffre de quelque nouvelle guerre de Cent Ans. Quelqu'un proposa de convoquer une grande réunion publique pour imposer au gouvernement le rappel de la flotte. L'idée fut accueillie. Parmi ceux qui furent désignés pour présider cette assemblée, on remarquait le nom de M. Félix Pyat, qui, huit jours plus tard, ouvrait une souscription pour offrir un pistolet d'honneur à Bérézowski, « encouragement au régicide universel ».

Au moment même où le gouvernement, stimulé d'ailleurs par M. Gambetta, interdisait la réunion projetée, la démonstration navale produisait sur la Porte l'effet d'intimidation qui avait été prévu, et le sultan renonçait à Dulcigno.

La question d'Orient n'est pas à la veille d'être définitivement réglée, et les agitateurs d'hier n'ont pas désarmé : est-il admissible que cette campagne de la peur puisse, à l'occasion, être rééditée avec une nouvelle apparence de succès ?

II

Un peuple qui a un long passé historique, des relations commerciales étendues, et, par conséquent, en dehors de ses frontières, des intérêts politiques plus ou moins considérables, change sa forme de gouvernement : ses intérêts extérieurs changent-ils avec son régime ? Évidemment non ; mais, selon que ce gouvernement est entre les mains du suffrage universel ou de quelques-uns, d'un monarque absolu ou d'une aristocratie, il est manifeste que la défense de ces intérêts ou de ces droits n'est pas soumise aux mêmes garanties. Pour la grande masse de la nation, quelle que soit la forme du gouvernement, ces intérêts n'ont, en effet, qu'une valeur abstraite, quand ils ne sont pas, à cause de leur éloignement, ignorés ou méconnus. Or, si cette indifférence de la masse pour les questions de politique extérieure est d'une importance secondaire dans les États despotiques et dans les aristocraties, — car, si l'on entend sa voix, on n'y prête qu'une attention médiocre, — elle prend au contraire une importance considérable dans les régimes où le nombre est souverain.

Voici donc le problème :

Les démocraties modernes sauront-elles tenir dans les affaires du monde les places occupées autrefois par leurs aînées, les monarchies et les aristocraties ? « Le suffrage universel et les institutions qui l'entourent, nous dit-on, sont assurément des freins utiles, puisqu'ils sont la fin des politiques personnelles ; mais ce sont, avant tout, des obstacles — et quels obstacles ! — à l'essor de toute politique à longues portées. La vraie diplomatie ne vit pas au jour le jour ; elle vit dans la préoccupation du lendemain ; savoir à propos sacrifier à de grands avantages

lointains de petits avantages immédiats est pour elle une
obligation impérieuse. La démocratie est myope; elle ne
voit pas dans l'avenir. Il émane des hautes politiques
extérieures un certain parfum d'honneur qui s'évapore
dans l'air trop rude des démocraties. Les intérêts permanents, historiques, d'un peuple demandent, pour être
compris, quelque désintéressement des choses du moment,
une liberté d'esprit que peuvent seuls donner la naissance, la fortune, un certain amour de l'art pour l'art.
Le peuple est trop directement partie aux questions d'où dépend la paix, c'est-à-dire la sécurité de son travail. La grandeur de Venise, celle de l'Espagne, celle de l'Angleterre,
ont été fondées par des aristocraties au prix de sacrifices
énormes que les peuples, s'ils eussent été leurs maîtres, n'auraient jamais consentis, et cependant ce sont ces sacrifices
qui ont été leur honneur et qui ont fait leur fortune. »

Telle est la conclusion des esprits chagrins qui ne
peuvent se résigner au triomphe de la démocratie et dont
le raisonnement aussi bien se réduit à ceci : qu'on ne
peut juger sainement les questions qui engagent l'honneur
de la patrie qu'autant que, soi-même, on est à l'abri de
tout danger. Cette déduction est-elle admissible? L'histoire
de la monarchie offre le fréquent spectacle d'une élite
d'esprits éminents qui apportaient au pouvoir la conscience élevée de l'honneur national et du rôle qui revient à la France dans les affaires du monde : peut-on
sans injustice en faire honneur à la seule indépendance
de leur fortune, à la sécurité personnelle où ils se trou-
vaient? La vérité n'est-elle pas que ces hommes, Henri IV,
Richelieu ou Colbert, avaient trouvé dans leur berceau
la notion de la grandeur historique de la patrie, qu'ils
avaient reçu une éducation politique supérieure qui leur
avait inculqué profondément cette notion? Si l'on constate
ensuite que cette notion — qu'une grande politique extérieure est indispensable à un grand pays — est moins
répandue dans les jeunes démocraties, ce n'est pas
que cette notion soit, par sa nature, étrangère à la démocratie, c'est simplement qu'elle ne lui a pas encore

été enseignée. Donc il s'agit de la lui apprendre. Louis XIV donnait pour précepteur au Dauphin, qui devait être le roi du lendemain, l'auteur de la *Politique tirée des Écritures*, cette Bible de l'ancien régime. Il s'agit de préparer par un enseignement semblable le maître d'aujourd'hui.

« Mais, dit-on, à supposer que cette éducation ne soit pas un rêve irréalisable, la démocratie sera-t-elle jamais un terrain propice aux vastes combinaisons de la politique extérieure ? » Hé ! sans doute, la tâche d'un Richelieu sera plus pénible dans une démocratie que sous la monarchie, puisqu'il suffisait autrefois de convaincre le roi et que demain il faudra convaincre tout le monde. Demain, évidemment, il ne sera pas facile de faire adopter par le suffrage universel les projets d'un Henri IV ou d'un Richelieu. Sans doute, le suffrage universel est gênant et ce n'est pas une petite besogne « que de gouverner avec un pays où tous ont la prétention de se connaître aux affaires publiques, de s'y mêler et d'y peser pour leur part individuelle de souveraineté, quel que soit le degré de leurs lumières et de leur intelligence (1) ». Sans doute encore, la politique va devenir un métier qui ne s'apprendra plus dans les salons. Mais si cette politique, toute de libre discussion et de lumière, est faite pour décourager les Decazes et les de Broglie, qui donc s'avisera de s'en plaindre, si ce n'est M. le duc de Broglie et M. le duc Decazes ? Et parce que cette politique sera difficile, est-ce une raison de renoncer au devoir ?

Que les intérêts proprement dits, les avantages matériels, ceux de la paix et du travail, soient défendus par la démocratie avec un soin plus jaloux que par tout autre régime, c'est l'évidence. Un pays qui a abdiqué ses destinées entre les mains d'un homme et dont la direction a été confisquée par une caste plus ou moins nombreuse, intelligente et patriotique, ce pays peut être conduit à des

_____

(1) Discours prononcé par M. Gambetta au Corps législatif, le 5 avril 1870.

aventures inutiles et sanglantes à la suite de ce prince, s'il
est ambitieux, ou de cette caste, si elle est avide. Un pays
qui se gouverne lui-même n'affronte les chances terribles
d'une guerre que le jour où son honneur, sa sécurité, ses
intérêts les plus précieux sont en péril. Plus de père
couronné ayant des fils ou des filles à établir ou à rétablir
sur quelque trône, plus de despote ayant besoin de faire
oublier l'absence de la liberté par la gloire des batailles.
Le temps des guerres dynastiques est passé.

Mais, dit-on, si les rois absolus forment entre eux
comme une famille dont les membres se croient souvent
tenus de se défendre les uns les autres, à titre de revanche, contre les peuples insoumis, n'est-il pas à craindre
que la démocratie ne suive des errements semblables
et que, dans une politique gouvernée par des idées anti-
monarchiques, elle ne conspire avec les démocraties voi-
sines, impatientes du joug et prises de contagion républi-
blicaine, ce qui serait tomber de Charybde en Scylla? Il
n'est point téméraire de répondre que nous avons assurément vu Charybde, mais que nous éviterons certainement
Scylla. A la vérité, les républicains de l'âge héroïque, les
lutteurs de 1848 et leurs pères de 93, caressaient presque
tous le rêve généreux d'un apostolat armé de la jeune
Révolution à travers le monde. La République, à leurs
yeux, avait cette mission de libérer par le glaive tous les
peuples qui se disaient esclaves. Au lendemain du 24 février, la fameuse circulaire de Lamartine sur la paix
avait causé plus de surprise que la révolution elle-même.
A Dieu ne plaise que nous accusions ces grandes mémoires! Mais, à l'heure présente, l'âge héroïque appartient à l'histoire ; le gouffre qui nous en sépare s'appelle
l'Alsace. M. Gambetta disait un jour : « Nous ne faisons
plus de la démocratie pour l'exportation. » Que la France
républicaine soit pour certains peuples un phare de lumière
qui attire leurs yeux charmés, cela est certain, et que cette
puissance de séduction alarme quelques-unes des vieilles
monarchies, cela est possible. Mais il suffit à ce phare de
briller. Il n'est pas la colonne de feu qui marche.

La toute-puissance du suffrage universel, la mission sainte que nous a léguée la défaite, ce sont déjà deux garanties précieuses d'une politique exclusivement nationale. En voici une troisième, qui n'est pas la moins importante : la loi qui a établi l'obligation personnelle du service militaire. Au temps du remplacement, la bourgeoisie française avait le verbe haut et parfois provocant. Quand les rêves menacés de Méhémet-Ali ou les yeux doux de la reine Pomaré ne semblaient pas aux ministres une raison suffisante de mettre le feu aux quatre coins de l'Europe, elle mettait les ministres en accusation et, tout au moins, au pilori. C'étaient de beaux spectacles gratuits que le départ des armées et leurs rentrées triomphales. C'était plaisir que de suivre sur une carte, avec de petites épingles ornées de drapeaux, les mouvements des troupes en campagne. On respirait doucement, au coin d'un bon feu, les parfums de la gloire militaire. C'étaient les fils des ouvriers et des paysans qui se faisaient tuer et mutiler. Ceux qui votaient, c'est-à-dire gouvernaient, ne se battaient pas, et inversement. Le monde, à qui parvenaient seulement les déclamations des classes dirigeantes, nous croyait un peuple toujours assoiffé de guerres et de conquêtes. La loi du 27 juillet 1872 proclame l'obligation personnelle du service militaire : elle fait soldats les fils du bourgeois comme les fils du paysan. La France passait pour une nation belliqueuse : en devenant une nation militaire, elle est devenue une nation pacifique.

Ainsi, dans une démocratie comme la nôtre, et au lendemain de l'infortune terrible qui nous a frappés, la politique étrangère est de sa nature et, par essence même, prudente et pacifique. C'est aux vertus du suffrage universel et de la loi sur le recrutement que nous le devons. Maintenant, que ces qualités aient leurs revers comme toutes les qualités des hommes et des institutions, cela est certain ; mais c'est précisément ces défauts que nous voulons combattre. Il est bon que Don Quichotte ait cessé d'être l'idéal de l'esprit français; il serait mauvais qu'on lui substituât dans ce rôle son trop modeste compagnon.

Nous allons toucher au vif de la question. La France n'existe pas seulement entre l'Océan et les Alpes, entre les Vosges et la Méditerranée : la France est partout où l'histoire a créé des intérêts français, partout où le commerce et l'industrie en créent chaque jour de nouveaux, partout enfin, et ce doit être son légitime orgueil, où la civilisation, pour lutter contre la barbarie, s'inspire aux sources de notre Révolution. Ces intérêts politiques et commerciaux répandus en dehors du territoire français font, autant que notre territoire même, partie de notre existence comme nation. Les défendre et les développer, tel est le but que doit se proposer notre politique extérieure pour que l'avenir soit digne du passé.

Ces principes sont évidents ; seulement, comme on l'a déjà fait voir, il n'est pas moins certain que notre démocratie est encore trop jeune dans le gouvernement du pays pour avoir appris à bien connaître l'importance et les conditions d'une politique étrangère active et méthodique. Chez un nombre trop considérable de citoyens, cette ignorance est fortifiée par des répugnances qui sont nées de la prédominance toujours croissante du bien-être matériel — plus la vie est bonne, plus on y tient — et par des craintes qui sont la conséquence de la loi sur le recrutement. Ceux qui criaient autrefois : « A Berlin ! à Pékin ! » sont les mêmes qui poussent aujourd'hui ces cris moins glorieux : « A la marmite ! à la soupe ! » Or ces cris, plus que jamais, se traduisent, en fin de compte, par des bulletins de vote. Les partis intransigeants et réactionnaires sont ligués contre les hommes qui représentent avec le plus de hauteur la politique de la fierté nationale. Là est, pour l'avenir, le danger sérieux qu'il importe de conjurer.

On a raconté qu'au plus fort de l'agitation déplorable du mois d'octobre dernier, le président de la République avait dit un jour à son conseil des ministres : « Croyez-vous qu'un paysan sur mille sache ce que c'est que Dulcigno ? » Toute la théorie de la non-intervention en matière de politique étrangère est dans cette question. Parce que les paysans de la Brie ou du Cotentin ignorent l'existence de Dulcigno, on en conclut que la démonstration navale est une mauvaise opération, et aussitôt, remontant la filière des événements, on blâme la participation de la France à la conférence d'ambassadeurs d'où la démonstration est sortie, on condamne la défense des intérêts grecs pris en main par nos représentants au congrès de Berlin, on reproche à la République d'être allée à ce congrès, on finit par déclarer que la question d'Orient ne nous regarde en rien. Sans doute, il faut être M. de Girardin pour avoir publiquement cette sincérité effrontée. Avec M. de Broglie, la politique de non-intervention a quelque honte d'elle-même ; elle se cache encore, avec quelque pudeur, sous le masque des mots de paix et de recueillement. Mais cette politique qu'on préconise n'est toujours, en fin de compte, que « la politique d'annihilation ».

Les paysans, les ouvriers et les quatre cinquièmes des bourgeois ne savaient évidemment pas, il y a trois mois, « ce que c'était que Dulcigno ». Est-il indispensable qu'ils sachent quels seront les Dulcigno de l'avenir ? Mais ce qu'ils ne doivent pas ignorer, ce que n'ignorent point, par exemple, les paysans du Yorkshire et d'Essex, c'est l'importance vitale qu'ont pour leur pays ses relations avec l'étranger ; c'est que ces intérêts ne se protègent pas eux-mêmes en Orient et dans l'extrême Orient, en Afrique et dans le nouveau monde ; c'est que l'influence commerciale d'un peuple est partout en raison directe de son influence politique (voyez l'Angleterre) ; et que renoncer à l'action politique, ou la perdre, c'est tuer la vie commerciale (voyez l'Espagne). Ce qu'ils ne doivent pas ignorer, c'est que la part que prend une nation dans les affaires du monde, ce n'est pas seulement le criterium de sa force, mais bien sa force même. Le jour où M. de Cavour a fait partir pour la Crimée l'armée du Piémont, tous les esprits perspicaces de la cour de Vienne ont compris que l'unité de l'Italie était fondée. Le jour où le gouvernement de la République s'est constitué devant l'Europe le défenseur de l'hellénisme en Orient, on a compris à Berlin que le relèvement de la France était un fait accompli.

Telles sont les vérités élémentaires dont notre démocratie doit se convaincre et qu'il s'agit de faire pénétrer dans ses couches profondes, pour que la sagesse ne dégénère pas en platitude et pour que l'amour de la paix ne dégénère pas en lâcheté. Supposer qu'il est impossible de convertir la démocratie à ces vérités, ce serait admettre que l'honneur et le bon sens sont plantes qui ne poussent plus en ce pays. Un phylloxera passager a pu les atteindre, mais ce phylloxera n'a point le caractère d'une maladie incurable.

Nos aînés ont converti l'immense majorité de la nation à la République et à la liberté. Ils ont converti la démocratie au respect scrupuleux de la légalité et des droits souverains de l'État. Pourquoi, par les mêmes moyens, par la seule force de la libre discussion et de la propagande, n'apprendrait-on pas à cette même démocratie et à cette même nation quels sont les devoirs d'un grand peuple dans la politique des peuples? Pourquoi la plume du journaliste et la parole de l'orateur seraient-elles impuissantes à donner cette instruction? Est-ce que l'enseignement de l'histoire, dans les écoles primaires comme dans les collèges, ne doit pas avoir pour but de donner à tous, avec l'amour de la patrie, la notion profonde du rôle qui lui revient dans le monde et qu'elle ne saurait abandonner sans honte? Formez l'enfance, dans les écoles, à ces vérités essentielles. Ayez la courageuse obstination de réformer les hommes faits par l'action continue de la presse et de ces conférences populaires qui sont les messes laïques de notre démocratie. Répandez à flots la lumière sur ces questions jusqu'à présent enveloppées de ténèbres. Livrez-vous avec acharnement à la démonstration de la vérité. Et soyez sûrs que la raison, ici comme ailleurs, comme partout, triomphera de l'indifférence et de l'ignorance. Alors le suffrage universel ne jugera pas moins sûrement les questions de politique étrangère que ces questions de politique intérieure qui lui ont été enseignées par les mêmes moyens, par la tribune et par la presse. Dans le cercle de nos frontières, la démocratie se montre aujourd'hui plus forte

5

et plus puissante pour le bien de la patrie que ne se sont
jamais montrées les aristocraties et les monarchies des
temps passés. Pourquoi, demain, quand vous l'aurez
instruite dans cette nouvelle science, ne sera-t-elle pas
aussi plus forte et plus puissante pour la grandeur de la
patrie sur la scène du monde? A la veille de la convocation
des états généraux, Mirabeau écrivait à l'un de ses amis
de Strasbourg : « L'instruction, grâce à l'imprimerie, suffit
pour opérer toutes les réformes dont nous avons besoin,
toutes celles que se doit l'espèce humaine. » L'instruction nous donnera cette réforme de l'esprit public comme
elle nous en a donné tant d'autres.

Assurément la tâche ne sera pas toujours aisée. Nous
nous trouvons, à l'heure présente, dans une époque de
transition, époque laborieuse et rude par excellence. Nous
avons hérité de notre passé monarchique des traditions et
des institutions dont les unes sont incompatibles avec la
démocratie, dont les autres ne sont pas le propre de la
monarchie, mais bien de toute grande nation fortement
constituée. Pour détruire les premières, il faut lutter
contre les fidèles de la monarchie. Pour sauver les
secondes du naufrage, il faut lutter contre les impatients,
contre ceux qui n'ont pas lu Descartes et qui voudraient
détruire l'ancienne maison avant d'en avoir construit une
nouvelle. Mais cette tâche, c'est l'œuvre même de la Révolution. Pour la mener à bonne fin, il faut encore s'inspirer
de ses principes mêmes, des principes de la Convention et
de la Constituante. Toute la vision, claire et magnifique,
de la France moderne se trouve là, chez Mirabeau, chez
Condorcet, chez Carnot, chez Cambon. Comme ils ont tracé
sur les questions de politique intérieure un programme
qu'il faudra peut-être un siècle encore pour réaliser entièrement, ils ont dit également dans un merveilleux langage
quelle est la part de l'héritage diplomatique de l'ancienne
France que la France nouvelle est tenue d'accepter et de
conserver intacte. Ils ont exposé dans des pages mémorables comment l'esprit de liberté et de fraternité, qui
est le souffle même de la Révolution, doit rajeunir

ces traditions et les renouveler. C'est à ce programme
qu'il faut revenir. C'est ce programme qu'il faut enseigner au pays.

III

Mais, avant de semer, il faut défricher. Avant d'enseigner au pays les vérités élémentaires de la politique
extérieure, il faut débarrasser le sol des ronces et des
chardons qui le déshonorent; montrons donc à quels mobiles a obéi, pendant la crise des mois de septembre et
d'octobre derniers, la coalition des partis extrêmes.

Le parti monarchique. Certes, le passé monarchique de
la France ne lui appartient pas: dans sa gloire comme
dans ses hontes, il appartient à la nation tout entière, il est
notre histoire à tous, histoire toujours vivante et que nul
n'a le droit de récuser. Cependant, comme l'invocation
de ce passé est sans cesse sur les lèvres des chefs du
parti royaliste ; comme ils s'en targuent chaque jour ;
comme, à les entendre, il semble que ce sont eux-mêmes
qui ont combattu à Bouvines, à Marignan et à Rocroy,
signé la paix de Westphalie, arrêté Charles-Quint et
abaissé la maison d'Autriche, il semblerait logique qu'ils
ne refusent pas leur concours à ceux qui ont l'ambition
de renouer le fil de la tradition. Or c'est le contraire qui
a lieu. Ce qu'ils mettent le plus d'orgueil à approuver
dans le passé, ils le blâment dans le présent. Et pourquoi? On ne peut trouver qu'une raison à cette contradic-
tion. Parce que la démocratie a pris l'héritage de ce passé
et le continue, parce que les hommes qui gouvernent la
France, ce ne sont plus les petits-fils du maréchal de
Broglie et du duc de Richelieu.

Passe encore que la démocratie dirige la politique intérieure, l'administration, la police, les finances, les travaux publics, le commerce. Passe encore qu'elle ait mis la

main sur la marine et sur l'armée. Mais la diplomatie!
mais ce privilège sacro-saint de l'aristocratie royaliste!
N'est-ce pas affreux à penser? Et, pour comble d'horreur,
n'est-il pas monstrueux que l'Europe fasse à ces démocrates le même accueil dont elle honorait jadis leurs prédécesseurs à talons rouges, qu'elle les reçoive avec empressement, qu'elle accepte leurs conseils, qu'elle sollicite leur concours, qu'elle se remette même à leur
arbitrage! En vérité, l'An mil est proche... Ces gens-là
prennent pour la fin du monde la fin de leur monde.

J'attends un démenti qui ne viendra pas : c'est ce dépit,
c'est cette haine qui inspire l'opposition acharnée que font
les partis monarchiques à la politique extérieure du gouvernement républicain. Leurs nobles chefs ne peuvent se
consoler que la France républicaine ne soit pas mise au
ban de l'Europe, méprisée, humiliée et repoussée. Que
cet archéologue, M. Waddington, ait traité, à Berlin, d'égal
à égal avec les représentants des autres grandes puissances ; que l'habileté de cet ingénieur, M. de Freycinet,
ait fait triompher à la conférence la cause de la Grèce
dont cet avocat, M. Gambetta, s'était fait le patron ; que
ce linguiste, M. Barthélemy Saint-Hilaire, occupe la place
du duc Decazes et que lord Granville traite de pair à égal
avec ce professeur de philosophie, M. Challemel-Lacour :
quelles cuisantes douleurs, quel aliment pour la poche
à fiel de MM. les ducs! Lisez le dernier discours prononcé au Sénat par M. de Broglie (1), ce discours cauteleux et haineux dont l'*Intransigeant* du lendemain regret-
tait qu'il n'eût pas été prononcé par un de ses amis, ce
qui fait certainement autant d'honneur à M. le duc de
Broglie qu'à M. le marquis de Rochefort-Luçay. Le
thème en est peu varié. Au lendemain de l'invasion,
démembrée et ravagée, n'ayant d'autre souci que de
fermer les blessures terribles qui lui avaient été faites
par l'Empire, la France avait dû se résigner à une politique extérieure toute de recueillement et d'abstention.

(1) Séance du 30 novembre 1880.

« Pourquoi, demande M. de Broglie, pourquoi avez-vous abandonné cette politique qui avait été imposée à M. Thiers par l'Assemblée et que le gouvernement du maréchal de Mac-Mahon a suivie si fidèlement? » Traduisons en bon français : Comment, vous, républicains et démocrates, avez-vous osé relever et régénérer la France? Comment, de misérable que l'avait faite le régime de Décembre et de faible qu'eût voulu la maintenir le régime du 24 mai, avez-vous eu la témérité de la refaire forte et puissante? Comment avez-vous eu l'effronterie de révéler cette force au monde en reprenant votre place dans le concert européen? Comment vous êtes-vous arrogé le droit d'agrandir l'influence française en Orient par la défense de l'hellénisme, par l'acquisition de la plus précieuse clientèle? Comment M. Gambetta se permet-il de tenir à Cherbourg un langage différent de celui que M. le duc Decazes tenait à Puget-Théniers quand il déplorait, avec tant de patriotisme, l'abaissement de la France en proie à la République et à la démocratie?

Si la campagne du parti réactionnaire contre la politique extérieure du gouvernement a été inspirée par la haine de la République, celle des intransigeants a été inspirée par la haine d'un homme : ils ne pardonnent pas à M. Gambetta d'être un homme d'État. L'amnistie avait enlevé au parti intransigeant son drapeau de combat : comment remplacer ce drapeau pour que le gros de l'armée, déjà fort désunie, ne se débande pas? Quand il s'est agi pour l'intransigeance de trouver un *nouveau drapeau*, et quand on a vu à sa tête plusieurs des personnages qui avaient justifié leur participation à la Commune en soutenant que cette insurrection, dans leur pensée, ne visait pas seulement M. Thiers et l'Assemblée de Versailles, mais bien la Prusse, devenue par un vote douloureux maîtresse de l'Alsace-Lorraine, on a craint un instant que ces hommes ne prissent pour drapeau, pour *plate-forme*, la revanche contre l'Allemagne. Voir tomber une telle cause entre de telles mains! Cette supposition nous remplissait d'angoisses. La plaie cruelle saigne, toujours plus

vive, au cœur de la patrie ; et cette plaie pouvait être enve-
nimée par les plus vulgaires des ambitieux ! Le souvenir
sacré de Strasbourg et de Metz éveille un écho retentissant dans toutes les âmes : cet écho pouvait être
éveillé, sans souci des circonstances, dans un but misérable de parti, par quelques braillards sans foi ! Certes,
nous comptions sur le bon sens et sur le patriotisme de la
nation pour étouffer sans pitié ces déclamations, si elles
avaient eu l'audace de se produire... Nous avons été
quittes pour la peur. C'est un autre drapeau qui a été
adopté.

Aux élections du 14 octobre 1877, le suffrage universel a prononcé la condamnation des factions royalistes.
Nous avons la conviction qu'aux grandes assises de l'année
prochaine il confirmera cette condamnation et qu'il frap-
pera du même verdict les chefs du parti intransigeant...

LA FAUSSE POLITIQUE DE PAIX

12 février 1881.

Nous vivons sous un ministre des affaires étrangères dont l'histoire ne dira pas que les lauriers de M. de Martignac l'aient empêché de dormir. M. Barthélemy Saint-Hilaire ne repose jamais mieux qu'après avoir rédigé une des belles circulaires où il commande aux Grecs de laisser l'espérance à la porte du palais du quai d'Orsay. La Chambre des députés, au moins, n'a pas la conscience tranquille ; elle commence par applaudir avec fureur à l'humilité chrétienne de son ministre, mais vingt-quatre heures n'ont point passé sur ses transports pacifiques qu'elle en éprouve quelque confusion et ne s'en cache pas. M. le ministre des affaires étrangères ne saurait ressentir rien de tel. On peut, sans crainte, dire et répéter devant lui les mots de « paix sans épithète » : il trouve que ces mots, qui ne sont pas cependant prononcés à huis clos, que

l'Europe entend, ne sonnent pas mal — et il continue à
expédier des circulaires. Que serait-ce pourtant si cette
politique qu'on présente et glorifie comme la politique
pacifique par excellence ne compromettait pas seulement
notre dignité? On prétend concilier la Grèce et la Turquie : on envenime la querelle. On a l'ambition d'éteindre
les brasiers : ne jette-t-on pas de l'huile sur le feu?

I

Il y a quelques jours, un diplomate anglais causait
avec M. de Bismarck de la proposition d'arbitrage et des
négociations diplomatiques qui ont suivi : « Si la guerre
éclate en Orient, dit le prince, c'est M. Barthélemy Saint-
Hilaire qui l'aura voulu. »

Le chancelier de l'empire allemand n'est pas l'homme
des nuances délicates ; comme le cheval, il voit naturellement *gros*. Évidemment, dans l'espèce, des fautes ont
été commises par d'autres que par M. Barthélemy Saint-
Hilaire, d'autres responsabilités sont engagées. C'est
cependant, — et M. de Bismarck ne s'y est pas trompé, il
a trop sujet de s'en réjouir, — la proposition d'arbitrage
qui a porté la première atteinte à l'œuvre de la conférence
de Berlin. C'est le langage imprudent des circulaires qui a
exaspéré le patriotisme des Grecs et encouragé l'obstination des Turcs au point de rendre le conflit si menaçant.
Sans doute, le jour où M. Barthélemy Saint-Hilaire s'est
arrêté à la malencontreuse idée d'arbitrage, il a cru de
bonne foi que cette proposition ferait le bonheur du monde
et qu'elle lui donnerait la première place dans la reconnaissance des peuples comme dans les annales de la très
estimable *Ligue des Amis de la paix*. Mais il méconnais-
sait le précepte de M. Thiers : « Il ne suffit pas de ne
pas vouloir la guerre, il ne faut pas suivre une poli-

tique qui compromettrait les relations du pays (1). »

La proposition d'arbitrage a-t-elle été dictée par le seul désir de résoudre à l'amiable le différend turco-grec? M. Barthélemy Saint-Hilaire ne voudrait pas qu'on le crût. Il prétendait encore par ce moyen, et il s'en est vanté, *dégager la France de l'affaire grecque.* Double faute et qui n'a point tardé à porter ses fruits. D'abord, depuis la conférence de Berlin, la question grecque était devenue une question européenne; l'acte international de 1879 nous imposait précisément l'obligation de ne prendre aucune initiative. Il était donc inexact de faire entendre que la France pût être exposée d'une manière quelconque, à la suite de la Grèce, dans une guerre contre les Turcs. Ensuite, la proposition d'arbitrage a beau être entourée de toutes les fleurs de la rhétorique : elle dénonce l'entente que les puissances, sur la proposition même de la France, avaient conclue dans l'affaire grecque. Le titulaire actuel du portefeuille des affaires étrangères n'avait pas pris une part personnelle et directe à la négociation de l'accord? Soit! mais il était solidaire de ses deux prédécesseurs qui l'avaient ratifié. La France avait conquis en Grèce toutes les sympathies. En prenant cette cause juste en main, elle s'était associée à la fortune d'une nation à qui appartient plus que jamais l'avenir de l'Orient ; elle rajeunissait dans tout le Levant son influence, si cruellement ébranlée par les désastres de 1870 ; elle retrouvait sa place dans le concert européen. M. Barthélemy Saint-Hilaire a changé tout cela. Il a manqué à la parole qui avait été donnée à la Grèce quand M. Waddington arrêta à la frontière de Thessalie les troupes du général Soutzo, à la parole donnée par M. de Freycinet quand l'unanimité de la conférence adopta le tracé franco-anglais. Soulevant ainsi contre sa politique les plus justes colères, il risque de jeter l'hellénisme entre les bras d'un tiers et il porte une atteinte grave à notre crédit parmi tous les chrétiens d'Orient. Il

(1) Assemblée nationale, séance du 22 juillet 1871 (débat sur la pétition des évêques).

a découragé ceux qui avaient foi en nous et qui nous apportaient de toutes parts des preuves d'affection si touchantes. Il a rompu le concert des grandes puissances signataires. Et s'il imagine qu'une telle marque de faiblesse lui a valu en échange cette force : la reconnaissance des Turcs, il se trompe encore, car, si les pallikares nous accusent, les marchands de pastilles du sérail se moquent de nous.

II

La première garantie de la paix, c'est l'acte international de Berlin. Cette base est-elle de granit? M. de Bismarck, lui-même, n'en croit rien. Mais précisément pour cela, il ne fallait pas s'amuser à la pousser.

Quelle était la situation respective de la Grèce et de la Turquie il y a deux mois?

La conférence de Berlin avait reconnu les droits de la Grèce sur l'Épire, avec Janina et Metzovo, et sur la Thessalie, avec Larisse. Les puissances médiatrices auprès de la Sublime-Porte lui avaient signifié dans leur note collective du 25 août 1880 « que la décision de la conférence quant aux frontières grecques était tenue par elles pour définitive et qu'*elles ne sauraient consentir à ce que la discussion fût rouverte à cet égard* ». M. de Freycinet avait proclamé cette résolution un « titre irréfragable », et cette appréciation était si formelle, s'imposait avec tant d'autorité, surtout depuis la démonstration navale, que M. Barthélemy Saint-Hilaire, à son arrivée au quai d'Orsay, n'avait pas songé à la mettre en doute (1). La

(1) Dans sa dépêche du 10 novembre 1880, M. Barthélemy Saint-Hilaire qualifiait de *titre précieux* pour les Grecs les décisions de la conférence de Berlin, et il assurait que l'Europe avait pris à leur égard un *engagement moral*. Le 30 novembre suivant, il déclarait au Sénat que les flottes alliées s'étaient réunies dans l'Adriatique non seulement pour contraindre la Porte à céder sur Dulcigno, mais

Porte, dit-on, refusait de céder? Sans doute la Porte dis-
putait; mais elle voyait et avait, en effet, devant elle les
six grandes puissances, dont l'entente venait de se mani-
fester, avec quelque succès, dans les eaux de l'Adriatique; elle eût réfléchi, elle réfléchissait déjà. Dans toutes
les chancelleries, la question paraissait facile et claire
entre toutes, simple affaire de patience. Personne n'avait
promis à la Grèce de se battre pour elle; mais personne non
plus, en dehors des nerveux personnages que la démonstration navale devant Dulcigno faisait tomber en pàmoi-
son, n'avait conçu l'imagination saugrenue d'une résistance
armée du sultan aux exigences du concert européen. La
solution pacifique de la question des frontières grecques
aurait été acquise comme l'avait été la solution de la question monténégrine. Plus l'Europe aurait montré de décision et d'esprit de suite, c'est-à-dire plus elle se serait
tenue sur le terrain de la note collective du 25 août, plus
elle aurait eu de force et d'autorité pour prévenir le conflit
armé. Il suffisait de dire à la Grèce : « La question est désormais européenne; c'est notre affaire à nous, concert
des six grandes puissances, de faire exécuter la sentence
de Berlin, et nous n'entendons pas qu'aucune initiative se
substitue à la nôtre. » En tenant ce langage on aurait calmé
et réfréné les intempérantes ardeurs du patriotisme hellénique et l'on aurait abattu par la même occasion les dernières velléités de résistance des Turcs.

M. Barthélemy Saint-Hilaire en a jugé autrement. Il a
voulu innover, il a tenu à marquer par un acte original
son passage au ministère des affaires étrangères. A force
de relire les délibérations de la conférence, il découvre
que dans la note où, tout le premier, tant elle était claire
et nette, il avait reconnu à la Grèce un titre *précieux* de
propriété, il n'y a plus rien. Il se plonge avec conscience
dans le répertoire diplomatique de Vatel. Puis, brusque-

encore, « car cela était autant dans la logique de la situation que
dans la pensée de toutes les puissances », pour la déterminer à
céder sur la question arménienne et sur la question grecque.

ment, manquant à la fois à la promesse qu'il avait faite
au Parlement de continuer la politique de ses prédécesseurs, et à l'engagement que chacune des grandes
puissances avait contracté à Berlin envers la Grèce, il
lance à travers les chancelleries sa proposition d'arbitrage et expédie aux quatre coins de l'horizon les innombrables dépêches que le *Temps*, journal d'ordinaire plus
académique et plus officieux, appelait l'autre soir (1) « les
écritures de M. Barthélemy Saint-Hilaire ».

On connaît le résultat de cette manœuvre. Hier, un lien
unissait entre elles les six puissances. Aujourd'hui, le lien
est rompu et l'acte international de la conférence s'en
va par miettes et morceaux. Hier, sous la pression alors
unanime de l'Europe, la Turquie voyait déjà les flottes
alliées paraissant devant Smyrne ou devant les Dardanelles, comme naguère devant Dulcigno. Il se rencontre
un ministre français pour proclamer que sa domination
sur la Thessalie et sur l'Épire est fondée en droit; aussitôt
elle arme sans arrêter, cherche à emprunter et menace
de sa vengeance tous ses sujets de race hellénique. Hier,
soutenue dans ses revendications par l'interprétation de
l'acte de Berlin, la Grèce faisait du bruit, mais ne se montrait ni intraitable ni rebelle. On lui révèle naïvement
qu'elle tient entre ses mains la paix du monde; elle
paraît froidement résolue à tenter la fortune des armes,
« unique moyen, dit un témoin oculaire (2), de réaliser les
aspirations nationales ou de sauver au moins, avec l'honneur du nom hellénique, l'intégrité de ses espérances
d'avenir ».

Voilà pour aujourd'hui; mais demain? Nous avons le
choix entre deux hypothèses. Demain, si par malheur la
guerre éclate entre la Grèce et la Turquie, celui que
l'opinion universelle accusera de ce malheur, ce sera le
ministre dont les démarches inconsidérées ont rompu le

---

(1) N° du 31 janvier 1881, article de M. Scherer.
(2) M. Gabriel Charmes, *Athènes pendant la crise*, dans la *Revue
des Deux Mondes*.

concert européen et n'auront pas laissé à la colère patriotique des Grecs et à l'entêtement des Turcs d'autre moyen
de vider leurs différends que les armes. Mais demain, si
d'autres reprennent et font triompher la politique vraiment pacifique et vraiment forte, que la France avait été
la première à préconiser et que M. Barthélemy Saint-
Hilaire a été le seul à déserter, la Grèce adressera partout,
sauf au palais du quai d'Orsay, le témoignage de sa reconnaissance, et l'Europe se rira de ceux qui, par une
injustifiable faiblesse, ont quitté la partie à la veille même
du succès.

En attendant, M. Goschen, ambassadeur d'Angleterre
auprès de la Sublime-Porte, s'aperçoit que le chemin le
plus direct, de Londres à Constantinople, a cessé de passer par Paris. Ce chemin a dévié. Il passe par Berlin et
Vienne.

Ainsi, de quelque manière que se dénoue la crise orientale, notre crédit politique en sera ébranlé. Comme, seuls
de toute l'Europe, nous aurons abandonné la Grèce au
moment décisif, nos services antérieurs, tous nos efforts
seront sinon oubliés, du moins taxés à un *minimum*
de gratitude. Quelques esprits équitables sauront distinguer entre la politique française et celle de M. Barthélemy Saint-Hilaire ; pour la grande masse des Orientaux,
la France aura reculé devant l'apparence d'un danger et
les yeux se tourneront vers un autre pôle.

Nous croyons avec le poète que le destin n'est que la
logique et, avec le philosophe, que tout ce qui arrive en
ce monde arrive nécessairement. Mais déterminisme et
fatalisme font deux. On a dévié de la voie droite, cela
n'est que trop certain. Mais il est temps encore de
rebrousser chemin et de revenir à une autre politique. Si
l'on continue à marcher dans le sentier tortueux où l'on
s'est engagé depuis deux mois, évidemment le crédit de la
France sera compromis pour de longues années en Orient
et dans toute l'Europe ; mais M. Barthélemy Saint-Hilaire
lui-même n'est pas forcé de persévérer dans le chemin de
traverse où il est entré. Nous ne pensons pas que les inten-

6

tions pacifiques de la France puissent aujourd'hui faire doute pour personne : on peut donc tirer un profit habile même des fautes les plus lourdes qui ont été commises. Il suffit de le vouloir sérieusement.

CHOSES D'ÉGYPTE

24 juin 1882.

On entend depuis quelques jours d'étranges propos : les tristesses humiliantes des affaires d'Égypte ont laissé la nation indifférente, le massacre d'Alexandrie n'a pas fait bouillir dans ses veines un sang dégénéré ; si la politique de résignation répond à l'esprit de la Chambre, l'esprit de la Chambre répond fidèlement au tempérament du pays.

Eh bien, non, cela n'est pas, ! Blâmez le ministère et la majorité ; dénoncez, qu'ils siègent à gauche ou à droite, les grands politiques pour qui le monde finit aux portes de Marseille et à qui l'idée seule de traverser la Méditerranée donne le mal de mer ; soit, nous serons avec vous pour les condamner. Mais cette poignée d'hommes qui ont pris peur, ce n'est pas la France !

On raconte qu'un peintre grec, avait rassemblé ses amis dans son atelier : « Tirez le rideau, dirent-ils. — Le rideau, répondit le peintre, c'est le tableau. » Le rideau, ici, n'est pas le tableau.

Le pays, depuis trop longtemps, est resté ignorant des questions de politique étrangère, on ne lui a pas assez

enseigné combien l'honneur de la patrie est intimement
lié à la force de sa diplomatie, que la France n'est pas
seulement sur les Vosges et les Alpes, mais partout où il
y a de grands intérêts français à protéger et à défendre :
voilà la vérité qui est déjà assez cruelle. Cette ignorance
des masses populaires impose à nos gouvernants une
obligation cent fois plus impérieuse de ne laisser péricliter nulle part, en quelque partie du globe que ce soit,
une parcelle de ce trésor de gloire et d'influence que la
vieille France monarchique a légué à la France nouvelle de
la Révolution et qui s'est enrichi, depuis un siècle, des
plus belles conquêtes. Mais en résulte-t-il que, pour ce
pays trop peu instruit, l'honneur et la dignité nationale
soient devenus des banalités surannées?

Dites, exposez la vérité des choses, et vous verrez!

*
* *

Il y a des gens qui s'en vont répétant : « L'Égypte,
Tunis, la Grèce, l'Orient, où est-ce tout cela? qu'est-ce
que tout cela nous fait? Nous avons autre chose à faire
qu'à découvrir la Méditerranée. Parlez-nous de la mairie
de Paris et de la préfecture de police! » Eh bien, répon-
dez-leur, prenez à tâche, prenons tous à tâche de dire et
de redire tous les jours à ce pays comment sa sécurité et sa
fortune ne sont pas moins engagées que son honneur dans
l'affaire d'Égypte. Laissez de côté les politiciens de l'extrême gauche qui abandonnent l'Égypte, comme ils font
M. Wilson président de la commission du budget, pour
« ennuyer » M. Gambetta : adressez-vous au peuple même.
Si vous demandez au premier ouvrier ou paysan ou bourgeois venu : « Que pensez-vous d'Arabi ? » il vous répondra
évidemment qu'il n'en pense rien du tout et qu'Arabi lui
est aussi indifférent que le grand Turc. Mais dites-lui :

« Il y a, répandus à travers tout l'Orient, plus de cinquante mille Français qui travaillent sans relâche, comme
leurs pères ont travaillé depuis des siècles, à répandre
autour d'eux, avec la langue de la France, son influence

et sa civilisation. Après le Nil, c'est la France qui a fait l'Égypte. Chaque débouché nouveau que nous ouvrons en Orient est pour nous une source nouvelle de richesse et de travail. Les destinées de notre industrie nationale sont liées, pour une part immense, à l'essor de notre commerce dans le bassin de la Méditerranée. La prospérité de nos colonies et de nos comptoirs dans les Échelles du Levant est l'âme même de ce commerce. Cette prospérité a pour condition première la sécurité de nos nationaux. Dans des pays encore à demi barbares et parmi des peuples d'une race et d'une religion différentes, cette sécurité dépend uniquement de notre influence politique, du respect et de la crainte que peut inspirer notre nom. Laissez détruire cette influence : aussitôt, plus de sécurité pour nos nationaux, partant plus d'échanges, partant la ruine de notre commerce dans la Méditerranée, partant la ruine de nos plus belles industries, et, chez nous, ici même (dans combien de villes!) la diminution du travail, la pauvreté et la misère. Tout cela se tient aussi étroitement que les anneaux d'une chaîne. Permettez à la barbarie orientale de reprendre possession d'Alexandrie : aussitôt, par un contre-coup fatal, cesse la vie active et féconde du port de Marseille. Ainsi notre autorité méconnue au Caire, l'insolence triomphante de quelques prétoriens, l'exode lugubre de nos nationaux, les fureurs impunies d'une misérable populace, nos diplomates parlant bas, notre flotte impuissante devant l'outrage fait à son drapeau, tout cela, c'est aujourd'hui la barbarie encouragée, c'est demain la barbarie réinstallée dans une terre fécondée par nous, et chez nous-mêmes nos ports, nos manufactures, privés d'un débouché incomparable, volontairement appauvris.

« Au sud de la Méditerranée, l'Algérie, flanquée de la Tunisie, est une France africaine, une France prolongée. La population chrétienne de cette France n'y règne pas sur des millions de musulmans par le seul souvenir de services rendus ou par l'espoir de bienfaits futurs. Elle y règne, dans ce pays conquis et parfois durement con-

6.

quis, par la force, par le respect qu'inspire l'ensemble de
notre puissance coloniale. Laissez affaiblir cette puissance : l'Arabe conclura que notre puissance continentale
n'est plus la même que par le passé. Laissez défier notre
drapeau à deux pas d'Alger et de Tunis : l'Arabe conclura
que la main qui tient ce drapeau est devenue débile. Laissez allumer au Caire l'incendie du fanatisme musulman :
l'Arabe regardera avec joie les flammes rouges, poussées
par le vent d'Orient, envahir le ciel de l'Islam et se rapprocher de lui. Puis, quand elles seront arrivées à la hauteur de ses premières tentes, la révolte sera partout, de
Gabès au Kef et de Biskra à Nemours; sur cette terre
dévastée et couverte de cadavres, il faudra un jour
cent mille hommes pour éteindre, après mille efforts sanglants, l'immense incendie que quatre régiments auraient
pu étouffer en se jouant, à son éclosion. A reculer devant
le limon du Nil (1), que risque-t-on? Tout simplement d'em-
braser l'Aurès et de soulever le Désert.

« Mais quand la France aura été humiliée sur le Nil,
sera-t-elle plus forte sur la Moselle? Si vous permettez à
un petit voisin de tenter contre vous tous les empiétements,
vos gros voisins en seront-ils *plus* ou *moins* disposés à

---

(1) On télégraphie d'Alexandrie, le 20 juin, au *Times* :
« — Mais, dis-je, l'armée aime Arabi ; c'est un troisième parti.
« Mon interlocuteur me répondit :
« — Ceci est presque vrai ; mais ce n'est pas encore exact. Si l'on
accorde encore quelque répit à Arabi, cela pourra devenir vrai. En
s'appuyant continuellement sur les soldats et en les adulant, il est
en train de créer un esprit de corps qui devient de plus en plus fort.
Et cependant il y en a peu parmi eux qui lui seraient fidèles s'ils
avaient à faire autre chose qu'à traverser les rues d'Alexandrie.
« — Combattraient-ils pour lui? demandai-je.
« — Oui, contre des femmes et des enfants; mais non contre des
troupes qui leur seraient de moitié inférieures. Quatre mille cinq
cents d'entre eux, armés de remingtons, rencontrèrent près de Sennaar,
sur le Nil, moins de deux mille disciples du faux prophète armés de
fusils de Bédouins, de bâtons et de poignards. Les soldats égyptiens
tirèrent une fois, saisirent leurs fusils par le canon, les jetèrent parmi
leurs adversaires et se sauvèrent à toutes jambes. »

vous chercher querelle? Le plus sage et le plus prudent n'est-il pas de se faire respecter partout et par tous? C'est la fausse politique de paix, qui consiste à fuir une escarmouche pour se jeter dans une grande bataille; c'est la politique de Gribouille. Est-ce pour cela que nous avons une flotte, que nos enfants passent cinq années de leur vie, les plus belles, sous les drapeaux? Sommes-nous la France ou sommes-nous une grande Belgique? »

Voilà la question qu'il faut poser, et vous ne l'aurez pas plutôt posée devant le pays que toutes ses fibres résonne-ront comme autrefois...

LES ENSEIGNEMENTS DE LA QUESTION D'ÉGYPTE

23 septembre 1882.

I

Le voilà donc, ce grand parti national d'Égypte que M. Clovis Hugues chantait sur les sept cordes de la lyre, que M. Clémenceau célébrait dans vingt discours, à qui M. de Freycinet souriait, contre lequel quarante mille soldats français n'auraient pas été de trop! Dans l'espace d'un quart d'heure (1), au lever du soleil, il aura suffi de quelques régiments de highlanders et de quelques escadrons indiens pour faire envoler toute cette armée aux quatre coins du Désert. Et quand cette nichée de trente mille maraudeurs a été dispersée, qu'est-il resté de toute

(1) « Les Anglais ont mis vingt minutes pour anéantir l'armée d'Arabi. D'après les témoins oculaires, ce n'a pas été un combat, ç'a été un massacre. Et ce n'est pas à la supériorité de leur outillage militaire que les Anglais ont dû leurs succès; ils ont tout simplement abordé les Égyptiens à la baïonnette. » (*Journal des Débats* du 17 septembre.)

l'insurrection? Si le préfet de police du Caire n'avait pas promptement arrêté Arabi comme un vulgaire malfaiteur, la grande populace et la sainte canaille l'auraient ligoté et jeté au Nil comme un simple pharmacien, sans qu'un seul bras se fût levé pour la défense de cette colonne de l'Islam (1). Et les anarchistes, collectivistes et autres radicaux d'Égypte, cheiks, pachas et ulémas en tête, acclament le libérateur anglais. Ils sèment de palmes vertes et de fleurs de ghazi la route du vainqueur. Ils se ruent aux pieds du khédive. Ils demandent comme une grâce suprême de tenir la corde à laquelle Arabi sera pendu. Révolution sacrée de 89, te reconnais-tu enfin dans la révolution d'Égypte?

Car on en a été là et voilà quatre mois, il faut bien le rappeler, que la presse intransigeante n'arrête pas, soir et matin, d'exécuter mille variantes sur ce beau sacrilège : « C'est de la Révolution française que procèdent les soldats pillards du Mokatam et les derviches farceurs du Mouski ! » La loque fanatique qui avait présidé au pétrolage d'Alexandrie, c'était le drapeau radieux de la revendication

(1) Boutros pacha raconte que, lorsque Arabi arriva seul et que sa défaite fut connue, la populace l'insulta et lui jeta des pierres (dépêche *Havas* du 16 septembre).

On mande d'Alexandrie, au *Times*, en date du 14 septembre « Pendant ces derniers mois, le palais de Ras-el-Tin, occupé par le khédive, a été un lieu entièrement désert, où l'on pouvait se retirer pour faire un somme, sans craindre d'autre interruption que celle de quelques fonctionnaires tâchant d'apprendre l'anglais dans une grammaire Ollendorf. Des consuls, des correspondants de journaux troublaient parfois ce calme; mais, quant aux indigènes, on n'en apercevait pas un, sinon le mufti qui, tous les matins, récitait les prières sur les marches du palais. Ce matin, dans toutes les chambres, dans tous les corridors passaient une foule d'Égyptiens, se répandant en démonstrations de loyauté, s'attachant aux basques de tout Européen, essayant de sauter au cou de tous ceux qu'ils reconnaissaient, se battant pour que leur nom fût inscrit sur le registre des visiteurs, remerciant Dieu à haute voix de la défaite de ce traître d'Arabi. Tous ces hommes graves que j'ai entendus porter aux nues le chef du parti national seraient capables aujourd'hui de tirer la corde où il serait pendu. Et qu'on me parle maintenant de l'opinion publique en Égypte. »

sociale. Dégoûtés de notre plat opportunisme, les immortels principes s'étaient réfugiés au camp de Kafr-Douar. De la troisième cataracte où plongent les crocodiles jusqu'aux rives sablonneuses du lac Menzaleh où rêvent les ibis, un peuple superbe était soulevé qui défendrait jusqu'à la mort, sous les ruines des pyramides, des obélisques et des mosquées, la nationalité fellahine retrouvée après six mille ans dans la poudre des vieux hypogées (1). Les mercenaires de la moderne Carthage marchaient vers un vaste cercueil de sable dans le désert inviolé...

O blagueurs !

Et c'est eux qu'on a crus ! C'est cette ignorance ridicule de toutes les réalités qui a gouverné notre politique pendant de longs mois, qui est à l'origine de toutes ces fautes, un grand pays affolé, le drapeau impunément insulté, le lamentable exode de la plus riche de nos colonies. Ceux qui s'en affligeaient et protestaient, on les accablait d'injures. La politique de « la note identique » était criminelle et folle. Toute expédition sur les bords du Nil mènerait à un désastre. Il ne reviendrait pas un homme du désert de Libye. L'Égypte, c'était le Mexique ; le Caire, c'était Saragosse ; Arabi, c'était Juarez ou Garibaldi. M. le prince de Bismarck, sinistre, guettait. Prétendre qu'il eût suffi de cinq mille hommes au mois de juin et de cinq cents gendarmes en février pour rétablir l'ordre dans le Delta, c'était donner des signes incontestables d'aliénation mentale.

On pourrait gager que les mêmes naïfs qui se sont laissé convaincre par toutes ces sottises vont jurer demain avec énergie qu'ils n'ont jamais ajouté la moindre créance à la légende du parti national. Voyez déjà avec quelle char-

(1) *M. Gambetta :* Oui, on a découvert que ce peuple qui, comme le disait Bonaparte, depuis quarante siècles est esclave, est à la veille de créer ou de retrouver les principes de 1789 dans les hypogées des pyramides.

M. Gaillard : Ne raillez pas ces choses-là : tous les peuples ont eu leur aurore de liberté ! (Chambre des députés, séance du 18 juillet. — Voir, dans la séance du 19 juillet, le discours de M. Clémenceau en réponse à M. Gambetta.)

mante désinvolture les arabistes des bords de la Seine
jettent leur héros par-dessus bord, au lendemain de la
défaite, comme le dernier des tripoteurs vendu pour
quelques guinées aux généraux anglais (1)! On nous permettra d'être plus sincères. D'abord, en confessant une
erreur. A voir l'armée rebelle s'évanouir en un clin d'œil
à la première apparition des baïonnettes écossaises, alors
que cette bande avait atteint son maximum de force, de
discipline, de fanatisme et de confiance, qu'elle était
grisée par l'impunité des massacres d'Alexandrie, par
tous les mensonges de son chef annonçant la destruction de
la flotte anglaise (2) et l'approche de toute l'Afrique soulevée, alors surtout que la bonne saison était passée et
qu'on était en plein dans ces mois redoutables où Bonaparte
lui-même, à la tête des légions d'Italie, s'avouait impuissant contre les rigueurs du climat ; — oui, nous reconnais-
sons, nous aussi, que nous avons fait erreur, car nous
avions surfait encore le nombre des soldats français qui
auraient suffi, soit en février, soit en juin, pour réduire la
rébellion des colonels égyptiens. Nous nous sommes trompés de la même façon que le général anglais qui annonçait
qu'il serait le 15 septembre au Caire et qui y est arrivé
le 14. — Ensuite, en nous accusant d'une inexactitude de
langage qui a donné lieu à quelque confusion. Nous n'avons
jamais nié qu'il n'y eût en Égypte un parti national. Nous
avons seulement affirmé, dès le premier jour, que le
ramassis d'ulémas et de caporaux qui entouraient Arabi
n'avait aucun droit à ce nom. Il existe, en effet, dans la
vallée du Nil un parti national : c'est celui qui avait fait

(1) Journal la *Vérité*, du 16 septembre, etc.
(2) Le *Bulletin de la grande armée*, publié par Arabi à la suite du
bombardement d'Alexandrie, annonçait triomphalement que les canons
d'Alexandrie avaient détruit toute la flotte anglaise ; deux bateaux
seuls avaient échappé au désastre ; mais ils étaient dans un état de
détresse effrayante et demandaient l'aman au vainqueur. Le *Bulletin*
se terminait par ces mots : « Les vents et les flots s'unissent pour
chanter la victoire de nos armes. Mes frères, réjouissez-vous de la
défaite de l'infidèle ! »

succéder au régime des folles prodigalités d'Ismaïl l'administration probe et économe que dirigeait le contrôle franco-anglais ; — celui qui avait fait luire, pour la première fois depuis des siècles, aux yeux du fellah courbé sous l'*instrumentum regni* de la courbache, une aurore de justice, ce qui est toute la justice pour le fellah : la perception normale et régulière d'un impôt fixe ; — celui qu'Arabi a partout vilipendé et pourchassé ; — celui qui cherche à se grouper de nouveau autour du khédive...

Donc, ces premiers enseignements paraissent acquis : s'il est peu digne d'un grand pays, quand l'honneur du drapeau est en jeu, de reculer devant le danger, il est ridicule de se dérober devant l'apparence du danger, — il ne faut jamais prendre des vessies pour des lanternes et des échauffourées de caserne pour des révolutions populaires ; — entre les conseils des patriotes éclairés et les déclamations des charlatans ignorants, il est plus sûr de ne pas s'en rapporter à celles-ci.

II

« Mais, monsieur, on ne peut commencer sans nous », disait M. de Bocarmé au bourreau qui le pressait dans sa toilette funèbre, alléguant qu'on arriverait en retard à la guillotine... Voilà bien des années qu'il n'en est plus de l'Europe comme du seigneur flamand. On peut toujours commencer sans elle.

On a souvent cité le mot profond de M. de Beust au lendemain de Sedan, on ne le méditera jamais assez : « Il n'y a plus d'Europe ! » Le fait est irrémédiable et brutal : au sens où l'entendaient les diplomates du dix-septième siècle, du dix-huitième et de la première moitié de celui-ci, l'Europe n'est plus qu'une abstraction métaphysique. De même qu'une réunion de ministres ne forme pas un gouvernement, la collection des États de la première partie du monde n'est point l'Europe. Depuis quinze ans *est Europe*, si je puis dire, *qui veut l'être*, quiconque se sent assez fort ou assez hardi pour imposer le respect de ses ambitions, de ses intérêts ou de ses droits. L'Europe, au camp de Nikolsbourg et au palais de Versailles, c'était la Prusse. Au congrès de Londres et au congrès de Berlin, c'était la Russie. Aujourd'hui, aux bords du Nil, c'est l'Angleterre — et la France eût pu l'être avec elle.

En quoi, depuis le commencement de la question d'Égypte, l'action dite autrefois européenne s'est-elle manifestée ? Quand M. Gambetta et lord Granville signent la note collective, quand sir Beauchamp Seymour bombarde Alexandrie, quand sir Garnet Wolseley occupe le canal de Suez et le Caire, — rien. Pas un geste, pas un mot, non point de menace, mais de remontrance. Tout au contraire. Au lendemain du bombardement, « les grandes puissances, dit le *Times*, ont exprimé en termes sympathiques au cabinet de Saint-James la satisfaction que leur cause la conduite du gouvernement anglais et leur conviction que cette conduite contribuera au bonheur de l'Égypte et amènera une solution favorable et avantageuse à toute l'Europe ». — « Si la France, disait hier la *Gazette nationale* de Berlin, croit avoir en Égypte des intérêts particuliers, on lui laissera certainement toute liberté de les faire valoir diplomatiquement auprès des Anglais, *de même qu'on lui a laissé à l'origine tout loisir de les défendre à main armée, avec ou sans le concours de l'Angleterre.* » On peut interroger tous les diplomates, sans exception : ils diront tous (ils le disaient, d'ailleurs, il y a deux mois avec la même franchise) que, si la politique de la note identique avait été suivie d'une vigoureuse action, soit à la fin de l'hiver, soit au printemps, soit au commencement de l'été, on eût regardé faire, du Sud au Nord et de l'Orient à l'Occident, sans chercher à empêcher en quoi que ce soit l'action combinée de la France et de l'Angleterre. On les eût laissées faire toutes deux, comme on vient de laisser faire l'Angleterre *seule* en Égypte, comme on venait de laisser faire la France *seule* en Tunisie. Quant à la conférence (à supposer que les *potinières* de Constantinople aient jamais mérité le nom de conférence), de quel poids a-t-elle pesé? Quelle décision a-t-elle prise? De quelle résolution a-t-elle pu accoucher? Le premier coup de canon de la flotte anglaise a fait évanouir cette ombre pâle du concert européen.

Ce n'est pas que j'ignore l'objection favorite de nos adversaires, l'argutie de derrière les fagots : « Certes, on a laissé l'Angleterre aller seule au Caire. Mais on ne nous eût pas permis d'aller avec elle. L'Angleterre peut se moquer du tiers et du quart. Elle est île. Elle a la ceinture d'argent. Nous sommes, nous, un État continental, entouré de voisins ennemis ou jaloux. L'Allemagne n'eût pas manqué de profiter de notre engagement en Égypte pour tomber sur nous, avec l'Italie. Tout au moins, l'idée aurait pu lui en venir. Nous n'avions pas le droit de risquer une si terrible chance. Nous garder à carreau contre M. de Bismarck est notre premier devoir. »

Voilà bien, j'espère, l'objection dans toute sa rigueur, celle que présentent sans cesse une foule de braves gens qui ont ressenti les hontes des derniers mois, mais dont on a réussi à dérouter le timide patriotisme par mille artifices. Eh bien, il y a trop longtemps qu'on commet chez nous, à tout propos, la faute grave de toujours parler de l'étranger pour déterminer la politique qui doit le mieux servir les intérêts de la France ; il y a trop longtemps surtout qu'on s'est habitué à faire paraître le spectre de M. de Bismarck à propos de tout, et pour aboutir à quoi?... Pour mériter régulièrement — ô dernière injure ! — comme aujourd'hui, aussitôt que la faute astucieusement provoquée est devenue irrémédiable, la pitié dédaigneuse de ses gazettes(1) !

Je vais essayer de répondre, point par point, à l'objection que j'ai résumée.

Que l'Angleterre est une île, ce n'est pas une décou-

_____

(1) La *Gazette nationale* de Berlin, du 10 septembre, dit: « Si la France a *abandonné* sa position en Orient par crainte d'une complication sur les Vosges, la politique allemande n'a donné aucun pré-

verte, comme on pourrait le croire à entendre certains discours ; et que sa ceinture de flots la protège, cela n'est pas contestable, bien que l'énergie continue de sa politique et le courage de ses milices nous semblent pour elle des garanties de sûreté plus efficaces et puissantes que les vagues qui n'ont arrêté ni Guillaume de Normandie ni Guillaume d'Orange. Qu'elle n'ait aucune précaution à garder contre l'Allemagne, rien n'est, en revanche, moins exact. Voilà déjà quelque temps qu'on entrevoit la possibilité d'une lutte entre la baleine et l'éléphant ; voilà, en tout cas, quelques années que les diplomates anglais et allemands en Orient ne travaillent pas précisément de concert. Évidemment, il est loisible à l'Angleterre de manœuvrer avec plus de liberté que nous sur l'échiquier européen. Mais, ceci posé et laissant l'Angleterre, examinons le problème en lui-même : quelle était la vraisemblance d'une action hostile de l'Allemagne contre nous, si nous avions défendu par les armes, dans la vallée du Nil, notre position compromise et notre pavillon défié ?

Est-ce que l'Allemagne nous aurait cherché noise à seule fin de profiter de l'emploi d'un certain nombre de nos troupes sur une terre lointaine ? Ceux qui prêtent à M. de Bismarck cette intention qu'ils croient machiavélique ne lui font vraiment pas grand honneur. Notre armée compte près de 500 000 hommes sur le pied de paix, et nous pouvons mobiliser du jour au lendemain plus d'un million de réserves. L'expédition anglaise, qui s'est faite si tard, dans les conditions de climat les plus défavorables et contre un ennemi qui avait acquis une solidité relative, n'a pas réuni en Égypte beaucoup plus de 20 000 hommes. Mettons 25 000 pour faire la part large à nos contradicteurs (1). Si nous avions fait de concert avec elle la campagne du Caire, notre contingent eût été au grand *maximum* de 10 000 hommes : mettons 15 000 (toujours pour faire la part aussi belle que possible à l'objection). De

texte à de pareilles appréhensions, et l'on ne saurait citer UN SEUL FAIT à l'appui de ses craintes. »

(1) « Les troupes sous mes ordres comprenaient environ

500 000 hommes d'armée active (nous faisons abstraction
des réserves), déduisez 10 à 15 000 hommes. Est-ce
cette différence d'effectif qui pouvait sembler à M. de Moltke
une aubaine inespérée? cette soustraction qui nous constituait dans un état d'infériorité périlleux? Nous avions,
l'année dernière, plus de 50 000 hommes engagés en
Tunisie et dans le Sud oranais, et le départ de ces troupes
passait généralement pour avoir désorganisé nos cadres.
Est-ce que la Prusse ou l'Italie ont bougé? Et cependant
l'Angleterre nous boudait. Ce n'est point sans doute
parce que l'envoi de 10 à 15 000 hommes sur le Nil nous
eût assuré à tout événement l'alliance effective de l'Angleterre que l'occasion eût semblé plus belle à l'Italie ou à la
Prusse !

Voici la deuxième allégation : l'expédition française en
Égypte eût servi de prétexte contre nous; il ne faut jamais fournir de prétexte à l'homme de Varzin.

Cette allégation n'est qu'en apparence plus sérieuse que
la première ; en réalité, elle l'est encore moins. De deux
choses l'une, en effet : si l'Allemagne nourrit le secret dessein de recommencer contre nous une guerre qui nous
trouverait, à ce que disent les hommes du métier, un peu
plus préparés qu'en 1870, ou bien elle n'a pas besoin de
prétexte, ou elle doit guetter une occasion qui permette
de ne point faire passer cette nouvelle agression pour une
vulgaire expédition de pillage. Si elle croit n'avoir pas
besoin de prétexte pour nous attaquer, toute la diplomatie, toute la prudence et toute la réserve du monde n'y
feront rien. Nous aurons beau nous faire petits, ne pas
bouger davantage que marmottes en hiver, nous cacher
dans les trous, ne pas dire un mot plus haut qu'un autre,
défendre de prononcer les noms de l'Alsace et de la Lor-
raine, enlever les drapeaux tricolores qui ornent sur la
place de la Concorde la statue de Strasbourg, supprimer
cette statue elle-même : la Prusse tombera brusquement

11 000 hommes d'infanterie et 2000 cavaliers avec 60 canons »
(dépêche du général Wolseley sur le combat de Tell-el-Kébir, en date
d'Ismaïlia).

sur nous le jour où cela lui fera plaisir, il ne nous resterait qu'à être perpétuellement sur le pied de guerre. Plus
nous serions timorés, plus elle s'enhardirait de toutes nos
craintes. Dès lors, quel accroissement de danger pouvait-
on trouver à risquer une expédition facile qui nous assurait, avec un redoublement d'autorité et de prestige, une
alliance de premier ordre ?... Si l'Allemagne, au contraire,
toujours dans l'hypothèse, croit avoir besoin d'un prétexte décent, ce n'était certes pas l'expédition d'Égypte
qui aurait pu le lui fournir. Faite de compte à demi avec
l'Angleterre, qui se solidarisait ainsi avec nous, cette
entreprise ne pouvait point passer, même aux yeux des
plus hostiles, pour une guerre de conquête. Nous n'allions
pas au Caire, comme à Tunis, pour établir un protectorat qui pouvait passer à la rigueur pour la préface
d'une annexion. Nous y allions simplement pour défendre
contre la barbarie et le fanatisme les intérêts permanents
de la civilisation chrétienne, pour y rétablir un ordre de
choses qui n'était pas moins favorable aux colonies allemande et italienne qu'aux colonies française et anglaise.
Or M. de Bismarck n'avait rien trouvé à redire en 1881 à
la guerre de Tunisie, il nous en avait même publiquement
loués — avec perfidie, a-t-on dit, car il est entendu pour
les Talleyrand de clocher que le chancelier a toujours
des arrière-pensées affreusement complexes et qu'il faut
toujours comprendre noir quand il dit blanc, — très
sincèrement, dirons-nous, car M. de Bismarck sait à
merveille que la politique coloniale est la soupape de
sûreté des ambitions belliqueuses d'un grand pays. Et dès
lors, encore une fois, ce n'était pas la fantasmagorie
d'une guerre sur les Vosges qui devait nous empêcher de
défendre sur le Nil notre prestige en Orient, les intérêts
vitaux de notre commerce dans la Méditerranée et notre
sécurité en Algérie. Donc, dans l'une et l'autre hypothèse,
car il n'y en a pas de troisième, nous pouvions et devions
marcher sans crainte (les feuilles officieuses de M. de
Bismarck se donnent aujourd'hui le malin plaisir de
le déclarer après coup). Il n'était même pas besoin d'exa-

7.

miner cette question préjudicielle qui doit se résoudre
d'ailleurs par la négative : la Prusse désire-t-elle une nouvelle guerre contre la France ? A supposer du reste qu'il
faille résoudre la question autrement, il aurait fallu
d'autant plus aller en Égypte, pour donner à la Prusse
une preuve de notre force qui l'eût fait réfléchir et pour
cimenter définitivement l'alliance anglaise.

Et qu'on n'aille pas répondre que l'alliance anglaise ne
nous a jamais servi, ne nous servira jamais de rien.
Assurément, il convient de ne pas se faire plus d'illusions sur l'entente anglaise que sur toute autre entente
également *cordiale*. Ce n'est point dans les alliances,
même les plus solides, que les nations trouvent les vraies
garanties de sécurité et de paix : c'est dans leur propre
force, dans le respect qu'elles savent inspirer, dans leur
vertu et dans leur courage, pas ailleurs. Mais encore est-il
manifeste qu'une nation, quand on la sait par elle-même
fière et résolue, est d'autant moins exposée à des attaques
soudaines qu'on lui connaît des amies dévouées, intéressées à sa prospérité et à sa grandeur. Or l'Angleterre était
pour nous, depuis le congrès de Berlin, cette amie. De
1872 à 1877, plus la diplomatie française s'engouait *de
la politique des Danicheff*, plus nos rapports se tendaient
avec la Prusse. Il fallut en 1875 toute l'énergique intervention des cabinets de Londres et de Pétersbourg pour
écarter une catastrophe. M. Waddington, au congrès de
Berlin, nous assure l'union avec l'Angleterre : aussitôt la
situation change comme par miracle. Plus un nuage à
l'horizon. Du seul fait de notre accord avec notre puissante voisine, la paix se consolide chaque jour. Plus de
froissement, plus l'ombre d'une difficulté, et, par un
contre-coup logique, nos rapports avec la Prusse deviennent
aussitôt plus dignes. Évidemment une telle alliance n'est
pas une duperie. Évidemment elle nous était aussi utile
que la nôtre était avantageuse à l'Angleterre.

Aussi, quelle a été réellement la politique de M. de
Bismarck dans la question égyptienne? Elle n'a guère
tendu qu'à un seul but : par tous les moyens possibles

rompre notre entente avec l'Angleterre, c'est-à-dire nous
isoler de nouveau dans le monde. Que disait, au lendemain de la note identique, la presse officieuse de Berlin?
Elle ne le prenait pas du tout sur un ton de menace. Au
contraire, on n'a jamais témoigné à notre égard, sur
les bords de la Sprée, d'une sollicitude plus touchante.
On disait que nous n'avions pas d'intérêts supérieurs
en Égypte; que l'Angleterre voulait se servir de nous,
comme au Mexique, pour tirer les marrons du feu; que
l'Italie nous verrait avec une grande colère débarquer à
Alexandrie; que la Porte profiterait de l'occasion pour
insurger de nouveau la Tunisie. On disait encore, avec
des larmes dans la voix, que les actions militaires à deux
ne portent pas bonheur; que l'Autriche s'en était bien
aperçue dans les duchés de l'Elbe; qu'un pareil sort
nous attendait sur les bords du Nil; qu'une entente anglo-
française spéciale aurait bientôt pour dénouement inévitable un conflit anglo-français; qu'on tenait tant à Berlin à
voir les deux plus grandes nations libérales de l'Europe continuer à marcher la main dans la main en Orient et en Occident! Enfin, pour confirmer la bienveillance paterne dont
M. de Courcel avait reçu les premiers épanchements (1),
M. de Bismarck finissait par répondre aux demandes de
conseil de M. de Freycinet en l'engageant — oh! seulement, cela va de soi, dans l'intérêt de la France — à
soumettre la question au concert dit européen. Or, qu'était
la conférence, sinon une machine contre l'Angleterre, un
bâton dans ses roues? Au point de vue exclusif de ses
intérêts, — et le parti tory comprit très bien dès l'origine
le but caché des inventeurs de la conférence, — accepter
d'aller à Constantinople était, de la part de la Grande-

(1) « Le prince m'a dit avoir éprouvé une vive appréhension lorsqu'il avait vu la France et l'Angleterre prendre l'initiative d'une dé-
marche qui pouvait les engager dans une action isolée en Égypte,
parce qu'il était personnellement convaincu qu'une action entreprise
dans ces conditions amènerait des froissements entre les deux puissances et qu'un conflit, ou même la menace d'un conflit entre la
France et l'Angleterre provoquerait une perturbation désastreuse pour
la prospérité du monde entier. » (Dépêche du 16 février 1882.)

Bretagne, une faute. Mais cette faute, c'était une preuve nouvelle de son désir de marcher d'accord avec nous. L'Angleterre, elle, sait depuis longtemps qu'il n'y a plus d'Europe et que les conférences valent les commissions parlementaires. C'est un Anglais qui a dit que si Dieu, pour créer le monde, avait chargé une commission d'élaborer un projet, le chaos régnerait encore.

Donc M. de Bismarck a surtout poursuivi ce but : rompre l'accord franco-anglais en nous inquiétant de tous les côtés, et l'on sait assez combien M. de Freycinet l'y a aidé par son irrésolution, par sa complicité avec les journaux qui glorifiaient « la résistance d'un peuple soulevé tout entier pour la défense de la liberté (1) » ou qui cherchaient à ranimer les rancunes contre les arrière-petits-fils des vainqueurs de Crécy et de Poitiers.

Le chancelier, malgré ce concours, n'a réussi qu'à moitié. Par la peur qu'une conduite habilement équivoque a su inspirer à des députés ignorants et naturellement craintifs, il n'a pas peu contribué à faire triompher à la Chambre la politique d'abdication ; il nous a empêchés d'aller au Caire comme en nous jouant, n'ayant que profits et gains à récolter le long de la route, côte à côte avec les Anglais, comme en Crimée. Mais nous n'avons pas commis la faute qu'il désirait — et qui eût été irréparable — de souscrire à une intervention limitée pour la défense du canal de Suez ; le bon sens français, d'autre part, reprenant ses droits, a fini par faire justice des démagogues qui s'efforçaient de ranimer les vieilles haines et, au lendemain de Sedan, de nous ramener au lendemain de Waterloo.

_____

(1) Le *Mot d'Ordre*, la *France*, la *Vérité*, le *Radical*, la *Justice*, la *Lanterne*, etc.

III

Aussi bien, depuis quinze jours que tant de prévisions ont été justifiées qui avaient été reçues avec tant de dédain, il reste pourtant quelque secrète inquiétude : quoi qu'on ait fait, on se demande si un effort de plus de la part des hommes clairvoyants n'aurait pas réussi à dessiller les yeux des autres ; dédaigneux des injures et des menaces, faisant fi des vaines et passagères popularités, les patriotes éclairés ont lutté avec une énergie désespérée : n'auraient-ils pas pu lutter encore davantage? Il est toutefois un acte dont les partisans de l'alliance anglaise doivent continuer à se féliciter; il a été réellement dicté par l'esprit politique le plus sagace; il n'a donné, dans le malheur général, que des résultats heureux.

Il s'agit du vote du 29 juillet contre la deuxième demande de crédits déposée par M. de Freycinet. Sur les 416 députés qui ont rejeté ce jour-là le crédit de 9 millions destinés à assurer la protection éventuelle du canal de Suez, près de 250 ont voté contre la proposition du cabinet parce qu'ils étaient les adversaires de toute démonstration extérieure : pour le parti intransigeant, la France finit à l'enceinte de l'octroi de Paris ; tout ce qui ressemble à une abdication de la France sous la République a le don de sourire aux meneurs de la réaction. Les 160 députés de l'Union républicaine qui ont voté, eux aussi, contre les crédits avaient d'autres mobiles. Renverser le ministre des affaires étrangères n'était pas leur but. N'avaient-ils pas, quinze jours auparavant, le 18 juillet, voté comme un seul homme les premiers crédits réclamés par le gouvernement?

« Et précisément, disait alors M. Gambetta, je livre toute ma pensée, car je n'ai rien à cacher — précisément ce qui me sollicite à l'alliance anglaise, à la coopération anglaise dans

le bassin de la Méditerranée et en Égypte, c'est que ce que je
redoute le plus, entendez-le bien — outre cette rupture néfaste — c'est que vous ne livriez à l'Angleterre, et pour toujours, des territoires, des fleuves et des passages où votre droit
de vivre et de trafiquer est égal au sien.

« Ce n'est donc pas pour humilier, pour abaisser, pour
atténuer les intérêts français, que je suis partisan de l'alliance
anglaise ; c'est parce que je crois qu'on ne peut efficacement les
défendre que par cette union, par cette coopération. S'il y a
rupture, tout sera perdu.

« Voilà dans quel esprit je voterai les crédits : c'est parce
que vous avez dit que vous reveniez à l'alliance et à la coopération anglaise et que vous avez mis hier la signature de la France
au bas d'une convention nouvelle avec l'Angleterre.

« Je vous donne cet argent ; je crois qu'il sera insuffisant,
mais je vous le donne avec cette conviction que la Chambre
ratifie aujourd'hui, non pas un vote de crédit, mais un vote de
politique et d'avenir, la Méditerranée restant le théâtre de l'action française et l'Égypte étant arrachée au fanatisme musulman, à ces chimères de révolution, à ces entreprises d'une sol-
datesque de caserne, pour rentrer dans l'orbite de la politique
européenne. Voilà pourquoi je donne l'argent ; et voilà pourquoi mes amis peuvent voter avec moi. »

Que le ministre des affaires étrangères s'appelle Broglie
ou Decazes, Saint-Hilaire ou Freycinet, qu'importe en effet ?
Défend-il les intérêts français, il n'est pas d'autre question. Or l'histoire des variations de M. de Freycinet
apprend que si, au 18 juillet, la première demande de
crédits semblait tendre de nouveau à une coopération
anglo-française, le 29 du même mois la deuxième demande
de crédits avait pour objet évident non plus de travailler
avec les Anglais à la libération et à la pacification de
l'Égypte, mais bien de surveiller l'Angleterre dans l'œuvre
dont elle venait enfin de prendre son parti. Au lieu de
s'amorcer à elle dans notre intérêt et dans le sien, en
réalité on s'éloignait d'elle. L'envoi de quelques milliers
d'hommes au canal de Suez n'était plus qu'un acte de
défiance contre nos alliés. Ce n'étaient plus des soldats
qu'on envoyait à Port-Saïd, Ismaïlia ou Suez, mais des

gendarmes, à la fois *pour* et *contre* l'Angleterre. Le dos
au canon, le ventre au soleil et les pieds dans l'eau, des
hommes portant l'uniforme français devaient rester immo-
biles au bord du canal; bouger, avancer d'un pas en
dehors de la zone de la Compagnie, était interdit sévère-
ment, même si on leur tirait des coups de fusil. Quand
l'amiral Jauréguiberry avoua qu'on serait peut-être forcé
d'aller chercher de l'eau potable à Zagazig, la Commission
de la Chambre avait poussé des cris d'aigle. « Aller à
Zagazig! disait la *Justice* du lendemain, Zagazig! il a dit
Zagazig! » Et les badauds répétaient avec indignation et
terreur le nom de la jolie cité champêtre où les Anglais
sont entrés sans tirer un coup de fusil. Les Anglais mar-
cheraient sur le Caire, réduiraient les insurgés et seraient
à la fois à la peine et à l'honneur; nous, nous serions les
zaptiés de M. de Lesseps. Disperser l'armée arabe ne coûterait pas cent hommes tués aux Anglais (1), et la fièvre
paludéenne tuerait sans gloire, dans de tristes campe-
ments, près d'un millier de Français. Les partisans de
l'intervention ont donc fait sagement de refuser à
M. de Freycinet le moyen d'ajouter cette faute à tant
d'autres. Nos soldats humiliés, nos rapports dangereuse-
ment tendus avec l'Angleterre, cette aventure *in extremis*
pouvait-elle conduire à un autre résultat? Dans quelle
posture serions-nous aujourd'hui, pris en pitié par le
monde arabe pour l'extrême prudence de notre mélancolique station au bord de l'eau, irrités contre nous-mêmes
par la conscience d'un rôle aussi mesquin, gardant les
docks de Port-Saïd et les gares d'Ismaïlia comme pour
les préserver de nos alliés, amenés fatalement à regarder
d'un œil ennemi nos amis de la veille, à les surveiller,
les gêner, les taquiner, qui sait? dans un moment d'aberration, — M. de Freycinet a bien parlé de l'Europe
entière qu'il serait prêt à rencontrer dans *telle* circonstance, — à les troubler dans leur œuvre de pacification,

---

(1) Les pertes anglaises au combat de Tell-el-Kébir ont été, d'a-
près la dépêche officielle (14 septembre), de 9 officiers et 45 hommes
tués, de 22 officiers et 320 hommes blessés.

à leur adresser des remontrances, à les provoquer — et
enfin, dans l'hypothèse la meilleure, quelque réserve extérieure qu'on se fût peut-être imposée, par la force même
des choses et la logique cruelle d'une position fausse, —
dénouant de nos propres mains sur la terre hier encore
fécondée par notre alliance cette entente commune qui
tenait tant au cœur de M. de Bismarck?

Les faits ont parlé trop haut pour qu'il soit nécessaire
de revenir aujourd'hui sur la prévoyance de la politique du
7 janvier et l'impéritie de la politique qui a suivi. Il suffit
que le pays n'oublie pas à quelles ignorances, à quelle faiblesse de cœur il doit l'avortement d'une entreprise facile
et sûre, qui aurait produit à travers l'Europe entière et
dans tout le monde musulman l'effet d'une puissante
démonstration de force et de courage. Il suffit surtout
que le pays se rende compte de la lourde part de responsabilité que sa propre crédulité, sa nervosité et son manque
de foi lui assignent devant l'histoire dans cette série
désolante de fautes. Le jour où l'escadre de la Méditerranée, frémissante d'indignation, a reçu l'ordre de prendre
la haute mer pour toute réponse à l'injure d'Alexandrie,
la partie était perdue. On put, pendant quelques jours
encore, se leurrer de vains espoirs; en vérité, il ne restait
plus dès lors qu'à rester cois et à méditer, en attendant
des temps plus heureux et des gouvernements moins faibles,
sur les enseignements qui ressortent des fautes commises.
On affirme que le pays a beaucoup réfléchi depuis un mois
et que la leçon n'a pas été perdue. Souhaitons ardemment qu'il en soit ainsi. Si la démocratie a définitivement
compris qu'il est cent fois plus dangereux d'être timoré et
indécis que ferme et résolu, — qu'on risque cent fois plus
à marcher à tâtons dans la nuit, sans savoir où l'on va ni
ce qu'on veut, qu'à aller droit devant soi, fièrement, dans
l'ancienne voie de l'honneur français, — que la politique
de recueillement est aux antipodes de la politique d'abdication, puisqu'elle consiste précisément, suivant une judi-
cieuse définition, à faire le moins possible de politique
européenne pour concentrer toutes les forces disponibles

du pays sur l'extension coloniale, — enfin que la vraie
politique de paix est tout juste le contraire de celle qui
consiste à jurer qu'on ne tirera jamais, quoi qu'il arrive,
l'épée du fourreau, — certes, nous ne nous consolerons
pas encore d'avoir abandonné l'hégémonie de l'Égypte
pour n'avoir pas envoyé quelques régiments à la promenade de Tell-el-Kébir; mais on regardera dans l'avenir
avec plus de confiance. Nous nous dirons que, si l'Empire
a perdu l'Alsace-Lorraine, la République s'est arrêtée à
temps sur une pente néfaste, qu'elle saura reprendre le
terrain abandonné, qu'elle ne perdra pas la Méditerranée.

IV

Maintenant, que va faire l'Angleterre de sa victoire?
Nous l'avons laissée seule à sa petite peine. Elle a été seule
à l'honneur. On lui conseille aujourd'hui de rester seule
au profit. Est-il de son intérêt bien entendu de suivre ces
conseils de Berlin?

D'abord, et sans aucun esprit de récrimination stérile,
il est nécessaire de rappeler quelles ont été les fautes qui
sont dans l'espèce le passif de l'Angleterre et dont il est
impossible de ne pas tenir compte au jour du règlement.
Ces fautes sont au nombre de trois.

La première date du lendemain même de la note collective. Après avoir mis plus de temps qu'il n'eût fallu à
reconnaître la justesse des vues de M. Gambetta lors des
premiers incidents de l'insurrection militaire, le *Foreign-
Office* a manqué soit de franchise, soit de résolution,
peut-être de toutes deux, dans la mise en œuvre de la
politique du 7 janvier. Certains politiques tories, toujours
influents, avaient l'arrière-pensée qu'il fallait traîner en
longueur pour saisir l'occasion, à la première crise ministérielle au Palais-Bourbon, d'agir sans la France dans la
vallée du Nil. D'autres, moins égoïstes, mais plus prudents,

8

se rendaient compte que le ministère du 14 novembre
n'était guère solide : la partie d'où dépendait son existence
avait été engagée le jour même de la signature de la note ;
n'était-il point sage d'attendre le dénouement de cette
partie avant de s'engager à fond ? Notre ambassadeur avait
beau faire entendre à lord Granville que, si M. Gambetta
devait tomber, son successeur, quel qu'il fût, serait obligé
de poursuivre le développement de la même politique :
le cabinet anglais ne se laissa pas persuader, attendant
l'événement qui arriva. M. de Freycinet était à peine
installé depuis une heure au quai d'Orsay qu'il devait,
proprio motu, à l'étonnement de l'ambassadeur d'Angleterre, renoncer dans l'espace de cinq minutes à toutes les
conquêtes diplomatiques de son prédécesseur (1). Mais,
quoi qu'il en soit, l'hésitation du cabinet de Londres était
un manquement à la cordialité de notre alliance ; elle
était surtout, au point de vue de l'affaire égyptienne en
elle-même, maladroite et fâcheuse au premier chef. Elle
était un encouragement à l'esprit de sédition. Elle aidait à
transformer en un incendie qui aura coûté des millions à
l'Égypte un feu de paille qu'un seau d'eau, jeté au bon
moment, aurait éteint en quelques minutes.

La deuxième faute a été la conséquence de la première.
Les yeux toujours mal ouverts sur la gravité de la crise
égyptienne, gêné dans ses mouvements par ses attaches
avec le parti *quaker* de la paix à tout prix, paralysé à

---

(1) « Il fait beau aujourd'hui se plaindre et accuser les événements !
Ce n'est pas à cette heure, c'est il y a dix mois qu'il fallait tenir ce
langage. Mais voilà ! il s'agissait alors de renverser, d'annihiler
l'odieux pouvoir personnel. Tout ce que l'odieux pouvoir personnel
pouvait dire ou faire ne pouvait être que néfaste et louche. Le pouvoir
personnel se serait alors prononcé en faveur d'Arabi et de l'insurrection militaire contre le khédive, que ses adversaires se seraient
bien vite rangés du côté opposé. C'est ainsi qu'en faisant la guerre
aux personnes on a laissé péricliter les intérêts, le prestige et l'honneur de son pays. Nous sommes vraiment au regret d'avoir éloigné
de la vérité ces clairvoyants amis de la République, en la défendant ;
mais on conviendra qu'il nous eût été malaisé de soutenir le faux à
seule fin de les empêcher de déraisonner. » (*République française*
du 17 septembre.)

chaque instant par les variations du gouvernement français, forcé de ménager les susceptibilités de la cour et de tenir un grand compte des difficultés croissantes de la question irlandaise, le cabinet de Londres a perdu près de trois mois à peser les chances diverses d'une intervention turque dans le Delta. Que l'intervention turque dût, sans discussion, être déclarée inacceptable par un ministre français au courant des traditions de notre politique et de nos intérêts essentiels en Afrique, rien de plus évident. Mais, s'il pouvait y avoir quelque doute pour un ministre anglais, le doute aurait pu être de moins longue durée. Aujourd'hui que lord Dufferin vient d'arrêter à l'embarcadère de Top-Hané les bataillons turcs qui éprouvaient le besoin de voler au secours de la victoire, les Anglais, gens pratiques, sont les premiers à en convenir. La faute cependant fut commise. Si un temps précieux a été gaspillé, si la bande d'Arabi a pu terroriser le Caire pendant trois mois, chasser et ruiner les colonies étrangères, mettre Alexandrie au pillage et, jusque dans le dernier village de la haute Égypte, dépouiller de toutes les économies laborieusement conquises depuis quatre ans les malheureux fellahs, la faute n'en est pas moins au cabinet de Saint-James qu'au ministère du quai d'Orsay. Les torts sont égaux. Les responsabilités méritent d'être partagées.

La troisième faute a été commise au lendemain du bombardement d'Alexandrie.

Si le rude châtiment des massacres du 11 juin est en effet un acte de guerre absolument légitime, comment, en revanche, excuser sir Beauchamp Seymour de ne l'avoir point fait suivre aussitôt d'un débarquement destiné à protéger les personnes et les biens d'une population innocente contre les fureurs d'une horde d'incendiaires? Trois cents hommes, dont personne n'eût empêché le débarquement, auraient sauvé la malheureuse cité. Et, pendant trente-six heures, pas un marin anglais n'a débarqué! Ce n'est pas une circonstance atténuante que la ruse abominable d'Arabi déployant le drapeau blanc pour protéger la retraite de ses pillards et

donner le temps aux forçats, délivrés par lui, de mettre
le feu aux quatre coins de la ville. Alors que pour sauver
les rares maisons qui sont restées debout, il a suffi de
quelques Monténégrins armés de bâtons, l'immobilité de
l'amiral anglais reste inexplicable. L'Angleterre elle-
même, quand elle saura la vérité, ne la pardonnera pas.

Tel est, jusqu'à présent, le passif du gouvernement anglais. A-t-il été racheté entièrement par ce qu'il a fait
depuis, par l'union de tous les partis autour du ministère whig dès que la guerre a été décidée, par la résolution
dont ses généraux ont fait preuve, par l'écrasement d'une
misérable tyrannie, l'Égypte délivrée des prétoriens et le
Caire sauvé avec toutes ses merveilleuses richesses ; enfin,
à notre point de vue particulier, par la terreur salutaire
que l'énergie britannique a répandue dans tout le monde
musulman depuis Damas jusqu'à Tripoli ? Nous serions
mal venus à dire non, nous qui, n'ayant rien fait pour
racheter nos propres torts, avons acquis le droit d'être
modestes et indulgents. Quoi qu'il en soit, ce n'est pas à
nous de décider. C'est l'histoire qui prononcera quand elle
aura réuni de plus amples éléments d'information, alors
surtout que l'Angleterre, après avoir remporté pour la
cause de la civilisation un si rapide triomphe, aura montré
si elle est également capable d'user des fruits de la victoire avec sagesse et modération.

Donc l'Angleterre se trouve aujourd'hui, du fait de son
heureuse campagne, *presque* également libre de choisir
entre trois partis :

Elle peut considérer l'occupation de la basse Égypte
comme une sorte de conquête, y proclamer un protectorat
pareil à celui que nous exerçons à Tunis et réduire le khédive restauré au rang de rajah indien ;

Elle peut soumettre ou laisser soumettre le règlement
des affaires d'Égypte à un *congrès ;*

Elle peut rétablir le *statu quo ante Arabi*, c'est-à-dire
rendre au khédive la plénitude de pouvoir que les colonels
insurgés avaient battu en brèche et restaurer le contrôle,
après avoir remplacé l'armée égyptienne licenciée par une

gendarmerie composée d'éléments sûrs et s'être fait rembourser, selon son droit, les frais de la guerre.

Si j'étais Anglais, je me détournerais de la première solution comme du plus trompeur des mirages ; la seconde me paraîtrait une duperie, et je considérerais que la troisième réunit toutes les qualités d'équité et de prudence, avec le *maximum* des avantages qu'une grande nation est en droit de retirer d'une expédition coûteuse et qu'elle croyait difficile.

Bien que le *Times* ait prôné récemment, dans un article à sensation, la solution de « l'Égypte anglaise », il est permis de croire qu'on ne s'y arrêtera point. Délaissée par nous à la veille de l'action (je ne dis pas du danger), que l'Angleterre ait pu rêver alors, comme d'un roman posthume de Disraëli, d'une suite à *Tancrède* et à *l'Erreur cypriote*, qui pourrait s'en étonner ? Mais quoi ! si la concentration des forces anglaises a été laborieuse et pénible, la guerre elle-même n'a pas offert l'ombre d'une difficulté. Les Zoulous et les Achantis ont été des ennemis relativement dignes des Anglais : les arabistes ne l'ont pas été pendant une seule des vingt minutes qu'a duré le combat de Tell-el-Kébir. A supposer que la conquête de l'Égypte et l'occupation du canal ne présentassent pour l'Angleterre que des avantages, la peine n'aurait pas été proportionnée au prix. Il y aurait quelque chose de choquant, pour ne pas dire d'absolument déloyal, au fait de partir en guerre sous prétexte de rendre un trône à son propriétaire légitime, au plus fidèle des amis, et, la guerre faite, les rebelles dispersés, à confisquer le trône, à se faire usurpateur à son tour. Je sais bien que le *Times* ne dépossédait pas le khédive de tout pouvoir, qu'on y mettait les formes et, que, s'il fallait choisir, il vaudrait mieux pour nous avoir les Anglais que les Turcs dans la vallée du Nil. Mais l'usurpation elle-même serait-elle moins brutale ou plus légitime ?

Si l'annexion, plus ou moins déguisée, serait à coup sûr une violation flagrante du droit des gens, serait-elle, d'ailleurs, utile et profitable aux intérêts bien entendus de l'Angleterre? La grande majorité des hommes d'État et des publicistes libéraux d'outre-Manche, malgré les premières exubérances d'une joie légitime, semble croire que non. Est-ce une solution qu'un acte violent qui ouvrirait, du soir au matin, des centaines de questions et de querelles, les unes plus complexes et plus périlleuses que les autres? Je laisse de côté les difficultés d'ordre intérieur qui surgiraient en foule dès le lendemain du protectorat. Mais l'Égypte anglaise, ce serait la rupture complète et durable, la scission irrémédiable avec la France. A rompre avec nous, l'Angleterre ne perdrait-elle pas autant que nous-mêmes? Défendre une grande province ouverte de tous les côtés comme l'Égypte, c'est une besogne moins aisée et plus périlleuse que de garder le roc inaccessible de Gibraltar ou l'île de Malte. Après une pareille spoliation, après un démenti aussi cynique au fameux *Hands off!* (A bas les mains!) de M. Gladstone, au nom de quel principe pourra-t-on arrêter l'Autriche sur la route de Salonique et de la mer Égée, ou la Russie sur les routes de Constantinople et de Trébizonde, ou la Grèce, la Serbie et la Bulgarie dans la mise au pillage de l'empire ottoman? Est-ce que la curée ne commencerait pas aussitôt? Est-ce que la question d'Orient, la liquidation du grand malade, ne se rouvrirait pas à la première occasion? Et quelles représailles répondraient dans la suite à l'occupation du canal de Suez! « Sous le prétexte qu'elle est la puissance dont le pavillon tient le plus de place dans le trafic du canal de Suez, écrit un savant économiste (1), si l'Angleterre veut mettre la main sur l'isthme égyptien et s'en constituer la propriétaire, on peut être assuré qu'un an ne se passera pas avant que le cabinet de Washington émette la même prétention au canal de Panama. Il est donc de l'intérêt de l'Angleterre de se montrer prudente et modérée à Suez, afin de ne pas constituer aux États-Unis des droits exclusifs sur le canal de Colombie. Le canal de Panama aura en effet un jour une importance

(1) M. Paul Leroy-Beaulieu.

à peu près égale, certains disent supérieure, à celle de Suez. Il mettra en communication les deux rives de l'Amérique britannique; il reliera l'Angleterre à la Nouvelle-Zélande et à la partie orientale de l'Australie. Cela vaut bien la peine qu'on y pense d'avance (1). »

Provoquer la réunion d'un congrès est le second parti, qui serait fort goûté, pour cause, à Saint-Pétersbourg. Ce serait, de toutes les fautes à commettre, la moins excusable. On ne pourrait rien imaginer qui fût, dans les conditions actuelles, plus menaçant pour la paix du monde. Tandis qu'une conférence n'est jamais appelée à prononcer que sur une seule question, qui d'ordinaire est déjà réglée en principe, un congrès n'a point d'ordre du jour limité. Il statue sur toute une série de questions dont la plupart lui arrivent, comme disait le chevalier de Gentz, « dans un état de virginité relative ». Ayez la naïveté de réunir un congrès pour régler la question égyptienne, et toutes les puissances, grandes et petites, arriveront aussitôt avec des demandes de compensation, des réclamations et des récriminations sans nombre, des demandes de pourboire ou des protestations belliqueuses contre des faits qui semblent acquis. C'est encore la curée. C'est encore la question d'Orient qui se pose tout entière (2). Et au profit de qui? en l'honneur de quels principes inviolés? Ah! si la vieille Europe existait encore, je comprendrais qu'elle appelât à sa barre l'affaire d'Égypte! Mais elle n'est plus. Et dès

(1) On lit dans le *Standard* du 14 septembre : « Quant à nous, nous déclarons franchement et absolument que nous sommes opposés à toute idée d'annexion virtuelle ou nominale de l'Égypte à l'empire britannique, en faveur de laquelle il n'y a aucune raison politique. Cette solution serait un mauvais précédent pour les autres puissances et hâterait celle de la question orientale, qu'il est dans l'intérêt de toute nation paisible d'ajourner. L'annexion de l'Égypte par l'Angleterre serait probablement le prélude du partage de la Turquie, et celui-ci ne se ferait certainement pas sans une guerre européenne. »

(2) On lit dans la *Nouvelle Presse libre* de Vienne : « La Russie travaille sans relâche à russifier l'armée bulgare et à en faire l'avant-garde de l'armée russe. Elle n'a fait un semblant d'opposition à l'Angleterre que pour mieux exploiter dans l'intérêt russe la question égyptienne. La France formulera probablement devant un congrès

lors, s'il prend fantaisie à la Russie et à l'Autriche, voire
à l'Allemagne, de réclamer la convocation d'un congrès,
pourquoi l'Angleterre devrait-elle se montrer déférente?
Moralement, elle n'y est pas obligée, puisqu'on l'a laissée
faire toute seule le métier de gendarme de la civilisation
en Égypte. Matériellement, qui peut la contraindre? Ce
n'est pas l'éléphant, en tout cas, qui semble avoir envie
de provoquer la baleine. Donc l'Angleterre n'a rien à
gagner et la paix générale aurait tout à perdre à un congrès. Que le gouvernement britannique, après avoir, par
exemple, organisé en Égypte la police qui doit succéder
à l'armée licenciée et restauré le contrôle, fasse ratifier
dans une conférence ces résultats de son expédition, ou
que cette ratification soit limitée à un échange courtois
de notes diplomatiques entre les cabinets, ce sera à merveille: l'Angleterre n'aura manqué à aucun devoir et l'on
ne peut lui demander rien de plus. Toute concession en
plus serait duperie, ce qui ne regarde que le *Foreign-
Office*, mais duperie grosse de périls, duperie qui promè-
nerait une mèche allumée sur une poudrière, ce qui con-
cerne bien un peu tous les amis de la paix.

C'est ainsi que nous nous trouvons ramené, par élimi-
nation, au troisième parti qui s'offre au gouvernement de
la Grande-Bretagne, le seul qui soit une vraie *solution :* le
rétablissement intégral, sauf le licenciement de l'armée
et l'ajournement d'un parlementarisme de comédie, du
statu quo ante Arabi. Quoi! pour si peu, cette lointaine
campagne? ce lourd effort? A quoi bon alors le *Beati pos-
sidentes ?* Le voilà, le vrai métier de dupe!... Erreur,
erreur profonde : c'est la sagesse qui est là, si l'on peut
toutefois admettre que ce soit peu de chose que d'avoir

éventuel une proposition tendant à ce qu'il soit donné à sa position à
Tunis une base plus solide au point de vue international que ne l'est
le traité du Bardo.

« Quand à l'Autriche, il est assez vraisemblable qu'elle voudrait
voir régler par un aréopage européen des titres de propriété relativement à la Bosnie et à l'Herzégovine.

« Il y a encore la Grèce qui s'arme et qui compte évidemment sur
quelque nouvelle bouchée aux dépens des Turcs. »

délivré l'Égypte, rendu le Caire à la civilisation, terrifié pour des années le fanatisme musulman, acquis dans tout le monde arabe un incomparable prestige, conquis à tout jamais la plus large influence dans la vallée du Nil, fait échec au grand chancelier, donné l'exemple d'un peuple fort et l'exemple d'un peuple juste. Aussi bien ce raisonnement ne s'appuie-t-il point seulement sur les nombreuses dépêches qui annonçaient le retour au *statu quo* comme l'unique objet de l'expédition anglaise, mais sur les intérêts permanents, essentiels, supérieurs de nos voisins.

Dans l'espèce, ces intérêts sont de trois sortes : assurer la libre circulation de la route des Indes par Suez, donner la paix à l'Égypte, cimenter à nouveau l'alliance française.

Que faut-il pour assurer la liberté du canal ? Rien de plus que ce qui vient d'être fait avec tant de vigueur. Le combat de Tell-el-Kébir calmera pour un siècle les colonels et les marabouts les plus audacieux. En se laissant aller dans un mouvement d'orgueil à occuper le canal, à mettre garnison à Port-Saïd ou Suez, le gouvernement anglais n'ajouterait rien, que des causes de conflit, à la sécurité de la route des Indes.

Quelles sont les conditions de la liberté et de la paix de l'Égypte ? La rébellion une fois domptée et toute rébellion nouvelle rendue impossible dans l'avenir par le licenciement de l'armée, le *statu quo ante* résume toute ces conditions. L'Égypte aux Égyptiens, c'est-à-dire le vrai parti national, les musulmans honnêtes et éclairés aux affaires, dégagés d'une suzeraineté qui s'est montrée aussi astucieuse qu'impuissante, débarrassés de la triste Assemblée des notables, animés d'une reconnaissance légitime pour leurs libérateurs, guidés et conseillés par ce contrôle qui avait fait à l'Égypte une situation si prospère et qui seul est en mesure d'assurer au fellah, qui le sait bien, un régime de justice : toute autre solution, quelque brillante qu'elle puisse paraître, n'est qu'un leurre et qu'un mirage. D'ailleurs, — car il faut bien, hélas ! en venir à cet aveu — le *statu quo ante* ne sera jamais rétabli que matériellement; « moralement », il ne sera plus. Si nos intérêts dans la vallée du Nil sont restés égaux à ceux des Anglais, notre prestige a perdu tout ce que celui de l'Angleterre a gagné. Tout l'assourdissement de notre nom s'est ajouté à l'éclat déjà si retentissant du nom anglais. C'en est fait de cette prépondérance que M. de Freycinet vantait avec tant d'imprudence dans une de ces heures de présomption qui alternaient régulièrement chez lui avec les heures d'humilité et de crainte. Le jour où nos vaisseaux ont pris le large aux premiers accents du branle-bas de combat de sir Beauchamp Seymour, c'est nous-mêmes qui avons proclamé la prépondérance de l'Angleterre en Égypte. Nous sommes bien forcés de le constater; cela décidera peut-être quelques tories récalcitrants.

Enfin, pour cimenter à nouveau l'alliance française, il n'y a encore qu'un moyen, un seul : le retour à l'état des choses avant l'insurrection de septembre, le retour au *condominium*. Mais sur ce point je ne saurais insister : ce que la sagesse doit faire comprendre à l'Angleterre, la dignité nous ordonne de le taire.

Et cependant, avant qu'elle tourne le feuillet de ce chapitre qui n'a pas été sans gloire pour elle, mais sur lequel on peut compter plus d'une tache, est-ce que l'Angleterre n'a point, comme nous-mêmes, à tirer quelques enseignements utiles de cette histoire, enseignements qui sont presque identiques à ceux que nous en tirons pour notre part? Les fautes graves qu'elle a commises après le 7 janvier, est-ce qu'un peu plus de franchise et de confiance ne les eût pas épargnées, d'abord à l'Égypte, qu'une action rapide préservait de tant de désastres, puis à l'Angleterre elle-même, qui n'aurait eu à faire alors qu'un effort insignifiant? Les difficultés militaires qu'elle a rencontrées en si grand nombre après le 18 juillet et qui ont montré toute la défectuosité de l'organisation de son armée, n'est-ce pas à l'éclipse de l'alliance française qu'elle peut les attribuer? Ah! si le gouvernement du 30 janvier ne nous avait pas enlevé le droit de vanter à l'Angleterre l'utilité de notre alliance, comme on s'appliquerait à mettre en lumière les avertissements des six derniers mois, comme on rappellerait ensuite à nos voisins d'outre-Manche tout ce dossier d'un demi-siècle que l'erreur d'un jour ne saurait effacer! S'en souviendront-ils d'eux-mêmes? Comprendront-ils, non pas seulement malgré les derniers événements, mais à cause même de ces faits, quels sont leurs vrais intérêts? Je l'ignore, mais je le souhaite pour eux avec toute la sincérité dont les républicains sensés de France leur ont donné tant de preuves. Je le souhaite pour nous. Je le souhaite pour la prospérité de l'Orient et pour la paix du monde...

LA POLITIQUE COLONIALE

LE TRAITÉ DU BARDO.
LE DÉPLACEMENT DE LA QUESTION D'ORIENT.
LES ÉVOLUTIONS DE LA POLITIQUE COLONIALE.
CONSTANTINE ET LANG-SON.
L'ÉVACUATION DE L'INDE SOUS LOUIS XV.

9

LE TRAITÉ DU BARDO

21 mai 1881.

I

Le jeudi 12 mai, les jardins du Bardo présentaient un spectacle curieux dont le détail pittoresque mérite d'être noté pour l'histoire. Le ciel africain, d'ordinaire d'un bleu implacable en cette saison, était chargé ce jour-là de gros nuages noirs. Il pleuvait à torrents. Les prairies et les champs de la Manouba étaient transformés en marécages, les petits sentiers sablonneux étaient devenus des ruisseaux, et tout autour, de la station du chemin de fer au palais de Sidi-Zarouk, la colonne du général Bréart avait établi son campement. Dans les bosquets d'oliviers d'Ismaël-Sourim, la musique du 92ᵉ régiment de ligne jouait le *Chant du départ*, dont les échos cuivrés arrivaient jusqu'à Kasar-es-Saïd. Deux escadrons de hussards et une batterie d'artillerie n'attendaient qu'un ordre pour se mettre en marche. La route de Tunis était couverte de voitures qui amenaient au camp, en joyeux pèlerinage,

des familles entières de Français et de protégés français.
Quelques notables musulmans regardaient, graves et silen-
cieux. On pouvait apercevoir derrière un pli de terrain, à
4 ou 5 kilomètres, la silhouette des forts de la capitale.
La veille, deux cavaliers égarés avaient failli prendre
Tunis, et, le matin même, un peloton de hussards, également
ment dérouté, était entré pour quelques minutes dans la
« bien gardée », dans la « glorieuse » héritière de Carthage. Autour de l'enceinte, les vieux canons du dix-
septième et du dix-huitième siècle dormaient, sur leurs
affûts pourris ; et, comme d'habitude, à la porte de la
citadelle, les hommes de garde tricotaient.

Vers quatre heures, un mouvement se fit dans le jardin
du Bardo ; le général Bréart arrivait à cheval, accompagné de son état-major et suivi de deux escadrons.
Il pleuvait toujours ; toutes les fenêtres du palais étaient
fermées. Il y avait, à l'entrée de l'escalier de marbre, une
foule compacte de valets et d'esclaves qui contemplaient
de leurs gros yeux blancs les officiers français, et, dans le
vestibule, un groupe d'énormes personnages musulmans
qui méditaient sur l'absence de certaine flotte longtemps
attendue et sur la sagesse des proverbes arabes qui prê-
chent la méfiance. — Par exemple, celui-ci : « Il est
venu t'aider pour creuser la fosse de ton père et il s'est
enfui avec ta pioche. » C'est-à-dire : « Défiez-vous de ceux
dont les offres de service sont intéressées. » — Sur la
demande du consul de France, le bey Mohammed-es-
Sadok venait d'accorder audience au général Bréart.

Le général et son état-major traversent le jardin,
mettent pied à terre devant le palais et montent dans le
salon où M. Roustan les attend. Les présentations faites,
le bey prie les officiers français de s'asseoir et le général
Bréart, tirant un papier de sa poche, lit cette déclaration :

« Le gouvernement de la République française, désirant terminer les difficultés pendantes par un arrangement amiable
qui sauvegarde pleinement la dignité de Votre Altesse, m'a
fait l'honneur de me désigner pour cette mission.

« Le gouvernement de la République française désire le maintien de Votre Altesse sur le trône et celui de votre dynastie. Il n'a aucun intérêt à porter atteinte à l'intégrité du territoire de la Régence. Il réclame seulement des garanties jugées indispensables pour maintenir les bonnes relations entre les deux gouvernements. »

Le bey écoute d'un air résigné la lecture des dix articles du traité et demande le temps de la réflexion. Le général, tranquillement : « J'attendrai la réponse jusqu'à huit heures du soir. » Le bey réplique qu'il a besoin de consulter son conseil et que le délai est trop court. Le général reprend : « Nous voulons avoir une réponse aujourd'hui même. » M. Roustan fait remarquer que tous les articles du traité proposé ont été depuis longtemps discutés avec le premier ministre Moustapha, qui est présent à l'entrevue, qu'ils ont été l'objet d'une longue délibération dans le conseil et que l'opinion du gouvernement doit être faite à cette heure. Mohammed-es-Sadok présente de nouvelles objections. Le général Bréart répète qu'il doit avoir une réponse dans la journée et qu'il ne peut se prêter à aucun atermoiement sans manquer aux instructions précises du gouvernement de la République. Tout ce qu'il peut faire, c'est de prolonger le délai d'une heure, jusqu'à neuf heures du soir.

Deux heures plus tard, le traité de garantie était signé.

Le but de la campagne était atteint. Sans doute, cette petite tempête sera suivie encore de quelques remous, — quelques fusillades dans les montagnes kroumires et quelques échanges de notes entre les chancelleries. Mais la partie même est finie, et c'est nous qui l'avons définitivement gagnée.

II

Nous l'avons gagnée, et nous l'avons bien gagnée, sans parade et sans forfanterie de mauvais goût, *à la française.* Il est certain, si l'on veut remonter à l'origine du conflit, que les négociations assez complexes auxquelles ont donné lieu, depuis douze ans, les relations de la France avec le bey de Tunis sont sujettes à critique sur plus d'un point. On accordera, en revanche, à M. Ferry, que, du jour où le bey a cru pouvoir, sinon lâcher les chiens, du moins fermer les yeux sur les agressions des tribus kroumires, le gouvernement de la République a vu clairement quels nouveaux devoirs s'imposaient à lui.

Le châtiment des Kroumirs une fois résolu, l'expédition militaire a été conduite avec un sang-froid et une prudence qu'on ne saurait trop louer. Le ministre de la guerre a décidé d'abord de ne pas engager la lutte avant d'avoir porté de nombreuses troupes sur le terrain, et il a eu le mérite de persévérer dans cette sage décision malgré les criailleries des impatients et des brouillons. Évidemment, on procédait d'autre façon sous le second empire ; comme il ne pouvait subsister qu'à condition de jeter sans cesse de la poudre d'or aux yeux des badauds, le gouvernement impérial disgraciait Lorencez parce qu'il se plaignait de ne pouvoir diriger contre Puebla que deux régiments incomplets. Le général Farre s'est gardé de suivre ces errements. C'était la première fois, depuis dix ans, que les troupes françaises allaient marcher au feu. Il a pensé que leur succès, qui d'avance était certain, devait être incontesté : plus il enverrait d'hommes sur la terre africaine, moins la victoire coûterait de sang. Tout ce qu'on dépenserait de temps en préparatifs, il a compris qu'on l'économiserait ensuite sur les marches, par leur rapidité facile, et sur nos jeunes troupes, par leur bonne santé et par leur entrain à l'action.

La campagne même n'a pas été moins bien conduite que la mobilisation. On avait devant soi les héritiers, pour ne pas dire les petits-fils, de ces fameux Numides que décrit Salluste, *genus infidum, ingenio mobili, novarum rerum aridum* (1), « hommes sans foi, à l'esprit mobile, toujours avides de changement », se dérobant toujours pour reparaître sans cesse sur les flancs et sur les derrières des colonnes en marche, aussi féroces dans leurs victoires de hasard que prompts à implorer l'aman dès que leur lâcheté a bien constaté que la force et le nombre sont contre eux. Le pays où il s'agissait d'opérer était à peu près inconnu, non moins âpre et sauvage qu'au temps de Jugurtha, *vastus ab natura et humano cultu* (2). Le ciel d'Afrique n'avait jamais été plus inclément... En moins de trois semaines, toutes les tribus ont été châtiées, sans qu'il nous en coûtât soixante hommes, et le traité de protectorat signé au Bardo.

Je ne saurais entrer dans les détails stratégiques de la campagne. J'engagerai seulement le lecteur à rapprocher des nombreux récits dont elle a été déjà l'objet dans les correspondances des journaux anglais et français, le récit de l'expédition de la petite Kabylie en 1851 (3). Peu

(1) *Guerre de Jugurtha*, XLVI.
(2) XLVIII. — Il est très remarquable que les points stratégiques n'ont point changé dans ce pays depuis Métellus et Marius. Le Djebel-Abdallah se trouve très nettement indiqué par Salluste (M. Tissot y a signalé les traces d'une route militaire romaine), et Béja, qui s'appelait Vacca, était alors comme aujourd'hui le grenier de tous les pillards de la Tunisie, *forum rerum venalium totius regni maxume celebratum, ubi et incolere et mercari consueverant italici generis multi mortales* (*Bell. Jug.*, XLVII), « marché le plus renommé de tout le royaume, où s'étaient établis et venaient trafiquer beaucoup d'hommes de race italienne ».
(3) *Histoire du 2 décembre*, par M. P. Mayer, et les nouveaux *Mémoires d'un bourgeois de Paris*, par le Dr Véron, non moins bonapartiste que M. P. Mayer. Voir également Taxile Delord, introduction à l'*Histoire du second empire*, p. 200. — L'expédition de la petite Kabylie fut résolue pour donner un peu de popularité aux noms de Cotte, Espinasse, Rochefort, Feray, Dulac, etc. Le général Saint-Arnaud, désigné *in petto* comme ministre de la guerre, en

de comparaisons sont plus instructives. L'Empire est déjà tout entier dans l'expédition de Kabylie, avec ses besoins de réclame, son incurie administrative, son dédain de la vie et du bien-être des hommes, ses témérités puériles et l'hypocrisie périlleuse de ses intentions secrètes. Au contraire, dans cette affaire de Tunisie, tout est clair, lucide, correct, tout est honnête : on ne poursuit qu'un but, celui qui a été déclaré publiquement; point de hâblerie malsaine et point de vantardise chauvine ; on ne célèbre les merveilles d'aucun fusil Chassepot; on ne recherche pas des difficultés inutiles pour en faire un piédestal à tel officier qu'on veut bien noter; on ne livre rien au hasard ; si l'on ménage les hommes, on est inflexible sur la discipline ; on est à l'affût de toutes les défectuosités du système militaire, afin que cette campagne ne soit pas seulement une épreuve, mais une école profitable pour l'avenir. C'est la République.

L'expédition militaire a été menée avec beaucoup de vigueur. La campagne diplomatique n'avait pas été moins habilement conduite. Le consul de France à Tunis, M. Roustan, dans la rude mission qui lui était confiée, n'a pas cessé d'unir, selon la formule, la modération à la fermeté, la loyauté irréprochable des procédés à la prévision la plus sûre des obstacles et des embûches. Le corps consulaire, qui devrait devenir de plus en plus la pépinière principale du corps diplomatique proprement dit, n'a pas produit d'esprit plus élevé et plus judicieux. A suivre M. Roustan depuis cinq ou six ans dans les manœuvres de la plus compliquée des diplomaties, on dirait un marin se dirigeant au milieu de mille récifs à fleur d'eau et touchant sain et sauf au port parce qu'il ne l'a jamais perdu de vue et que la main qui tenait le gouvernail n'a

avait le commandement; M. Fleury, afin de donner à ce général l'autorité nécessaire dans un poste si élevé, transmit aux journaux bonapartistes, de la part du Président de la République, le mot d'ordre qui consistait à mettre « en grande et belle lumière les rares mérites et les prochains services de M. le général de Saint-Arnaud dans la Kabylie » (Dr Véron).

jamais tremblé. Dans ce dernier acte, tout près de l'arrivée
au but, dans des circonstances qu'il avait prévues depuis
longtemps, le mérite de M. Roustan a été de l'ordre le plus
rare. Il est resté, comme au début, calme et sobre de
démonstrations. Il n'a rien brusqué. Il a cherché surtout,
non pas à mettre le bey dans tous ses torts, mais à bien
mettre la politique de la République dans tout son droit.
Quand les Kroumirs ont violé notre frontière, il a commencé par demander gracieusement au bey de se joindre
à nous pour châtier ces pillards, et, quand le bey s'est
dérobé devant cette proposition, il ne s'est point passé de
jour qu'il n'apportât au Bardo les conseils de la sagesse,
poussant l'esprit de conciliation pacifique jusqu'à ses dernières limites, tendant perche après perche, opposant sans
se lasser la bonne foi au machiavélisme, si bien qu'à considérer les actes de M. Roustan et ceux de M. Maccio il semblerait que M. Roustan fût un Tunisien jaloux de sauver du
naufrage l'indépendance beylicale, et M. Maccio un agent
provocateur chargé de rendre inévitable le dénouement
du 12 mai.

Des notes assez nombreuses ont été échangées depuis le
30 mars dernier entre les chancelleries de Paris, de
Londres et de Rome au sujet de l'expédition de Tunisie.
Mais la plupart de ces lettres n'ont pas encore été
livrées à la publicité, et on doit attendre que le texte
authentique en soit connu. Nombre de récits colportés
à ce propos valent sans doute l'histoire du serpent,
ressuscité de Régulus, qu'on aurait trouvé enroulé
autour d'un poteau télégraphique pour arrêter la transmission des dépêches de Bizerte à la Calle. L'essentiel,
c'est le traité, et le traité du 12 mai est bon. Il ne
conclut ni à l'annexion ni à la conquête. Calqué sur les
nombreux traités passés par l'Angleterre avec les souverains indépendants de l'Inde, il se contente d'assurer
d'une manière permanente, pour la sécurité des frontières algériennes, notre juste influence sur notre plus
proche voisin. La Tunisie sera désormais à notre France
africaine ce que les goums sont à nos troupes régulières.

La Tunisie était un pays mal administré, livré à tous les
pillages, un foyer d'incessantes conspirations où le fanatisme musulman s'alliait à mille intrigues européennes.
Elle sera demain un pays tranquille, un vaste champ
ouvert à la civilisation occidentale. Les colonies étrangères de Tunis s'en réjouissent déjà et, avec elles, les
populations musulmanes des campagnes, qui comprennent à merveille que le traité du Bardo va leur rapporter
enfin ce qui leur a toujours manqué : l'ordre, la justice, la
bonne administration des finances, tous les bienfaits d'une
paix intérieure que la province ignore depuis la grande
paix romaine, tous les éléments d'une sécurité laborieuse
dont elle sera appelée à recueillir les premiers fruits.
D'ici un an, ces résultats, qu'il est facile de prévoir,
pourront être constatés par tous sur bonnes et belles
statistiques. La « politique de précaution » qui a dicté
le traité du Bardo aura été encore une fois la meilleure
de toutes les politiques, celle de la civilisation et de la
paix.

III

Nous dirons peu de mots de l'agitation dont notre bonne
fortune en Tunisie a été le prétexte de l'autre côté des
Alpes et, d'une manière assez inattendue, de l'autre côté
de la Manche. Les tories en veulent à la France d'avoir
mené les affaires de Tunisie avec une sagesse et une
prudence dont on regrette à bon droit de n'avoir fait
preuve ni à Caboul ni au Cap. Les patrons de M. Maccio
nous en veulent d'avoir été contraints par les procédés
de leur agent à hâter une solution qui, sans les provocations du diplomate italien, aurait pu être retardée de
plusieurs années. Mais, si les tories avaient été plus heureux dans leurs expéditions lointaines, si les protecteurs
de M. Maccio s'étaient un peu mieux souvenus du sang

versé en commun, il est probable que les amis intéressés de M. Guest ne bouderaient pas dans les *lobbeys* du parlement et que le palais de Monte Citorio n'aurait pas enregistré une nouvelle crise ministérielle. Certes, les politiques italiens, qui sont très loin d'être l'Italie, sont mécontents; mais, s'ils le sont si bruyamment, c'est qu'ils le sont d'eux-mêmes et qu'ils ont sujet de l'être. Ce n'est pas en vain qu'on a le *Mostakel* sur la conscience.

La France a deux raisons de ne pas s'inquiéter de ces murmures. La première, qu'on ne peut rien contre elle dans les circonstances actuelles et que l'Europe, dans son immense majorité, l'a approuvée. La seconde, c'est qu'avant six mois l'irréprochable loyauté de la République aura dissipé toutes les craintes et que le traité du Bardo n'aura pas moins profité à l'Angleterre et à l'Italie qu'à la Tunisie et à nous-mêmes. On a déjà invité les Anglais à comparer le commerce qu'ils font avec l'Algérie française et celui qu'ils faisaient avec la Régence d'Alger. Quand l'application ferme du traité du Bardo aura rétabli la tranquillité et l'ordre à Tunis, les marchands de Liverpool et de Manchester y trouveront des débouchés vingt fois plus nombreux que par le passé; ils y auront une navigation beaucoup plus importante et plus sûre; ils en tireront un nombre plus considérable de minerais de fer et de cuivre. Et il en sera de même pour l'Italie. Sitôt que les conditions de notre traité seront exécutées par le bey, le commerce et la navigation de l'Italie doubleront, de Bizerte à Tunis et de Tunis à Gabès. Les Italiens pourront, avec la sécurité qui leur a manqué jusqu'à présent, s'établir dans l'intérieur des terres, y faire de l'agriculture et du négoce. Le droit inepte de khéfa et les subtilités haméfites ou autres « ne tariront plus les mamelles fécondes de cette riche province ». Il y aura pour tout le monde un égal profit à ce que la Tunisie ait été soustraite par la France au désordre, à l'incurie et à la barbarie. Nous en saura-t-on gré ouvertement? C'est une autre question. La France a assez payé pour ne plus se nourrir de vaines illusions; elle n'ignore pas que les torts que l'on pardonne le plus difficilement aux autres, ce sont les torts qu'on a pu avoir envers eux.

Après cela, on fera volontiers un double aveu. Si les mauvais procédés de la Turquie nous laissent tout à fait indifférents (1), évidemment nous aurions voulu que l'on se dispensât, en Italie, de telle démonstration fâcheuse et nous aurions aimé trouver chez quelques-uns de nos voisins d'outre-Manche plus de cordialité et plus de justice. Mais, enfin, ce serait se montrer trop difficile si la sympathie de tant de cœurs haut placés qui se souviennent (2) ne nous consolait pas des propos amers de quelques politiciens agités; nous serions surtout bien naïfs de ne pas préférer la méchante humeur du *Times* aux railleries aiguës que le *Punch* aurait tirées de son carquois si nous avions mis trente mille hommes sur pied à seule fin de bloquer le Djebel-Abdallah et de battre les buissons des Kroumirs.

(1) Circulaire d'Assympacha réclamant, pour régler l'affaire de Tunis, la convocation d'un congrès européen.

(2) « L'Italie passera sur mon cadavre avant de faire la guerre à la France » (Garibaldi). Voir surtout le discours prononcé par M. Gladstone à la Chambre des communes dans la séance du 16-17 mai.

DÉPLACEMENT DE LA QUESTION D'ORIENT

28 juin 1884.

La question d'Orient se déplace. Il y a vingt ans, le nœud de la question était à Constantinople : la mer Noire était interdite aux flottes russes ; la mer de Marmara fermée aux flottes de l'Occident. Demain, les vraies Dardanelles seront le canal de Suez ; c'est par le canal qui joint la Méditerranée à la mer Rouge que passe déjà la grande route du monde.

Quand cette route passait, hier encore, devant Constantinople, l'intégrité de l'empire ottoman était l'un des principes fondamentaux du droit public européen. Sans doute, ce principe, malgré d'innombrables atteintes, reste encore aujourd'hui l'un de ceux qu'une diplomatie intelligente n'a pas le droit d'abandonner. Les chancelleries prudentes ne perdent jamais de vue ni les Détroits ni la vallée du Danube. Mais l'attention des peuples se tourne d'un autre côté, de préférence vers l'Égypte, le littoral du golfe Arabique, vers l'extrême Orient. L'ancienne question d'Orient est encore trop brûlante, la question d'Égypte est encore trop grave pour qu'on puisse avoir le

10

désir ou le loisir de créer d'autres questions : cependant peut-on ne pas prévoir les questions nouvelles qui se préparent? Si le canal de Suez est destiné à jouer dans l'histoire de demain le rôle que les Dardanelles ont occupé dans l'histoire d'hier, si les rives de la mer Rouge voient arriver de tous côtés les avant-coureurs des nations ambitieuses, n'est-ce pas que l'avenir tient en réserve une question de l'extrême Orient, qui ne sera pas moins vitale que la question d'Orient et qui se présentera avec les mêmes facteurs et les mêmes intérêts engagés dans une lutte semblable? Là, dans cette nouvelle bataille pour la civilisation occidentale et l'équilibre général des continents et des mers, le Céleste Empire ne sera-t-il pas en Asie ce que l'empire ottoman aura été en Europe? Son intégrité ne sera-t-elle pas le principe que la France et l'Angleterre, si elles sont unies, c'est-à-dire si elles sont sages, invoqueront un jour ou l'autre contre la Russie, voisine toujours gigantesque et toujours assoiffée de conquêtes?

Cette question de l'extrême Orient — la question d'Orient du vingtième siècle — se forme dans un lointain très reculé ; mais elle pèse déjà d'un poids considérable sur la politique des grandes puissances maritimes. Si la neutralisation du canal de Suez, préface de la neutralisation de l'Égypte, est enfin considérée par tous comme une nécessité de premier ordre, ce n'est pas seulement pour les raisons de politique traditionnelle qui ont été alléguées en pure perte pendant les incidents de 1882. Ces raisons, qui sont peut-être encore les plus importantes, ne sont pas celles qui ont retourné l'esprit public et provoqué une si vive réaction contre l'abandon de l'Égypte et le misérable délaissement de notre influence dans la vallée du Nil. Tant que le canal n'était que la route de l'Inde anglaise, beaucoup de Français n'admiraient l'œuvre de M. de Lesseps qu'au point de vue restreint de l'art pour l'art. Aujourd'hui le canal apparaît à tous comme la route de Madagascar et du Tonkin.

La République n'aurait pas commencé en Indo-Chine la

revanche de Dupleix que l'indépendance de l'Égypte n'en serait pas moins un article essentiel du programme méditerranéen de la France. Mais cet article paraîtrait-il à tous les yeux avec la même clarté? L'abandon de nos intérêts égyptiens en 1882 restera une faute inexpiable. Mais ces intérêts n'étaient bien compris que par une minorité d'esprits perspicaces. S'ils le sont aujourd'hui par tout le monde, c'est que l'expérience, sans doute, a montré l'étendue de la faute qui avait été commise, — mais aussi parce qu'à la lumière de notre brillante entreprise d'Indo-Chine l'importance de ces intérêts a éclaté à tous les yeux.

L'opinion n'hésite plus, elle presse même et aiguillonne le gouvernement de la République qui ne saurait s'en plaindre. Plus les horizons nouveaux qui surgissent à l'extrême Orient sont séduisants, plus il est essentiel que la route qui conduit à ces rivages ne soit pas dominée à son entrée par une grande puissance hostile. Plus l'espérance s'élance vers nos nouvelles possessions, plus la raison prescrit de ne pas laisser entre les mains mêmes de nos rivaux les clefs de ces colonies. Chaque mérite que l'on découvre à l'Indo-Chine française est ainsi un argument nouveau pour hâter la fin de la dictature anglaise en Égypte. Mais comment? Ah ! si les fautes n'étaient pas irréparables et s'il suffisait de vouloir pour pouvoir, il n'y aurait pas de doute : à défaut de la domination de la vallée du Nil, qu'avaient rêvée Louis XIV et Napoléon, le double contrôle serait rétabli aussitôt. Mais quoi? le double contrôle qui avait hier toutes les vertus, qui a été la plus bienfaisante et la plus féconde des institutions, c'est aujourd'hui la jument de Roland. Dès lors, que faire?... S'asseoir *super flumina Babylonis* — ce qu'il ne faudrait pas entendre par les berges du canal de Suez, ces rives étant occupées par des gens pratiques qui n'ont pas précisément l'habitude des lamentations — et pleurer les malheurs passés, la révolte d'Arabi, l'imprévoyance de M. de Freycinet? Cette solution, décorée du beau nom de « politique de la liberté d'action », a été recommandée;

mais comment regretter qu'elle n'ait pas été suivie? Reprendre sa liberté d'action a été sans doute, au lendemain des défaillances de 1882, l'année funeste, la seule solution qui fût digne de la France et qui fût habile; mais, à mesure que s'écoulaient les semaines et les mois, cette liberté d'action que la France avait reprise, ce n'était plus que la liberté illimitée pour l'Angleterre d'agir dans le Delta selon son bon plaisir. A la première défaite du Mahdi sur la frontière de Nubie, à la première défaite de M. Gladstone dans la Chambre des communes, l'Égypte aux Égyptiens devenait officiellement l'Égypte aux Anglais.

Que l'accord préliminaire qui a été conclu entre le cabinet du quai d'Orsay et celui de Saint-James doive être approuvé dans chacune de ses clauses, on ne le prétend pas : le gouvernement de la reine s'est, en effet, dit plus faible qu'il ne l'est; le gouvernement de la République n'a pas eu toute la conscience de sa force. Mais, si cette convention est sujette à critique dans le détail, le principe même en est excellent : neutraliser le canal de Suez et la vallée du Nil, un tel objet n'est pas seulement très raisonnable et très sensé, il est encore le seul, dans les conditions présentes, qui soit vraiment digne des deux grandes nations libérales de l'Occident. M. Ferry en renonçant à la politique des vœux stériles et des regrets superflus, M. Gladstone en coupant court à des ambitions chauvines qui menaçaient la paix du monde, ont donc agi avec une égale sagesse. Le plan est bon ; la question n'est plus que de le réaliser.

Quand une nation comme l'Angleterre s'engage à évacuer l'Égypte dans un délai de trois ans, elle a le droit d'exiger que sa parole ne soit pas mise en doute ; toute confiante qu'elle doive être dans la loyauté de l'Angleterre, la France, d'autre part, a le droit de prendre des sûretés contre une nouvelle consultation des puissances. Quand l'Angleterre promet de consacrer tous ses efforts à rétablir la paix et l'ordre en Égypte, il convient d'être persuadé de son bon vouloir; la France cependant, après l'expérience des deux dernières années, a le devoir de connaître les voies et moyens qui seront employés. Quand l'Angleterre accepte que la tutelle de l'administration financière de l'Égypte soit remise à une commission internationale, comment souscrire à une présidence permanente qui réduirait de moitié le prestige et la vertu du nouveau comité de contrôle? Quand l'Angleterre, ayant reconnu que l'Égypte devient terre internationale et européenne, voudrait être seule à garantir un futur emprunt égyptien, l'Europe peut-elle accepter une garantie qui serait la négation de la reconnaissance préalable? Quand l'Angleterre et la France comprennent de nouveau les avantages d'une entente cordiale, est-ce que la France et l'Angleterre ne doivent pas commencer par écarter toutes les obscurités qui pourraient, dans la suite, donner lieu à de nouveaux conflits?

Plus on approuve le principe qui a présidé à l'accord du 21 juin, plus on doit donc désirer que ce principe soit nettement et clairement traduit dans tous les articles de la convention. Dans l'évolution actuelle de la question d'Orient, les conditions essentielles d'une alliance féconde entre l'Angleterre et la France, c'est bien l'Égypte transformée en une Belgique africaine, c'est bien le canal de Suez promu à la dignité de Dardanelles. Seulement ces conditions doivent être établies comme il convient à deux gouvernements honnêtes et à deux grands peuples : sans réticences, sans arrière-pensées et en pleine lumière.

LES ÉVOLUTIONS DE LA POLITIQUE COLONIALE

---

21 février 1885.

I

Pour un homme d'État qui a l'âme d'un patriote, il n'est pas de situation plus douloureuse que celle du personnage antique qui avait vu et approuvé le bien, mais qui, par faiblessse ou lâcheté, avait suivi le mal. Le brouillon au cœur léger qui a conduit son pays aux abîmes demeure réfractaire à la vérité et rejette sur d'autres épaules le poids écrasant de la responsabilité. Cette amère consolation reste au politique prévoyant dont le rôle a été celui de l'inutile Cassandre : qu'il avait vu clair dans l'avenir et qu'il a lutté jusqu'à la dernière minute pour le salut de ses concitoyens. Mais M. Gladstone! mais l'homme qui avait écrit, en 1877, l'admirable prophétie : *l'Agression contre l'Égypte et la liberté de l'Orient*, et qui vient de mener l'Angleterre au désastre de Khartoum! N'avoir pas su distinguer, dans une grave alternative, ce qui est juste et utile de ce qui est dange-

reux et injuste, peut n'être qu'un malheur ; mais avoir
lu dans le livre des destinées comme dans un livre ouvert,
et puis, pour garder le pouvoir, pour n'avoir pas eu le
courage d'être une fois de plus, contre les appétits des
uns et les illusions des autres, l'homme de sa propre
conviction, « ajouter alors au chapitre du devoir abandonné celui du mal accompli ! »

Car M. Gladstone — et comment ne pas insister, non
point par manière de plaisir cruel, mais pour tirer de ces
enseignements toute leur vertu? — M. Gladstone avait
prédit, sans en excepter une seule, toutes les difficultés redoutables qui assiègent aujourd'hui l'Angleterre et toutes
les catastrophes qui l'attristent. S'adressant à M. Dicey,
à tous ceux qu'il appelle, dans son fameux article du
XIXe Siècle, « les aventuriers ou boucaniers anglais du
sud-est de la Méditerranée », il énumérait, le 1er août
1877, avec une inflexible logique toutes les difficultés de
l'agression contre l'Égypte et toutes les conséquences
qu'elle comportait :

« Les nations sont soumises, autant que les individus,
à l'intempérance intellectuelle, et le subit accès d'orgueil
qui engendre chez un homme une arrogante vulgarité agit
d'une façon analogue sur les masses qui ont été soumises
à la même excitation. » — C'est ce subit accès de fol
orgueil qui a agi sur les Anglais au lendemain du combat
des Quinze Minutes.

« Tout projet d'acquérir la domination de l'Égypte n'est
qu'un nouveau piège tendu à notre politique. » — C'est
dans ce piège qu'on est tombé.

« Des puissances et, parmi elles, probablement la Russie, éprouvaient du plaisir à nous voir engagés dans cette
opération. » — La Russie, en effet, s'avance sûrement vers
Hérat, et l'Allemagne s'installe aux Cameroons.

« Je suis fermement convaincu que les agrandissements
de notre empire sont, en général, la source de dangers
sérieux, bien que ces dangers puissent ne pas être toujours immédiats et qu'on les opère le plus souvent par des
moyens plus ou moins blâmables, qui tendent à compro-

mettre le caractère de la nation anglaise aux yeux du monde impartial. » — Est-ce que ces dangers n'ont pas éclaté? La grâce d'Arabi, l'asservissement du khédive, l'expulsion des fonctionnaires honnêtes, la dilapidation du trésor égyptien, le décret sur le libre trafic des esclaves, l'organisation du gâchis et de l'anarchie dans toute la vallée du Nil, n'ont-ils pas mérité le blâme officiel de l'Europe?

« Une question me remplit d'une véritable inquiétude : c'est le petit nombre de nos soldats. Suffisamment nombreux pour défendre notre île, ils ne sont plus que quelques grains de sable en comparaison des besoins que nous crée notre domination. On parle d'humiliations : puissions-nous ne jamais subir celle de dépendre du courage d'autrui! » — Les petits carrés anglais ont été, malgré la vaillance de leurs officiers, enfoncés et rompus à dix reprises; avec les désastres de Nubie, après des victoires plus coûteuses que des défaites, l'humiliation, elle aussi, est venue.

« Dans quelle situation l'Angleterre serait-elle aux yeux du monde si, pour sauvegarder sa route militaire du côté de l'Inde, nous insistions pour créer au Canal des dangers dont cette route commerciale et pacifique du monde entier serait exempte sans nous? » — Encore quelques combats comme ceux de l'année dernière autour de Souakim, et voici le danger, non point tout de suite pour le Canal, mais pour la mer Rouge prise entre l'insurrection triomphante du Soudan et la rébellion menaçante et déjà grondante de l'Arabie.

« L'Égypte ne sera pas protégée par l'éloignement comme l'intérieur de l'Inde; nous ne pouvons pas, comme dans nos colonies libres, nous dégager de toute responsabilité directe en accordant au pays un gouvernement autonome. » — Si l'Inde, en effet, est restée mystérieuse, les grossiers scandales de l'administration de sir Clifford Lloyd et de Nubar ont été vus de partout.

« Nous ferions une expérience très dangereuse en éveillant les susceptibilités de l'Islam, qui sont, en Égypte, raisonnables et justes. Les sympathies mahométanes sont précisément très fortes dans ce moment-ci, en Égypte. N'y touchez pas! » —On y a touché, et le fanatisme de l'Islam s'est réveillé depuis les mosquées d'El-Obéïd jusqu'à l'université d'El-Azhar, qui recommence à bruire comme une ruche de frelons.

« L'Égypte proprement dite n'est pas seule en question. Les chefs de ce pays ont tourné les yeux et étendu les bras par-dessus la Nubie, vers le Dongola et vers le Beled-ès-Soudan ou pays des Noirs, qui s'étend sans limites au delà de l'Abyssinie et jusqu'à la frontière de Zanzibar. Le khédive ayant noué dés relations avec ce vaste pays et cette nombreuse population, nous sommes obligés de nous demander si nous devons nous charger de 2000 milles de territoire pour protéger un canal long de quelques vingtaines de mille seulement, et, dans le cas contraire, à quel point et de quelle façon nous devons rompre les relations de supériorité et de subordination déjà existantes et nous exempter des obligations qu'elles impliquent. » — Et la Nubie avec le Soudan, à la honte de l'Angleterre qui n'a pas su s'acquitter des obligations qu'elle avait assumées, est perdue pour la civilisation.

« Enfin, je crois que, le jour où nous occuperons l'Égypte, c'en sera fait pour longtemps de la cordialité des relations politiques de la France et de l'Angleterre. Il n'y aura peut-être pas de querelle immédiate, pas de manifestation extérieure; mais il y aura une grande rancune : les nations ont bonne mémoire. » — En effet, l'entente cordiale est rompue.

Ainsi, plus de sept années avant l'événement qu'il a lui-même conduit, M. Gladstone annonçait toutes ces calamités politiques et religieuses, maritimes et militaires; si l'on excepte quelques discours de Lamartine et quelques dépêches de Talleyrand, jamais homme d'État contemporain n'a fait preuve d'une aussi merveilleuse prévoyance.

Mais, si M. Gladstone était dans le vrai, si vraiment les convoitises orientales de lord Beaconsfield étaient « fu-

nestes » et « immorales », il y avait encore quelque chose
de pis que cette politique : c'était cette politique de Disraëli
appliquée par M. Gladstone. Une politique mauvaise en
elle-même, quand elle est pratiquée résolument, par un
homme d'État décidé, qui en est pénétré et qui la *sent*, ne
devient point pour cela une bonne politique : elle peut
cependant, par la vigueur et l'énergie de la mise en œuvre,
donner des fruits qui valent mieux qu'elle-même. Une
politique, au contraire, qui répugne aux instincts secrets
et profonds des hommes qui ont entrepris de la poursuivre, ne peut conduire, alors même qu'elle ne serait
pas tout à fait mauvaise, qu'aux plus pitoyables résultats. Or tel a été constamment, depuis deux ans, le cas
de M. Gladstone. Comme le paresseux de l'Écriture, lui
aussi, il voulait et ne voulait pas. Comme il savait que la
voie droite était celle qu'il avait abandonnée, il n'a pas
fait un pas sur l'autre route sans éprouver le regret de s'y
être engagé, mais, à chaque pas, il s'est arrêté regardant
en arrière, regardant vers le bon chemin qu'il aurait
préféré suivre, n'osant plus avancer, n'ayant pas le courage de reculer, traînant la jambe alors que, pour réussir,
à supposer que le succès eût été possible même pour un
aventurier sans scrupules comme l'avait été Disraëli, il
eût fallu courir et galoper à franc étrier.

Le double contrôle est dénoncé : M. Gladstone envoie
lord Dufferin au Caire et impose Nubar comme premier
ministre; mais il ne se lasse pas de proclamer qu'il s'en
ira au premier jour. Le continent noir se soulève : M. Gladstone hésite à défendre le Soudan ; mais il charge Gordon
d'en ramener les garnisons. Le héros populaire est prisonnier dans Khartoum : M. Gladstone repousse l'odieuse
pensée de le sacrifier après avoir profité de son dévouement
mystique pour faire patienter l'opinion ; mais, quand il lui
expédie une armée de secours, c'est trop tard, tout espoir
raisonnable est depuis longtemps perdu. Et les dieux n'ont
plus besoin de rendre fous ceux qu'ils veulent perdre : il
suffit qu'ils les rendent irrésolus.

Aussi bien, voici le châtiment : catastrophe terrible et

redoutable dont nul ne saurait se réjouir sans commettre un véritable crime de lèse-civilisation, car c'est la marée des barbares qui l'emporte; mais aussi expiation que l'orgueil britannique a méritée, avertissement salutaire à des rancunes et à des haines qui sont indignes de ce temps. « Nous irons seuls en Égypte, » avait dit la coterie chauvine dès le mois de septembre 1881 (1); pour satisfaire cette ambition égoïste, cette mauvaise jalousie, la coterie n'avait pas attendu le prétexte d'une passagère défaillance. Lorsque Gambetta, qui avait deviné ces instincts, voulut lier le cabinet de Londres pour une action commune : « Rien ne presse, disaient les journaux du parti; pourquoi empêcher l'Égypte d'être aux Égyptiens? pourquoi ne pas saluer franchement dans Arabi l'émancipateur des fellahs? »

Eh bien, après y être allés seuls par notre faute, ils y sont restés seuls, sur cette terre des Pyramides — cette fois parce qu'ils l'ont bien voulu ainsi — malgré les pressentiments des rares hommes d'État qui étaient restés sages et prudents, malgré les offres loyales et les avertissements sincères des successeurs de M. de Freycinet. Seuls, ils règnent à leur guise dans la vallée du Nil depuis deux ans; mais seuls aussi ils sont maintenant en Europe et dans le monde entier; des rivaux inattendus se sont démasqués sur toutes les mers; les cosaques se rapprochent tous les jours de l'Inde; mais il ne s'agit plus de savoir si l'on partagera avec la France le paisible contrôle du Delta : la question est si l'Égypte tout entière, désorganisée et détraquée de fond en comble, doit tomber à son tour, comme déjà la Nubie et le Soudan, aux mains d'un conquérant barbare.

Cette anarchie lamentable de l'Égypte, cette explosion victorieuse du fanatisme de l'Islam, le rétablissement de l'alliance française eût-il suffi pour empêcher tant de maux? Il n'est pas trop présomptueux de le penser. Si le *condominium* avait été restauré au lendemain de Tell-el-Kébir,

(1) *Times* du 22 septembre 1881.

l'ordre n'eût pas tardé à renaître dans la vallée du Nil,
l'ordre admirable du premier contrôle. Si la paix eût été
ainsi restaurée avec le contrôle, si la France et l'Angleterre étaient apparues à tout le monde arabe comme gar-
diennes indissolublement unies du royaume de Méhémet-
Ali, on peut douter que le prophète du Soudan fût devenu
ce qu'il est aujourd'hui : une cause légitime et redoutable d'anxiété pour toutes les puissances qui ont des
sujets musulmans, pour nous comme pour l'Angleterre
ou pour la Turquie. A l'origine de cette révolution qui
ne fut qu'une révolte, on ne trouve pas, en effet, le fanatisme religieux; ce n'est d'abord qu'un syndicat de marchands d'esclaves qui veulent profiter du gâchis égyptien
pour rétablir leur commerce prohibé. Le Mahdi, tel qu'on
le devine, représente assez bien Jean de Leyde ; mais les
trois anabaptistes qui ont été ses précurseurs, ses bail-
leurs de fonds, n'étaient que des trafiquants de « bois
d'ébène », et c'est ce que Gordon avait très bien compris
lorsqu'il demandait que Zebehr fût envoyé avec lui à Khartoum. Quand le désordre égyptien s'est continué dans le
désordre anglais comme un fleuve à travers un lac, quand
l'impunité d'Arabi a été interprétée par tout le peuple des
fellahs, des bédouins et des nègres comme une marque de
peur et de déférence, alors seulement à l'intrigue savamment ourdie des grandes compagnies du Darfour et du
Soudan a succédé la croisade noire... Le Mahdi n'existait
pas : c'est l'Angleterre qui l'a inventé.

II

L'Angleterre, isolée de la France, a perdu pour la civilisation deux vastes provinces d'Afrique. La France, isolée
de l'Angleterre, conquiert à la civilisation trois riches provinces d'Asie. Quelles que soient les erreurs diplomatiques
ou militaires qu'ait pu commettre le cabinet du 21 février
1883, comment nier qu'il n'ait mieux employé que le
cabinet de Londres ce trop long entr'acte de l'entente
cordiale ?

Dans la brillante étude qu'il a consacrée ici même (1),
samedi dernier, à la politique coloniale, notre collaborateur et ami Gabriel Charmes s'est montré plus que sévère
pour l'expédition du Tonkin. Je voudrais essayer de réfuter et de faire infirmer ce jugement, qui me paraît
injuste. Je crois que le protectorat de l'Annam, du Tonkin
et du Cambodge n'était pas une moindre nécessité pour
la France dans les régions de l'extrême Orient que ne
l'était, dans le bassin de la Méditerranée, le protectorat
de la Tunisie. Si le gouvernement de la République avait
commis la faute de laisser passer le moment qu'il a choisi
pour agir, c'en était fait à jamais de notre puissance
militaire, navale et commerciale, dans les mers et sur les
fertiles rivages de l'extrême Orient.

Que la politique d'expansion coloniale soit la véritable
forme de la politique de recueillement, sans qu'elle puisse
toutefois exclure d'autres ambitions plus lentes et plus
hautes, cette vérité n'est plus à démontrer; M. Gabriel
Charmes a été l'un de ceux qui ont contribué à la répandre. Que la responsabilité principale de l'expédition
du Tonkin, fardeau écrasant selon les uns, très grand
honneur selon les autres, incombe au ministère actuel,

(1) Dans la *Revue politique et littéraire.*

11

c'est encore un point qu'on ne saurait discuter et qu'on
ne discute pas. Le protectorat de la France sur toute la
partie orientale de l'Indo-Chine est même un projet déjà
ancien de M. Jules Ferry. Dès le mois de janvier 1882,
dans la préface des *Discours sur les affaires de Tunisie :* « La question du Tonkin, écrivait-il, est de la plus
haute importance ; le protectorat français ·au Tonkin,
c'est la sécurité de la Cochinchine, comme Tunis est la
garde avancée de l'Algérie... »

Si anciens cependant que soient dans l'esprit de M. Jules
Ferry ces desseins sur le Tonkin, ce n'est pas lui qui a
créé la question : bien avant qu'il ait été pour la première
fois (le 25 septembre 1880) président du conseil des
ministres, le problème avait déjà été posé. La question du
protectorat français sur le Tonkin est née, en effet, le jour
même où la Cochinchine est devenue une province française, c'est-à-dire en 1862 ; plusieurs mois avant que
M. Ferry soit redevenu premier ministre, l'expédition du
Tonkin avait été reconnue inévitable ; M. Duclerc, qui en
avait conféré avec Gambetta, et le vice-amiral Jauréguiberry avaient résolu, dès le mois de novembre 1882, de la
pousser activement. Cette décision, la dernière décision
politique à laquelle Gambetta ait pris part, avait trois raisons.

La première était toute militaire : la situation du commandant Rivière à Hanoï était devenue intolérable. Envoyé au Tonkin en 1881 pour assurer contre les Pavillons
noirs à la solde du roi d'Annam l'exécution des traités
de 1874, le petit corps expéditionnaire du Delta était
débordé depuis plusieurs mois. De toutes parts, pour former un cercle de fer autour de nos faibles garnisons, les
pirates descendaient des fleuves et les brigands des montagnes. Encore un retard, Rivière était cerné et perdu.

La seconde raison n'était — je n'hésite pas devant le
mot propre — qu'une raison de sentiment. A peine le
ministère du 30 janvier 1882 eut-il laissé à la seule Angleterre le facile honneur de venger l'insulte d'Alexandrie,
que l'opinion reconnaissait déjà quelle faute grave avait

été l'abstention et combien, à travers le monde, l'éclat de notre nom avait pâli. Tous les patriotes, à ce moment, ceux-là surtout qu'on avait égarés et trompés pendant six mois, éprouvèrent une sensation poignante de confusion. Le drapeau français avait été outragé, et il l'avait été impunément! Il avait suffi de quinze minutes à deux régiments écossais pour faire rentrer Arabi dans le néant, et devant un tel fantoche d'opéra-comique la France avait reculé! L'Égypte avait été une création de la France, et elle allait devenir terre anglaise! Pouvait-on rester plus longtemps sous le coup d'une pareille humiliation, d'un pareil aveu de faiblesse? Ne devait-on pas saisir la première occasion de montrer qu'on ne craint pas le feu, de prouver qu'on est toujours la France, de se réhabiliter à ses propres yeux et aux yeux des autres? Si l'on fit fête alors avec tant de bruyante effusion au hardi explorateur Savorgnan de Brazza, si le Congo fut alors célébré comme un second Nil par des milliers de citoyens qui la veille en ignoraient le nom, ce ne fut pas pour une autre cause. Mais le Congo n'était qu'un champ d'explorations...

La troisième raison était décisive : l'heure allait sonner où il n'y aurait plus, sur la surface du globe, de rivages inoccupés. Il s'agissait de profiter de la dernière minute, du dernier répit. Encore quelques instants, et partout, en Asie, en Afrique, en Océanie, tous ceux parmi les peuples de l'Europe qui étaient encore en retard allaient planter leurs drapeaux sur les dernières îles, sur les derniers rivages propres à devenir pour les vieilles et riches métropoles des débouchés, des sources de rajeunissement et de vie. Dans cette lutte encore fallait-il se laisser devancer? A Tunis, on était arrivé juste à temps : pour peu qu'on eût hésité quelques semaines de plus, les Italiens débarquaient, découronnaient à jamais notre empire africain, prenaient dans le bassin de la Méditerranée la place qui était nôtre depuis huit siècles. Or, pour l'Indo-Chine, la situation était celle-ci : que le drapeau français se retirât du Tonkin, et l'Allemagne nous y eût succédé sur l'heure. Quand M. Ferry, au mois de janvier 1882, avait

le premier dénoncé la convoitise allemande (1), cette ambition n'était encore qu'un rêve. Au mois de novembre
et de décembre 1882, après l'éclipse de la France dans la
vallée du Nil, ce rêve était un projet très arrêté, et le
gouvernement français en était informé (2). C'est faute
seulement du Tonkin que M. de Bismarck s'est contenté
plus tard des Cameroons et d'Angra-Pequeña.

Ainsi, pour trois raisons dont aucune n'était médiocre,
il était impossible que les hommes qui avaient la responsabilité du pouvoir à la fin de 1882 et au commencement
de 1883 remissent à d'autres temps l'expédition du Tonkin.
Différer l'entreprise, c'était y renoncer, puisque l'Allemagne et même l'Espagne guettaient ce morceau de roi. Et
renoncer, ce n'était pas seulement condamner la Cochinchine à l'asphyxie, c'était l'abdication irrévocable de la
nation de Dupleix dans les mers de l'extrême Orient. Pour
n'avoir pas su accompagner l'Angleterre dans le delta du
Nil, on avait failli perdre la Méditerranée. Pour ne pas
oser aller seul dans le delta du Song-Koï, fallait-il perdre
l'océan Indien et la mer de Chine?

Et qu'on ne croie pas, avec M. Gabriel Charmes, que la
politique d'expectative qu'il aurait voulu voir adopter eût
empêché un seul des événements que l'éminent écrivain
déplore avec amertume. « Si la France, dit-il, eût suspendu
pour quelque temps la politique coloniale, elle eût évité
de provoquer par son exemple l'expansion des peuples voisins. » Mais la contagion, depuis longtemps, n'était plus à
prendre! Ce n'est point parce que nous nous sommes
trouvés, au Tonkin et à Formose, aux prises avec des
difficultés considérables, que la Russie a recommencé
sa marche vers l'Himalaya ou que la politique coloniale
a pu sembler séduisante à M. de Bismarck et à M. Mancini. A supposer que l'Italie n'ait pas depuis longtemps
tourné les yeux vers les ports de la mer Rouge et que

(1) *Affaires de Tunisie*, préface, p. 7.
(2) Gambetta, alors malade à Ville-d'Avray, était vivement préoccupé de la question ; il me chargea d'en entretenir, de sa part, à
plusieurs reprises M. Duclerc, président du Conseil.

le chancelier ne nourrisse pas depuis au moins dix ans
le dessein de faire de l'Allemagne une grande puissance maritime, ce n'est ni la facile conquête de la Tunisie
ni la facile victoire de Tell-el-Kébir qui auraient pu mettre
ces désirs au cœur des hommes d'État de Berlin et de
Rome. Que si pourtant c'est le Tonkin, mais alors, pour
que cette entreprise ait excité l'envie de M. Mancini et la
jalousie de M. de Bismarck, ce ne serait point une si méchante affaire, une si pitoyable duperie que cette création
d'un empire français de l'Indo-Chine?

Ce n'est point à d'aussi médiocres mobiles, c'est à des
considérations plus hautes qu'ont obéi l'Allemagne et
même l'Italie. Comme l'Angleterre et comme la France,
elles ont compris, en effet, qu'à différer plus longtemps
leur entrée en scène, elles risquaient de ne plus trouver
le moindre îlot à mettre sous la pioche de leurs colons;
si elles éprouvent un regret à cette heure, c'est celui de
ne pas être parties encore plus tôt. Seulement, si nous
eussions tardé à prendre possession de la Tunisie, comme
l'eût voulu M. Clémenceau, et à mettre la main sur l'Annam, comme l'eût souhaité M. Gabriel Charmes, non,
certes, l'Italie ne serait pas allée à Massouah : elle serait allée à la Goulette, et ce n'est pas aux Cameroons
qu'eût débarqué le chancelier, mais dans le golfe du
Tonkin.

Soit, dit M. Charmes; mais, si nous n'avions pas eu une
main liée au Tonkin, l'autre à Madagascar, « les Anglais
auraient capitulé d'eux-mêmes ; l'Angleterre nous aurait
certainement restitué notre place en Égypte en échange
d'un traité de commerce...» En vérité? Quoi! la coterie
qui mène l'Angleterre depuis plus de deux ans n'a qu'une
seule pensée qu'elle n'a cessé de proclamer : être seule
en Égypte, faire de l'Égypte une terre anglaise et du khédive un simple rajah, — et l'on aurait pu attendre de
ce parti la restitution de notre place au soleil dans la
vallée du Nil, tout simplement parce que nous serions
restés sous le coup de la honte d'Alexandrie et parce qu'à
Madagascar, où la France a des intérêts séculaires, dans

l'extrême Orient, où nous avions l'occasion de prendre la
revanche de Dupleix, au Congo, où notre drapeau avait
précédé celui de tous les autres peuples, nous n'aurions
rien fait pour rétablir notre honneur compromis, pour
faire preuve de vitalité, d'initiative hardie et de force?
Même à l'heure présente où l'Angleterre essuie les plus
cruelles humiliations pendant que le général Brière de
l'Isle achève avec éclat la conquête du Tonkin et que
l'amiral Courbet se prépare à porter à la Chine les coups
décisifs, même à cette heure, l'Angleterre ne capitule pas,
tout isolée qu'elle se sente dans le monde, tout hostiles
qu'elle sache les grandes puissances du continent. Et si la
France n'avait rien fait pour relever la tête, si elle n'était
pas appuyée, comme elle l'est, sur le concert européen,
c'est alors, selon M. Gabriel Charmes, que l'Angleterre
nous eût, pour un plat de lentilles, restitué l'Égypte !
On s'explique mal qu'un esprit pratique et sérieux
ait pu, même un instant, caresser une pareille illusion.
Certes, c'eût été le parti le plus sage pour l'Angleterre,
au lendemain de la défaite d'Arabi, de convier la France
au rétablissement loyal du contrôle ; mais l'Angleterre,
sourde à la voix de la modération et de la prudence, ne l'a
pas voulu ; et dès lors, comme ce n'était pas une aumône
qu'il demandait, l'attitude qu'a prise le gouvernement de
la République était la seule qui fût digne de la France et
conforme à ses intérêts.

« Si le cabinet de Saint-James, — écrivions-nous au
moment du rejet des propositions Duclerc (1), — entend
que la victoire de Tell-el-Kébir a été remportée contre
nous et non contre Arabi, nous reprendrons aussitôt,
partout et en toute chose, notre pleine liberté d'action. »
Eh bien, on l'a reprise, cette liberté d'action, et l'on a bien
fait ! S'asseoir sous les saules et regarder tristement vers
le rivage égyptien, ce n'était pas un moyen de rétablir
jamais sur les bords du Nil l'influence française. Lang-Son
est loin, très loin, et la route d'Hanoï à Lang-Son a été

(1) *La Question égyptienne*, dans la *Revue* du 2 décembre 1882.

très rude : qui sait cependant si, de toutes les routes qu'on pouvait suivre, ce n'est pas celle-là qui nous ramènera au Caire?

III

Si l'expédition du Tonkin répond à une conception très juste et si elle a été commencée au bon moment, est-ce à dire que la conduite même de cette lointaine entreprise ait été irréprochable? Il était impossible qu'elle le fût. Il faudrait toutefois essayer d'être juste : en l'absence d'une armée coloniale et dans les conditions difficiles du régime parlementaire, quel autre gouvernement eût commis moins d'erreurs? Une trop longue indulgence pour les Chinois, qu'il eût fallu traiter dès le premier jour avec la brutalité que méritait leur perfidie, une trop longue hésitation à faire partir pour le Tonkin et pour Formose des renforts suffisants, ces deux erreurs auraient pu être évitées. En revanche, ce qui était inévitable, mais ce qui n'est point du tout la conséquence de l'expédition, c'était de substituer à la politique de l'alliance anglaise, que l'Angleterre avait rompue, la politique du concert européen.

Un grand et vieux pays continental comme la France n'est point la cité des Oiseaux d'Aristophane ; il ne peut pas, s'il veut vraiment vivre, vivre en l'air en s'isolant et s'abstrayant de tout ce qui l'entoure. Cela est regrettable, je le veux bien; mais les faits sont choses entêtées, disent nos voisins d'outre-Manche, et il est inutile de protester contre les choses, dit le philosophe grec, car cela ne leur fait rien du tout. Le seul parti sage, c'est d'en prendre son parti.

Assurément, de toutes les politiques, celle de l'entente cordiale avec l'Angleterre était la plus agréable, celle qui se recommandait par les plus précieuses qualités. Mais quoi? la jument de Roland était morte. Pour l'empêcher

de mourir, Gambetta avait bravé toutes les injures et tous
les soupçons; pour essayer de la faire revivre, M. Duclerc,
après Tell-el-Kébir, et M. Jules Ferry, à la conférence de
Londres, n'avaient négligé aucun effort. Mais Gambetta
avait échoué devant le cri d'une opinion affolée et qui
l'accusait sottement de sacrifier la France au prince de
Galles; les offres de M. Duclerc avaient été repoussées
avec quelque dédain; le préambule d'entente négocié
au printemps de 1884 par M. Waddington non seulement
avait été écarté en dernier ressort par les Anglais, mais
encore avait soulevé ici même les plus vives critiques: à
tort ou à raison, ni les synd..ats financiers, qui ne voulaient pas sacrifier un centime de leurs dividendes, ni
la majorité du parlement, qui trouvait imprudent d'offrir à l'Angleterre une occupation de l'Égypte limitée à
quatre ans pour arranger les affaires, n'avaient accepté
la convention. La conférence de Londres aurait pu marquer le point de départ d'une nouvelle entente entre
l'Angleterre et la France : la diplomatie britannique avait
préféré se brouiller avec toutes les grandes puissances, et
le parlement français, après avoir presque désavoué son
ministre des affaires étrangères (1), avait préféré se con-
tenter d'un succès de comptabilité. Le sort en était ainsi
jeté malgré M. Jules Ferry et malgré M. Gladstone :
force était de repasser le Pas de Calais.

Quel est maintenant ce nouveau concert européen
qu'une opposition de parti pris traite d'alliance ou d'entente allemande? Quelle est cette nouvelle Europe qui
succède, après un entr'acte, à l'héritière de Napoléon Ier,
à l'Europe du congrès de Vienne dont M. de Beust avait
enregistré la disparition?

Une nouvelle Europe en effet, et M. de Bismarck, qui,
à lui seul, pendant plus de dix ans, a été l'Europe, n'a pas

---

(1) Nous ne rappelons pas sans plaisir que nous avons été de ceux
qui ont défendu le principe de l'accord (*le Déplacement de la question d'Orient*, juin 1884), tout en faisant des réserves sur quelques
points de détail. Le nombre des défenseurs de cette convention s'éle-
vait bien dans la presse, tout compte fait, à trois ou quatre.

été le dernier à s'en apercevoir. Une nouvelle Europe, d'abord parce que l'hégémonie de l'Allemagne n'est plus incontestée sur ce vieux continent lui-même : l'Allemagne compte avec la Russie plus que la Russie ne compte aujourd'hui avec l'Allemagne ; l'Autriche-Hongrie n'est plus une suivante passive de l'empire germanique ; le pôle, pour le sultan et même pour l'Italie (puisqu'elle se promène avec d'autres sans en avoir demandé la permission), n'est plus à Berlin ; la France enfin, ayant repris conscience de sa force, délivrée, grâce à sa reconstitution militaire, de ses anxiétés passées, de la crainte d'une agression à chaque printemps, poursuit librement le cours de ses destinées.

Une nouvelle Europe encore, parce que l'Europe s'est répandue sur toute la surface du monde, prise tout entière, comme on dit, de fièvre coloniale, créant partout de nouvelles patries entre lesquelles il est nécessaire d'organiser un équilibre pareil à celui que le traité de Westphalie ou les traités de 1815 avaient établi jadis sur le continent des métropoles. *Novus nascitur ordo.* Les politiques, du seizième au dix-huitième siècle, n'ont connu et poursuivi que l'équilibre entre les anciennes provinces de l'empire romain ; l'équilibre méditerranéen, problème contemporain de la question d'Orient, les préoccupe depuis un siècle : l'équilibre de toutes les mers où l'Angleterre pendant près de deux cents ans a régné sans partage, de tous les continents où n'existait d'autre loi que celle du premier occupant, voilà le nouveau problème.

Il n'est pas encore posé en des termes très nets ; mais il se forme, il est là : tout le monde le pressent et le devine, et tout le monde comprend qu'il sera, lui aussi, régi par des conventions et des principes. C'est afin de préparer cet équilibre de l'avenir que la conférence de Berlin a voulu déterminer dans quelles conditions, pour être effectives, valables et justes, devront s'opérer désormais les prises de possession des terres encore inoccupées. C'est aussi pour le préparer que les

grandes métropoles ont l'ambition légitime d'assurer sur
toute la surface du globe des passages toujours libres pour
le commerce et le transit des peuples comme le canal de
Suez et le canal de Panama, des fleuves toujours ouverts
comme le Congo et le Niger, des territoires toujours neutres et indépendants comme devra l'être l'Égypte, cette
future Belgique africaine. En quoi une pareille entreprise,
civilisatrice au premier chef, peut-elle contrarier la France?
Est-ce que la liberté des mers n'est plus une liberté qui
nous intéresse? Et ne sommes-nous pas assurés d'avoir
une belle et large part dans tous les mondes, puisqu'un
heureux esprit d'entreprise a pris les devants, quand il
en était temps encore, au Sénégal et au Congo, à Madagascar et dans l'Indo-Chine.

Nous nous sommes retournés ainsi vers le concert européen parce qu'après notre rupture avec l'Angleterre ce
retour était une nécessité ; mais cette nécessité n'a pas
tardé à devenir une force. Non seulement nous ne devions
rien perdre et nous n'avons, en effet, rien perdu à cette
manœuvre, — nous n'aurions jamais pu fermer le bassin
du Congo, et ni la présence des Italiens à Massouah ni
celle de l'Allemagne à Angra-Pequeña ne peut nous gêner;
— mais déjà nous y avons gagné le succès des contre-
propositions françaises sur la question égyptienne, c'est-à-
dire notre prochaine rentrée dans le contrôle des finances
de l'Égypte, une protection plus efficace des intérêts
de nos nationaux dans la vallée du Nil et la neutralisation prochaine du canal de Suez. Si l'on nous revoit en
Égypte, à la vérité ce ne sera plus dans les conditions de
l'accord à deux; ce sera avec toute l'Europe, avec l'Autriche et la Russie, avec l'Italie et avec l'Allemagne;
mais valait-il mieux n'y jamais reparaître, et, dans cette
question vitale, fallait-il pratiquer la politique du tout ou
rien?

Et puis, le germe d'une nouvelle entente cordiale avec
l'Angleterre est dans le succès même que nous avons remporté. Pourquoi venons-nous d'amener le cabinet de Londres à reconnaître quelques-uns de nos intérêts et de nos

droits dans la vallée du Nil? Par une seule raison : c'est
que l'Angleterre a reconnu que nous pouvions nous passer
d'elle. Continuons donc à le lui prouver. Le gouvernement
de la République a commencé de pousser avec énergie
vers une victoire décisive et définitive nos affaires de Madagascar et du Tonkin : qu'il aille de l'avant avec une
vigueur toujours nouvelle. L'opinion, après avoir d'abord
hésité, s'est résolue à talonner, puisque enfin nous ne
pouvons plus reculer sans honte, le gouvernement qui
tient là-bas le drapeau de la France : qu'elle persiste sans
faiblesse ni regret dans cette nouvelle attitude. Ceux-là
mêmes qui ont le moins approuvé ces entreprises entre-
voient déjà le jour où la politique coloniale, cessant d'être
pour nous une politique guerrière, deviendra une politique d'administration et de culture. Qu'on en soit persuadé : bien avant ce jour, à condition que nous sachions
rester très fermes et très forts, l'Angleterre aura compris
que ses intérêts les plus certains doivent la ramener à
nous.

Suffit-il, pour déterminer cette réconciliation, que nous
soyons très fermes pour défendre tous nos droits, très forts
pour en imposer le respect à tous ceux, Hovas ou Chinois,
qui les méconnaissent et les bravent? Je me suis montré
assez sévère en appréciant la récente politique de l'Angleterre pour avoir peut-être le droit d'émettre un autre vœu.
Dans les guerres que nous soutenons depuis deux ans
contre les bandits de Madagascar et du Tonkin, — guerres
sanglantes et rudes où nous combattons d'abord pour
l'intérêt général de la civilisation, — les sympathies de
l'Angleterre, et autre chose encore que des sympathies, ont
été trop souvent pour les barbares et contre nous. Eh bien,
ne payons pas nos voisins de la même monnaie. Les fautes
sans nombre qu'ils ont commises en Égypte depuis le
combat de Tell-el-Kébir viennent de les mettre aux prises
avec la barbarie, et quelle barbarie! avec une explosion de
fanatisme musulman dont il n'est pas dit que les contre-coups
ne se feront point sentir dans tout le monde de l'Islam,
depuis la Syrie jusqu'aux Indes. Eh bien, que nos vœux

soient ouvertement, et comme il convient à une nation généreuse, pour ceux, quels qu'ils soient, qui sont au Soudan les défenseurs de la civilisation occidentale. Ils le sont un peu malgré eux, je l'accorde, et ils ont épuisé contre nous, dans des circonstances semblables, les pires procédés : soyons pour la civilisation quand même! Que l'Occident serre les rangs ! Vous avez manqué à la consigne : notre vengeance sera de n'y point manquer...

CONSTANTINE ET LANG-SON

---

4 avril 1885 (1).

En 1836, la France avait, depuis six ans, pris pied en
Algérie, et cependant ni le gouvernement ni l'opinion publique n'avaient de sentiments arrêtés sur la valeur de
notre conquête, sur l'extension qu'il fallait lui donner.
« Les Chambres, dit un écrivain orléaniste, M. de Nouvion,
n'accordaient qu'avec une répugnance marquée l'argent
qui allait se perdre dans une guerre dont le résultat était
tout négatif, puisque, au bout de tant d'années, nous étions
toujours confinés dans Alger, Bône, Oran et dans quelques
bourgades de la côte (2). » Selon M. Louis Blanc, de tous
les personnages marquants, M. Thiers était le seul qui eût,
relativement à l'Afrique, une volonté forte. « L'Algérie,
dit-il, plaisait à M. Thiers comme pépinière de soldats. Si
nos troupes n'y apprenaient pas à se tenir debout et iné-
branlables devant la gueule des canons, elles s'y exerçaient

---

(1) La panique parlementaire de Lang-Son est du 30 mars. L'allu-
sion fut comprise, mais l'exemple ne fut pas immédiatement suivi.
(2) *Histoire du règne de Louis-Philippe*, t. IV, ch. XL.

12

du moins à la fatigue, elles s'y accoutumaient à jouer avec
le péril, à supporter les privations, à mener la vie de bi-
vouac, à surmonter la nostalgie (1). » L'historien de *Dix
ans* ne fait à l'historien de *le Consulat et l'Empire* qu'un
reproche : « Pas plus que le gouverneur général de l'Algérie, il ne s'était élevé à l'idée de colonisation par l'État,
idée qui ne paraissait impraticable que parce qu'elle était
grande (2). »

Le maréchal Clauzel, gouverneur de l'Algérie, avait proposé à M. Thiers, au mois d'avril, un plan d'opérations qui
lui paraissait propre à assurer à bref délai l'occupation
entière et la pacification générale de la Régence. Arracher
Constantine et Tlemcen à Ahmed bey était, selon le maréchal, ce qu'il y avait de plus pressé à faire en Afrique, et
il demandait, pour aborder avec succès cette entreprise, un
effectif de trente mille combattants et cinq mille fantassins
indigènes. M. Thiers, « toujours penché sur la carte », paraissait fort disposé à accepter ce programme, lorsque le
ministère du 22 février fut congédié par le roi à l'occasion
des affaires d'Espagne et le comte Molé appelé à la présidence du conseil. Le chef du cabinet du 6 septembre,
esprit circonspect et timide, refusa les renforts que le
maréchal avait fait demander à Paris par son aide de camp
M. de Rancé, et il le laissa à ses seules forces comme à sa
propre inspiration.

Le maréchal Clauzel avait nommé notre protégé Youssouf
bey de la province de Constantine et Youssouf ne cessait
de lui souffler la confiance. « Que craignait-on ? Il ne
s'agissait, en réalité, que d'une promenade militaire; les
tribus étaient disposées à se soumettre; Constantine n'at-
tendrait pas une attaque et s'empresserait d'ouvrir ses
portes (3). » Ces explications et ces promesses eurent raison des doutes du maréchal ; il se décida, en plein mois
de novembre, à entreprendre l'expédition avec les 7000

(1) *Histoire de dix ans*, t. V, p. 159.
(2) *Ibid.*, t. V, p. 165.
(3) *Ibid.*, t. V, p, 165.

hommes dont il disposait et que, peu de jours auparavant, par la bouche de M. de Rancé, il avait lui-même représentés comme tout à fait insuffisants.

Rarement une campagne aussi importante fut entreprise avec autant de précipitation et dans des circonstances aussi défavorables. Les fièvres sévissaient dans toute la province, le temps était affreux, les hôpitaux encombrés de malades. « L'armée manquait des moyens de transport et d'approvisionnement que la plus vulgaire prévoyance commandait de lui assurer. De quinze cents mulets que Youssouf s'était engagé à faire fournir par les tribus, on ne put en obtenir que quatre cent cinquante. On n'avait pas assez de voitures, et une partie de celles qu'on avait ne purent être attelées. Le service même de l'ambulance n'était qu'incomplètement organisé... Enfin, l'armée n'emportait que quinze jours de vivres et 1460 coups de canon. On n'aurait pu se réduire à de plus faibles moyens s'il s'était agi d'une promenade militaire en pays soumis (1). »

Cependant, après neuf jours d'une marche pénible, au milieu de la pluie, de la neige, d'obstacles de toute sorte, l'armée arriva devant les portes de la ville et la trouva, à l'ombre du drapeau rouge, résolue à se défendre jusqu'à la dernière cartouche. La position était formidable : de trois côtés, un ravin large de 60 mètres où grondait l'oued Rummel, présentant pour escarpe et contrescarpe un roc taillé à vif; du quatrième, des remparts en excellent état; partout un sol détrempé par les pluies, où il était impossible de faire mouvoir les canons. Après plusieurs combats sanglants, les deux attaques simultanées de la nuit du 23 échouèrent : dans la première, le général Trézel eut le cou traversé par une balle; dans la seconde, où furent tués le capitaine Grand et le commandant Richepanse, « les haches avaient manqué pour enfoncer une porte bardée de fer que ne pouvaient entamer ni les crosses de fusil ni les baïonnettes (2) ». Épuisés de faim et de froid, manquant

(1) Nouvion, *loc. cit.*, p. 131.
(2) Louis Blanc, *loc. cit.*, p. 169

de munitions, n'ayant plus que trente coups de canon à tirer, nos soldats durent battre en retraite. La retraite fut terrible, une vraie retraite de Russie où le vieux héros des Arapiles se retrouva tout entier et où commença la brillante renommée du jeune Changarnier. Le maréchal n'avoua que sept cent cinquante morts ou blessés; des témoignages certains permirent d'évaluer à près de trois mille le nombre des hommes qui perdirent la vie soit sous les armes, soit dans les hôpitaux de Bône et d'Alger.

Quand la nouvelle de ce désastre parvint en France, quelle fut l'attitude du Parlement? quelle fut celle des partis dans le pays et du pays lui-même?

« Nous avions éprouvé, en Afrique, un échec éclatant, *presque humiliant*, écrit M. de Nouvion. Une armée commandée par un maréchal de France et au milieu de laquelle marchait l'un des fils du roi — le duc de Nemours — avait été contrainte de reculer devant les Arabes en semant le chemin de ses cadavres. On se demandait avec amertume ou avec colère comment une expédition depuis si longtemps projetée et annoncée avait pu être entreprise dans des conditions où tout semblait conjuré pour la faire échouer. Les amis politiques du maréchal accusaient le gouvernement; les amis du gouvernement rejetaient la faute sur le maréchal. *Mais ce qui fut surtout remarquable, c'est l'unanimité avec laquelle le sentiment public se prononça en cette occasion pour la conservation, pour l'extension de notre conquête. Il semblait que chacun de nos revers nous la rendît plus précieuse, comme il arrive de ces enfants auxquels on s'attache d'autant plus qu'on a eu plus de peine à les élever. Dans tous les partis il n'y eut qu'une voix pour représenter la prise de Constantine, quelques efforts qu'elle dût coûter, comme un devoir d'honneur, comme une nécessité pour la sécurité de notre établissement en Afrique.* »

Et, de même M. Louis Blanc :

« Loin de se décourager, l'opinion publique se déclara pour la conservation de l'Afrique avec plus de fougue et d'énergie que jamais. Toute âme française jura, dès ce moment, la prise de Constantine. Sous le coup des plus cruels revers, sous le poids des plus cruels sacrifices, l'instinct du peuple servait avec une étonnante sûreté la grandeur de la France, l'accomplissement de ses devoirs à l'égard du monde; et rien qu'à l'invincible ardeur de notre volonté il se pouvait reconnaître que c'était en vertu d'une loi véritablement providentielle que nous avions la Méditerranée à rendre française et l'Algérie à garder (1). »

Le ministère Molé avait refusé au maréchal Clauzel les secours que celui-ci avait demandés avec la plus vive insistance : il était, lui, au premier chef, coupable d'imprévoyance et d'impéritie. Personne pourtant, ni M. Thiers, ni M. Laffitte, ni M. Arago, ni M. Berryer, ne proposa de le renverser, encore moins, selon le mode carthaginois (2), de le mettre en accusation. Au nom des républicains, M. Louis Blanc, rédacteur en chef du *Bon Sens*, condamna « le parti que cherchèrent à tirer de l'événement les passions politiques de toutes parts déchaînées ». Le *National*, la *Minerve*, le *Courrier français* commentèrent le fameux passage de Montesquieu : « Ce n'est pas ordinairement la perte réelle que l'on fait dans une bataille (c'est-à-dire celle de quelques milliers d'hommes) qui est funeste à un État, mais la perte imaginaire, le découragement qui le prive des forces mêmes que la fortune lui avait laissées (3). »

Maintenu au pouvoir par le patriotique accord de la majorité et de la minorité de la Chambre, le ministère Molé commença par se leurrer d'une espérance de paix : le général de Damrémont, qui avait remplacé le maré-

(1) *Loc. cit.*, p. 172.
(2) Voir Tite-Live, XXII, 6. C'est après la bataille de Cannes et la défection des alliés : *Nec tamen eæ clades defectionesque sociorum moverunt ut pacis unquam mentio apud Romanos fieret, neque ante consulis Romæ adventum, nec postquam is rediit renovavitque memoriam acceptæ cladis. Quo in tempore ipso adeo magno animo civitas fuit, ut consuli ex tanta clade, cujus ipse causa maxima fuisset, redeunti et obviam itum frequenter ab omnibus ordinibus sit et gratiæ actæ quod de republica non desperasset : cui, si Carthaginensium ductor fuisset, nihil recusandum supplicii foret.*
(3) *Grandeur et Décadence des Romains*, ch. IV: parallèle de Carthage et de Rome.

chal Clauzel, se contenta d'organiser une modeste démonstration dans le district de Blidah, et le général Bugeaud,
commandant de la province d'Oran, conclut avec l'émir
Abd-el-Kader le traité de la Tafna. Mais aussitôt, dans la
métropole, parmi tous les patriotes, les libéraux que
menait M. Thiers, les républicains qui se groupaient autour
de M. Arago, les légitimistes qui avaient M. Berryer pour
chef, les militaires qui avaient acclamé le maréchal Clauzel
vaincu, un grand cri d'indignation éclata :

« Quoi ! s'écria M. Louis Blanc, après tant de sacrifices en
hommes et en argent, après tant d'années employées à combattre, on faisait cadeau à notre plus cruel ennemi de l'ancienne
Régence presque tout entière! Quoi ! l'on condamnait la France
à camper misérablement sur le littoral, pressée, resserrée,
étouffée entre l'ennemi et la mer! Quel revers nous avait donc
réduits à un tel acte d'humilité dans notre ambition? Le traité
qui nous dépouillait était-il le résultat forcé de quelque terrible
défaite, de quelque irréparable désastre! Étions-nous en Afrique
sans ressources, sans armée? Non, car quinze mille hommes
avaient été réunis à Oran; des dépenses considérables avaient
été déjà faites pour une campagne; une guerre à mort était
annoncée; le soldat était sûr de vaincre. Et c'était du sein des
plus formidables préparatifs qu'on faisait sortir une paix semblable (1) ! »

Au lendemain de l'effroyable retraite de Constantine,
ainsi parlait au nom des démocrates et des socialistes le
rédacteur en chef du *Bon Sens*; et tous ses amis, tous ses
alliés du moment, depuis les républicains les plus audacieux, M. Ledru-Rollin et M. Marrast, jusqu'aux dynastiques les moins suspects, M. Odilon Barrot et M. Thiers,
se joignirent aux officiers d'Afrique, les Changarnier, les
Cavaignac, les Bedeau, les Lamoricière, les Bourjolly, les
Duvivier, dans un même cri de réprobation et de colère.
Pour le général de Damrémont, il déclara très nettement
dans un rapport à M. Molé que, s'il avait accepté d'aller en
Afrique, c'était pour entreprendre une seconde expédition

---

(1) *Dix ans*, t. V, p. 237.

de Constantine, que l'honneur national commandait cette marche en avant, que la France l'attendait comme la réparation d'une injure et que, si les préparatifs pour une nouvelle campagne contre Ahmed bey ne commençaient pas sans retard, lui officier français, soldat d'Austerlitz et d'Iéna, fait colonel par Napoléon sur le champ de bataille de Lutzen, il ne resterait pas à Alger une heure de plus.

M. Molé entendit la voix de l'armée et de la nation ; dans les derniers jours du mois de septembre 1837, le corps expéditionnaire se mit en marche.

Le vendredi 13 octobre, au soir, le drapeau français flottait pour toujours sur les murs de la kasbah de Constantine.

L'ÉVACUATION DE L'INDE SOUS LOUIS XV

5 décembre 1885.

Le premier acte de la Commission des 33 (1) a été de demander aux ministères des affaires étrangères, de la guerre et de la marine, plusieurs caisses de documents imprimés et manuscrits sur l'histoire du Tonkin. On supposa d'abord qu'il s'agissait de chercher dans ces papiers les éléments d'une mise en accusation des ministres qui ont essayé de fonder dans l'Indo-Chine un empire français. Il a été affirmé qu'il n'en est rien. Si la Commission a réclamé cette bibliothèque, c'est dans le seul dessein d'arriver à une solution plus réfléchie de cette question, qui, paraît-il, exige un mûr examen : l'honneur français coulera-t-il par tous les pores ?... Quand on aura raconté une fois de plus la conquête des lointaines contrées qu'a fécondées le sang de nos soldats, quand on aura

(1) Nommée le 23 novembre par la nouvelle Chambre pour examiner les demandes de crédits présentées par le cabinet Brisson et les propositions d'évacuation du Tonkin déposées par la droite et l'extrême gauche.

résumé dans un nouveau rapport la longue série d'aventures et d'actions d'éclat qui va de la première expédition du fleuve Rouge, où cent cinquante héros et un homme de génie s'emparèrent d'un royaume, au siège de Tuyen-Quang, où cent cinquante artilleurs et un poëte arrêtèrent une invasion, — conclure à la reculade sera tout naturel ; passer par profits et pertes Garnier et Bobillot, Rivière et Courbet, ne souffrira pas de difficultés. Je crois savoir, cependant, que la Commission ne s'est pas fait remettre toutes les pièces qui sont nécessaires pour éclairer son patriotisme et sa fierté. Que lui apprendront les archives qu'elle a demandées? Que des fils de France, au lendemain de l'année terrible, ont renouvelé dans l'extrème Orient, comme cela a été proclamé à l'Académie des sciences, « les exploits des Vasco de Gama et des Cortez ». Ce n'est pas assez. Pour que le dossier soit complet, il faut y joindre le jugement de l'histoire sur les hommes qui ont fait, dans le passé, ce qu'on propose de recommencer demain. Aux liasses qui ont été remises aux 33 je propose qu'on ajoute le livre de Saint-Priest, *la Perte de l'Inde sous Louis XV* (1), et la *Vie de Dupleix*, d'après sa correspondance inédite, par M. Tibulle Hamond (2).

I

Ce qu'était Joseph-François Dupleix, ce qu'il avait fondé aux Indes et quel rêve asiatique il avait conçu pour sa patrie, c'est au biographe de son heureux rival, Clive, que nous le demanderons. Si la France avait fait pour Dupleix la centième partie de ce que Dupleix avait fait pour elle, sans doute l'éloquent aveu de Macaulay eût été entouré de plus de restrictions. Mais Louis XV fut « le roi ingrat »,

(1) *Études historiques sur le dix-huitième siècle.*
(2) 1 vol., E. Plon et Cⁱᵉ. Ouvrage accompagné de cartes.

comme dit le poète, et « le roi vil », et l'historien anglais
a pu être impunément véridique :

« Dupleix, écrit Macaulay, fut le premier à voir qu'on pouvait
fonder un empire européen sur les ruines de la monarchie
mongole. Son esprit inquiet, étendu et inventif, avait déjà formé
ce plan dans un temps où les plus habiles serviteurs de la
Compagnie anglaise n'étaient encore occupés qu'à faire des
factures et des comptes de cargaison. Dupleix ne s'était pas
uniquement proposé un but. Il avait des vues justes et précises
sur les moyens d'y arriver. Il voyait clairement que toutes les
forces que les princes indous pouvaient amener sur le champ
de bataille ne seraient pas en état de résister à un petit corps
de soldats formés à la discipline et dirigés par la tactique de
l'Occident. Il vit aussi que les indigènes de l'Inde pouvaient,
sous des chefs européens, devenir des troupes que le maréchal
de Saxe ou le grand Frédéric eussent été fiers de commander.
Il comprenait parfaitement que la manière la plus aisée et la
plus commode, pour un aventurier européen, d'arriver à gouverner dans l'Inde était de diriger les mouvements et de parler
par la bouche de quelque magnifique marionnette portant le
beau titre de nabab ou de nizam. Ce Français ingénieux et
ambitieux comprit et pratiqua le premier l'art de la guerre et
de la politique qui fut quelques années plus tard appliqué avec
tant de succès par les Anglais (1). »

Macaulay dit vrai : c'est bien par la méthode de Dupleix
que Clive et, après lui, Warren Hastings réalisèrent, au
profit de l'Angleterre, le projet grandiose que Dupleix avait
conçu pour la France. A l'honneur de l'Angleterre et pour
son bonheur, ce ne sont pas, en revanche, les procédés du
roi très chrétien qui furent imités et suivis par les ministres de Sa Majesté britannique. Comparez Dupleix et
Clive : outre que le premier est un précurseur, quelle
différence en faveur du généreux et charmant Français
qui sème ce que l'âpre Anglais récoltera ! Comparez
maintenant les deux Compagnies et les deux gouvernements : le nom de Dupleix est déjà glorieux et redouté

_____

(1) Traduction Guillaume Guizot, t. I, p. 258.

de la pointe du Carnate à Delhi, capitale du Mogol, qu'à
Paris les grands chefs le considèrent encore comme un
brouillon qui « crée des embarras » et lui adressent ces
instructions « *qui sont la base de tout* : réduire absolument
toutes les dépenses de l'Inde au moins de moitié; sus-
pendre toutes les dépenses des bâtiments et des fortifications (1) ». Dès que Clive, au contraire, ouvre seulement
la bouche sur ses desseins, aussitôt il est compris à mi-mot,
encouragé, approuvé, et tous les moyens pour agir et pour
vaincre, hommes et roupies, sont mis à sa disposition. —
Dupleix bat les Anglais dans vingt combats, s'empare de
Madras, sauve Pondichéry, triomphe de Nazir Jung, soubadhar du Deccan, donne au roi, « de la rivière Kritna
jusqu'au cap Comorin, une contrée à peu près aussi vaste
que la France », et gouverne, au nom de la Compagnie,
avec un pouvoir absolu, trente millions d'hommes : à
Paris, les Machault n'arrêtent pas de calomnier ses intentions, les Rouillé d'amoindrir ses victoires, et les traitants
qui dirigent la Compagnie, aussi ineptes que les ministres
qui servent le roi, de lui envoyer, en guise de renforts ou
même de remerciements, de plates exhortations à la paix.
Maintenant, voyez Clive : après ses premiers succès
d'Arcate et de Tritchenapali, il est l'objet, à Londres, où
il est retourné passer quelque temps, « de l'intérêt et de
l'admiration générale ». A India-House, on ne connaît le
jeune capitaine que sous le nom de général; c'est sous ce
titre (que Dupleix n'obtiendra jamais) qu'on boit à sa santé
dans les dîners des directeurs; il reçoit des épées ornées
de diamants; il est fêté partout et porté en triomphe. —
Et dans la défaite! A Londres, il n'est personne qui ne
sache que le meilleur vaisseau n'a point toujours le vent
en poupe; les inévitables revers d'une aussi colossale
entreprise ne sont que prétextes à de plus puissants efforts.
A Paris, au contraire, et à Versailles, tout le monde perd
la tête à la première difficulté, et le navire, à la première
bourrasque, est abandonné. Notez d'ailleurs, pour bien

(1) Dépêche du 18 septembre 1743.

connaître la manière française de perdre les colonies, que ce navire qu'on délaisse n'est nullement désemparé : il vient de résister à la tempête, il va rentrer dans des eaux tranquilles; c'est ce moment qu'on choisit pour capituler.

C'était avec huit cents hommes de troupes françaises, encadrant quelques milliers d'indigènes, que Dupleix, en trois années, avait conquis le Deccan, et, pour garder cette conquête, que réclamait-il de la métropole? Il demandait quinze cents soldats de renfort et qu'il ne fût plus contrecarré par de misérables intrigues dans sa magnifique entreprise (1751). Avec ces troupes fraîches et son ami Bussi, car « on ne peut voir rien de plus grand que Bussi », celui que les Indous appelaient le « demi-dieu » se faisait fort de tenir contre l'Angleterre les territoires immenses qu'il avait acquis à la Compagnie et au roi. Le revenu des cinq provinces dont il avait l'investiture dépassait 15 millions de francs; le Mogol, qui lui avait demandé la main de sa fille cadette, reconnaissait partout la domination française; seul, Méhémet-Ali, fils d'Anaverdikan, à qui les Anglais servaient des subsides, tentant un dernier effort, luttait encore avec les Mahrattes contre « le grand nabab de Pondichéry ». Jamais, depuis les exploits fabuleux des *conquistadores* du seizième siècle, entreprise plus merveilleuse n'avait été tentée avec plus d'audace, réussie en moins de temps et à moins de frais. L'Inde, l'Asie était à nous : il suffisait que la France étendît la main.

Par quelle étrange aberration le roi et la Compagnie des Indes restèrent sourds aux appels de Dupleix, alors que la jalousie et l'envie déchiraient le cœur de l'Angleterre, on ne peut l'expliquer que par la décrépitude de l'ancien régime. L'opinion, en effet, bien qu'elle eût été d'abord trompée par les déclamations haineuses de La Bourdonnais, avait été retournée par les exploits des vainqueurs d'Anaverdikan et de Nazir; elle était éblouie : Dupleix et Bussi étaient les plus populaires des héros. — Les abeilles de France ne s'étaient pas encore volontairement condamnées à ne faire de miel que pour autrui. —

Que pouvaient cependant, sous le régime du bon plaisir, la clairvoyance et l'enthousiasme de la nation? Le roi ne voulait pas, la Compagnie ne comprenait pas : la cause était entendue, le procès gagné pour l'Angleterre. En vain, dans ses dépêches et ses rapports, le gouverneur de l'Inde démontre « qu'il n'y a pas de milieu entre la conquête ou l'abandon, parce que le commerce, réduit à lui-même, ne peut être d'aucun profit à cause des entraves que les Indiens y apportent, des droits dont les marchandises se trouvent frappées et qui absorbent les bénéfices, des extorsions sans fin des radjahs, nababs, zemiadars, et surtout à cause de la nécessité d'entretenir des troupes pour la défense des comptoirs ». Le conseil des ministres répond qu'il ne veut pas que « la Compagnie devienne une puissance politique de l'Inde » (comme si toutes les conquêtes faites au nom de la Compagnie ne l'étaient pas au profit du roi et de la France!) et voici le programme des directeurs : Point de victoires, écrivent ces trafiquants imbéciles, point de conquêtes, mais beaucoup de marchandises et des augmentations de dividendes (1)! Les deux lettres du 1er février 1752, par lesquelles la Compagnie et le conseil refusent à Dupleix le renfort de quinze cents hommes, restent, même aujourd'hui, des modèles de platitude et de bassesse.

Tandis que le gouvernement français s'effrayait ainsi de sa bonne fortune, le gouvernement anglais, qui ne pensait pas « qu'il fût encore temps de borner l'étendue de ses possessions dans l'Inde (2) », redoublait au contraire d'efforts. Dans le même mois où la Compagnie française repousse les demandes de Dupleix « parce qu'elle craint toute augmentation de domaine et que son objet n'est pas de devenir une puissance de terre », la Compagnie et le gouvernement anglais font partir des forces considérables pour Madras, et Clive, qui vient de

(1) Hamond, p. 230.
(2) Expression des directeurs de la Compagnie, lettre à Dupleix, 1er février 1572.

se révéler à Tritchenapali, reçoit de Londres les remerciements et les encouragements les plus vifs. La fortune
est femme, dit-on ; elle ne l'est pas en toutes circonstances.
Suivez-la, elle ne vous fuit pas toujours ; fuyez-la, elle ne
vous suit jamais. Elle avait offert l'Inde à Louis XV ; le
roi du Parc-aux-Cerfs l'avait repoussée : elle passa aux
Anglais.

Mais, si Dupleix avait été grand dans le succès, lui et
les siens furent plus grands encore dans les revers. Les
victoires de Clive, l'insurrection du Mysore, la mort de
Tchanda-Saïb, la perte de la petite armée du Carnate, les
défections qui élèvent Méhémet-Ali au pinacle, toutes les
catastrophes qui éclatent coup sur coup à partir du funeste
printemps de 1751 et qu'il n'a pu prévenir faute d'argent
et faute d'hommes, aucun malheur ne peut abattre son
courage ni réduire sa foi. Seul, n'ayant pour aide que sa
femme, l'héroïque *princesse* Jeanne, car Bussi est avec le
Nizam dans les provinces du Nord, il ne désespère pas et
recommence sans cesse sur de nouveaux plans. On ne peut
concevoir force d'âme plus robuste au milieu d'un plus
honteux abandon. Pour garder Pondichéry, il a cent invalides ; pour secourir Tcheringham, où Lawe est assiégé
par les Anglais et les Mahrattes, « il a bien de la peine,
écrit-il le 27 avril 1752, à rassembler quarante blancs et
deux pièces de canon » ; après la perte d'Arcate et la capitulation de Tcheringham, « on n'avait pas seulement vingt
hommes à mettre en campagne (1) », et les nababs, les uns
après les autres, éprouvaient le besoin de voler au secours
de la victoire anglaise. Dupleix, cependant, ne renonce à
aucune de ses grandes ambitions.

Les plus énergiques lui représentent qu'on n'est plus
qu'une poignée de soldats : « Rien qu'en se serrant autour
d'eux, les Indiens les étoufferaient du poids de leur multitude. » Il répond que Bussi, ayant renoué l'alliance avec
le Soubadhar, va redescendre sur le Carnate. — Quelque
« paix plâtrée » permettrait de réorganiser une armée. Il

_____

(1) Hamond, p. 201

démontre que, signer une telle paix, ce serait « s'humilier pour toujours aux yeux de l'Inde, perdre le prestige et cet air de demi-dieux auquel nous devions nos victoires ». — « Tout est perdu, écrivent les directeurs de la Compagnie, si le gouverneur général ne se résigne pas à traiter avec l'Anglais et à reconnaître Méhémet-Ali. — Tout est sauvé, s'écrie Dupleix, si l'on continue la lutte. » — Il faut, disent les habiles, restreindre le théâtre de la guerre, abandonner le Deccan. « Ce serait une sottise et une lâcheté, » répond le héros, et sa femme, qui a renoué d'habiles intrigues avec tous les princes indous, l'encourage à la résistance. « Quoi ! alors qu'après de pénibles travaux on était parvenu à imposer à tant de peuples la domination française, on se retirerait d'Aurangabad, cette ville fameuse dans toute l'Inde, dont la possession jetait sur nos armes un éclat tel que dix désastres comme celui de Tcheringham ne suffi-raient pas à le ternir ! » — Et tout ce nouveau plan de campagne, que Bussi lui-même, le grand Bussi, le Kléber de l'Inde, avait jugé irréalisable, il le réalise. Avec cinq cents hommes qu'il a reçus de Bourbon, il sauve Gingi, le joyau de sa conquête. Il refait un nabab, Mortiz-Ali, dont les cipayes, bien encadrés et payés sur les débris de la fortune personnelle du gouverneur, battent Lawrence dans Tcheringham même, théâtre des récents succès de l'Anglais. La diplomatie de *Joanne-Begum* regagne les Mysoriens. Un grand convoi, escorté par l'élite des troupes ennemies, est enlevé, et toute l'escorte détruite. Méhémet-Ali, qui nous avait « crus morts », est pris d'effroi et demande à négocier. Dans une pareille lutte engagée sur tous les points à la fois, des échecs partiels sont inévita-bles ; mais aucun échec n'abat la confiance de Dupleix et les moindres combats malheureux sont immédiatement suivis d'heureux retours offensifs. Tritchenapali est la grande forteresse ennemie, le canon toujours braqué au cœur de l'Inde française : Dupleix entreprend un second blocus de l'imprenable citadelle, « et les admirables grenadiers de Lawrence y sont décimés. » Enhardi par ces victoires, il mène la guerre avec une énergie terrible.

« Afin de frapper l'imagination des Indiens et de leur
montrer que, comme un dieu, il dispose des éléments pour
châtier ses ennemis, il conçoit le projet de jeter le fléau
de l'inondation sur les États du rajah de Tanjor, le seul,
le dernier allié des Anglais. Il donne l'ordre à Mainville
de rejoindre Coilady et de rompre aussitôt la digue du
Caveri. Mainville exécuta adroitement l'opération commandée. Ce fut un déluge. Les eaux s'abattirent sur les
plaines de Tanjor, emportant les récoltes et les villages,
ne laissant que des cadavres et des ruines derrière elles.
Épouvanté, le rajah se demanda s'il devait rester fidèle à
l'alliance anglaise, qui l'exposait à tant de dangers. Il
lui sembla qu'aucune puissance humaine ne triompherait
de l'homme à qui les fleuves eux-mêmes obéissaient. Il
reçut les agents secrets du gouverneur et écouta leurs
propositions (1). »

Ainsi, en moins de dix-huit mois, Dupleix avait pris une
éclatante revanche. La métropole l'avait laissé sans ressources : il en avait créé. Le conseil royal et la Compagnie
avaient prescrit l'évacuation et la capitulation : il était
redevenu maître, par ses armes et par sa diplomatie, « des
plus grands domaines en étendue et en valeur qui eussent
jamais été possédés par des Européens ». L'audace de
Clive avait donné l'Inde à l'Angleterre ; le génie de Dupleix
la lui avait reprise. Clive, malade, était parti pour l'Europe ; l'Inde, pour la seconde fois, était à nous.

Sur ces entrefaites, trois vaisseaux de la Compagnie,
le *Duc de Bourgogne*, le *Duc d'Orléans* et le *Centaure*,
parurent le 1er août 1754 en rade de Pondichéry, appor-
tant enfin deux mille soldats de France. « C'était plus qu'il
n'en fallait pour achever de vaincre (2). » Mais ces vaisseaux et ces soldats étaient conduits par le chevalier Godeheu, l'un des directeurs de la Compagnie et commissaire
du roi, et la mission de Godeheu était de conclure la paix
avec les Anglais.

(1) Hamond, p. 276.
(2) Henri Martin, t. XV, p. 462.

II

Si les victoires de Dupleix avaient amassé contre lui des haines et des jalousies, les insuccès de Tritchenapali et de Tcheringham avaient déchaîné contre lui une universelle colère. L'opinion elle-même, qui lui avait été toujours favorable et qui devait lui revenir après sa disgrâce, s'était refroidie : Voltaire, qui dirigeait et reflétait l'opinion, ne le soutenait plus. Quant aux actionnaires de la Compagnie, ils ne se possédaient plus de fureur et de rage. Que valait l'Inde de 1750? Rien du tout (ce que vaut l'Indo-Chine d'aujourd'hui). Donc Dupleix les ruinait. Dupleix sacrifiait leurs dividendes au projet insensé d'étendre les possessions françaises jusqu'aux portes de Delhi. Au contraire de la Compagnie anglaise, qui avait compris dès le premier jour, avec un admirable bon sens, que la grandeur politique est le facteur principal de la prospérité commerciale en Orient et dans l'extrême Orient, la Compagnie française « ne voulait pas risquer un liard pour récolter des millions ». L'homme qui voulait donner à son pays l'empire de l'Inde, elle le représentait ainsi comme un proconsul avide, comme un tyran, comme un fou. « *Nous l'avions bien dit!* » fut le cri de toutes les médiocrités envieuses, de toutes les lâchetés officielles, et « le gouvernement sembla heureux de voir ses prévisions justifiées sur le peu de solidité de toute cette gloire (1) ». En vain d'Autheuil, que Dupleix avait envoyé à Paris « pour y représenter le vrai des choses et le nécessaire (2) », se débat avec énergie et sang-froid contre cette tourbe d'aboyeurs. Le roi ni les actionnaires ne veulent être éclairés. « Il eut beau s'évertuer, dit M. Hamond, raconter ce qu'il avait vu, peindre la

(1) Henri Martin, t. XV, p. 460.
(2) Octobre 1752.

lâcheté des armées indiennes, rappeler ses victoires et celles de Bussi, l'ascendant du gouverneur sur les indigènes, déclarer facile la réalisation de ses projets, en montrer les conséquences, la fortune et l'immense puissance qui en rejaillissaient sur'la Compagnie et sur la France: il dépensa son éloquence en pure perte. Son ambassade fut plus nuisible qu'utile aux intérêts de Dupleix : on y vit comme une preuve irréfragable de l'endurcissement de ce dernier ; on commença à dire qu'avec cet orgueilleux à la tête des affaires, on n'aurait jamais la paix. »

La diplomatie anglaise eût été singulièrement inhabile si elle n'avait profité d'un aussi misérable aveuglement. Le duc de Newcastle savait que le génie de Dupleix était le seul obstacle à la conquête de la suprématie de l'Inde par sa nation ; il ne posa à la paix, que Louis XV voulait à tout prix, qu'une seule condition : le rappel du gouverneur général. Duvelaer, envoyé de la Compagnie, ayant rétorqué contre Saunders, le gouverneur anglais, les accusations qu'on accumulait sur la tête de Dupleix, les ministres de George II ne s'embarrassèrent pas pour si peu. « Rappelez Dupleix, dit le duc de Newcastle ; nous rappellerons Saunders. » Le garde des sceaux Machault, dès qu'il fut informé de cette proposition (qui montre assez combien nos voisins entendaient déjà le *fair trade*), ne se tint pas de joie. « Vous pouvez déclarer, monsieur, écrit-il aussitôt à Mirepoix, que l'on ne projette ici ni d'avoir dans l'Inde des possessions plus vastes que celles de l'Angleterre, ni de s'y faire 9 millions de rente, ni de se conserver la faculté exclusive du commerce de Golconde, encore moins celui de toute la côte du Coromandel. Nous envisageons nous-mêmes ces projets comme des chimères et des visions. » Et le plat personnage signe sans retard la convention qui stipule le rappel des deux gouverneurs anglais et français. Deux commissaires, « un pour chaque nation, seront chargés d'établir les affaires sur un pied qui rendît la guerre impossible entre les deux Compagnies ».

Le commissaire français qui fut chargé de l'exécution de ces basses œuvres était un directeur de la Compagnie à qui Dupleix avait rendu d'éminents services. Il reçut par conséquent, avec joie, le 22 octobre 1753, les deux instructions suivantes :

Première instruction secrète et supplémentaire. — Il est ordonné au sieur Godeheu, commissaire de Sa Majesté et commandant général des établissements français aux Indes orientales, et en cas de décès au chevalier Godeheu, de faire arrêter le sieur Dupleix et de le faire constituer, sous bonne et sûre garde, dans tel lieu qu'il jugera convenable, et de le faire embarquer sur le premier vaisseau qui partira pour France. *Signé :* LOUIS ; *contre-signé :* ROUILLÉ.

Deuxième instruction. — Si le sieur Dupleix obéit à l'ordre de reconnaître le sieur Godeheu et de lui remettre le commandement, il sera inutile de faire usage du premier ; mais, s'il en était autrement et qu'il se prévalût de la modération avec laquelle on en use à son égard, le sieur Godeheu lui ferait alors remettre la lettre qui porte son interdiction et en ferait publier l'ordonnance. Si, contre toute apparence, le sieur Dupleix ne déférait pas à cette interdiction, le sieur Godeheu le ferait arrêter. Si le sieur Godeheu se trouvait obligé de faire arrêter le sieur Dupleix, il s'assurerait en même temps de la personne de la dame et demoiselle Dupleix pour le danger qu'il y aurait de laisser en liberté des personnes aussi immensément riches, qui pourraient tout tenter pour remettre en liberté le sieur Dupleix, et il observerait que les dames et sieur Dupleix n'eussent aucune communication les uns avec les autres. *Signé :* MACHAULT.

« Le misérable gouvernement de Louis XV, dit Macaulay, avait assassiné, directement ou indirectement, presque tous les Français qui avaient servi leur pays avec distinction dans l'Orient (1). » Dupleix est de ceux qui furent directement assassinés. En envoyant d'Autheuil à Paris, il avait pu écrire avec une juste fierté à M. de Lavalette qu'il n'avait jamais eu d'autre ambition que « l'honneur et la gloire du roi, et les avantages de la nation ». Voilà comme il en fut récompensé.

Dupleix reçut avec une fermeté admirable le coup qui le frappait au cœur. « Je ne sais qu'obéir au roi et me sou-

(1) Clive, trad. Guizot, p. 378.

mettre à tout, » dit-il à Godeheu, qui lui avait remis avec
un honteux empressement les lettres qui le révoquaient et
le rappelaient en France. Puis, devant la foule des officiers
et des fonctionnaires que l'arrivée des vaisseaux avait
réunis sur la grève de Pondichéry et qui ne comprenaient
rien à cette scène, il pria le délégué « de lui communiquer
d'autres ordres, s'il en avait encore à lui intimer, en l'assurant qu'il les recevrait avec la même constance que les
premiers ». Godeheu lui demanda alors, doucereusement,
de réunir le conseil ; il était essentiel d'y faire lire et enre-
gistrer sans retard la commission dont il était porteur.
Dupleix eut « un geste de surprise », jeta un regard de
mépris à l'ami qui avait accepté cette lâche besogne, et le
conseil, convoqué aussitôt, s'assembla le jour même. Quand
Godeheu, au milieu d'un silence glacial, eut achevé de lire
les ordres de la Compagnie et de la cour, Dupleix se leva,
et, debout, le bras tendu, d'une voix vibrante, cria :
« Vive le roi ! »

Faire en tout le contraire de ce qu'avait fait Dupleix,
telle était la consigne de Godeheu, et jamais consigne plus
inepte ne fut plus fidèlement exécutée. En vain, pendant
les deux mois qu'il passe encore sur la terre qu'il avait
faite française et qu'on va livrer à l'Angleterre, Dupleix,
contenant son ressentiment et sa douleur, essaye d'éveiller,
à force de magnanimité, quelques sentiments d'honneur
et de patriotisme dans cette âme vile. Plus Dupleix se
montre désintéressé, généreux, préoccupé seulement,
dans son désastre personnel, de sauver « le bien du roi et
de la nation », plus Godeheu redouble de méchanceté, de
plate insolence et de bassesse. Dupleix, dans une lettre
admirable, ordonne à Bussi, qui, désespéré, indigné, voulait tout abandonner et partir avec lui, de rester dans le
Deccan ; Godeheu destitue Mainville, qui était à la veille
de s'emparer de Tritchenapali, et le remplace par Massin,
qui se laisse battre par Lawrence et lève le siège de la
citadelle. — Dupleix exhorte ses amis et les nababs qu'il a
ralliés à la cause française à continuer avec le nouveau
gouverneur la lutte qu'ils ont commencée avec lui ; Godeheu

impuissant à salir la réputation de son prédécesseur, fait
tous ses efforts pour le ruiner, et il y réussit en séques-
trant les revenus destinés à le rembourser de ses avances.
— Dupleix remontre à Godeheu que traiter sur les bases
arrêtées à Paris serait funeste et déshonorant : « Qu'au
lendemain du désastre de Tcheringham on eût subi de
telles conditions, on eût pu le comprendre. Mais aujour-
d'hui, alors que les affaires étaient relevées, cela passait
l'imagination. Quoi ! la France offrait légèrement, sans y
être contrainte, de renoncer au rôle de puissance politique
dans la Péninsule, de se reléguer dans une occupation
purement commerciale, de paraître enfin comme une esclave
de l'Angleterre sur ce sol où elle avait exercé sa domination ! Jamais les Anglais, après les plus grandes victoires,
n'auraient osé tant espérer, et ces propositions, on les leur
faisait au moment même où ils venaient d'être défaits, au
moment même où un renfort de deux mille soldats arrivait
à Pondichéry ! On n'y gagnerait même pas la prospérité
du commerce. Pourrions-nous trafiquer alors que les
Anglais seraient les maîtres de l'Inde? On ne comprenait
donc pas en France la puissance que la possession de l'Inde
donnerait à la nation? La ténacité des Anglais, leur ardeur
à nous disputer l'empire de ces vastes contrées n'éclaire-
raient donc pas le ministère et les directeurs? » Impatienté
de ces avertissements, agacé de cette grandeur d'âme,
Godeheu suit les ordres secrets du ministre, et, le 10 octobre,
fait embarquer Dupleix et sa femme à bord du *Duc d'Orléans.*

Dès que le pavillon du vaisseau qui emportait Dupleix
eut disparu à l'horizon, Godeheu respira : il était seul
enfin, sans ce témoin gênant en qui vivait l'âme de la
patrie ; il pouvait signer la paix qui sacrifiait l'Inde !
Dupleix avait assis notre empire sur les titres indiens
qu'il avait fait octroyer à nos agents et sur les prérogatives
qu'il y avait attachées : l'article 1er stipulait que les deux
Compagnies renonceraient à jamais à toute dignité indigène (les Anglais n'en avaient aucune) et ne se mêleraient
jamais dans les différends qui pourraient survenir entre les

princes de la Péninsule. Dupleix avait conquis le Carnate :
le Carnate était donné à Méhémet-Ali, protégé anglais.
Bussi avait fait des *Circars* d'Orissa une terre française :
l'article 3 du traité, qui prétendait donner à chaque
nation des possessions équivalentes sur la côte de Coromandel, nous enlevait ces provinces arrosées du sang
de nos soldats. Les villes de Masulipatam et de Diory
étaient l'une et l'autre françaises : elles devenaient indi-
vises entre les deux puissances. Les Anglais n'avaient
qu'un allié, le radjah de Tanjor, qui gagnait le Carnate à
la convention ; la France avait vingt alliés, Mysore, les
Mahrattes, le Soubab du Deccan, qui perdaient au traité
des provinces comme le Travancore ou des villes comme
Tritchenapali. Les Anglais ne cédaient rien; la France
cédait un empire.

Henri Martin, historien calme et réfléchi, racontant ce
traité, résume son jugement en ces termes : « Il n'y a pas
d'exemple, dans l'histoire moderne, d'une nation trahie à
ce point par son gouvernement : c'est l'idéal de l'ignomi-
nie ; il faut, pour trouver quelque chose de semblable,
remonter jusqu'à ces lâches rois d'Orient qui se précipi-
taient à bas de leurs trônes sur un geste des proconsuls
romains (1). »

Deux ans après, sur un prétexte quelconque, Clive par-
tait en guerre contre Suradjah Dowlah et mettait la main
sur le Bengale. L'Inde, que nous avions abandonnée, était
aux Anglais...

(1) T. XV, p. 464.

POLITIQUE EXTERIEURE

LA RÉACTION CLÉRICALE EN BELGIQUE.

LA RÉACTION CLÉRICALE EN BELGIQUE

25 octobre 1884.

« La domination cléricale en Belgique, écrit un journal d'Anvers, aura été moins longue et moins difficile à secouer que ne le fut jadis la domination espagnole sur les Pays-Bas. » Il ne faut rien exagérer et il faut se défier des parallèles; il est certain cependant qu'après les élections sénatoriales où les libéraux avaient repris Bruxelles, voici qu'aux élections pour le renouvellement des conseils communaux les catholiques ont été battus non seulement dans les villes où ils avaient l'habitude d'être vaincus, mais dans celles qu'ils se flattaient d'avoir conquises, dans de nombreux bourgs et villages qu'ils avaient longtemps considérés comme des fiefs. Depuis 1857, jamais le corps électoral ne s'était prononcé, malgré l'extrême abus de la candidature officielle, avec une pareille force.

Dans l'histoire de cette grande lutte qui remplit les temps modernes, celle du progrès par l'instruction contre 'lEglise, la victoire des catholiques en Belgique n'avait pas été, comme tout le monde l'a compris, un incident de

14

médiocre importance. Or, si le pouvoir n'est pas encore
à la veille de revenir aux libéraux, il est certain cependant
que la marche ascendante des vainqueurs du 10 juin est
arrêtée et désormais enrayée. Et comment arrêtée? pourquoi enrayée? — Parce que les vaincus de la veille ont
renoué le faisceau qu'ils avaient eu l'imprudence coupable de relâcher? Parce que la justice de leur cause et
la justesse de leurs idées ont apparu sous une plus vive
lumière? — Oui, sans doute; mais la raison principale
est ailleurs, raison capitale et dont, pour l'honneur de
nos voisins, on ne saurait se féliciter trop haut : si les
catholiques ont triomphé des libéraux le 10 juin, c'est
qu'ils combattaient sous le masque. Si la Belgique, dans
un vigoureux élan, répudie le parti noir, c'est que les cléricaux, dans l'orgueil de leur succès, ont montré leur
visage à découvert.

I

S'il est vrai que la stratégie politique n'est pas moins
intéressante que la stratégie militaire, la campagne électorale qui a abouti, le 10 juin dernier, à l'écrasement des
libéraux belges dans vingt collèges mérite de rester célèbre et d'être étudiée avec soin. Évidemment, pour les
chefs des deux partis, le véritable, l'unique objet de la
lutte, c'était la loi scolaire, la loi du 1er juillet 1879, sur
l'instruction primaire, qui avait fait de l'État le grand
éducateur de la nation, — la loi de malheur, selon l'Église,
la loi athée, la loi scélérate. Pour la gloire de « la
cause », de la religion persécutée, il semblait que les cléricaux dussent faire de l'abrogation de la loi leur mot
d'ordre et leur plate-forme. Un parti qui a le sentiment
de sa dignité met-il jamais son drapeau dans sa poche,
surtout quand ce drapeau est une bannière bénie? Mais
quoi! les temps sont durs; l'esprit du siècle est pratique;

l'essentiel dans la bataille, quelle qu'elle soit, n'est-ce pas
de la gagner? En arborant contre le drapeau bleu des
libéraux le drapeau noir des ignorantins, on allait à une
défaite certaine. En glissant sur les intérêts sacrés pour
appuyer sur les intérêts matériels, la victoire, au contraire,
était probable. On n'hésita pas : le pavillon profane a
couvert la sainte cause sous ses plis, et le cri de guerre ne
fut pas comme au temps héroïque des croisades : *Dieu
le veut !* — ce fut : « A bas les impôts ! »

On l'a contesté à tort : cette substitution d'un programme hypocrite à un programme imprudent a été une
ruse de bonne guerre. Les *indépendants* et les catholiques
étaient dans leur droit, comme le seront, quand ils ten-
teront aux prochaines élections la même manœuvre, nos
bonapartistes et nos cléricaux. C'était aux électeurs libéraux à découvrir la piperie ; s'ils ont été surpris et pris, la
faute en est à eux. Non seulement les chefs éclairés et
perspicaces du parti les avaient avertis ; mais encore,
malgré la discipline ecclésiastique, malgré les instructions
d'un pontife qui, pour avoir été nonce à Bruxelles, connaît
bien la Belgique, nombre de cléricaux, plus fiers et plus
dignes, avaient laissé percer le bout de l'oreille. Le parti
catholique belge, comme le parti clérical français, n'est pas
composé seulement d'*habiles :* il compte aussi des voltigeurs,
des chevau-légers, des enfants terribles, et les enfants
terribles disent tout, les chevau-légers ne se résignent pas
longtemps à cacher sous une redingote à la financière leur
costume chamarré. « L'heure nous semble venue, disaient
les habiles d'un ton bénin, de mettre fin aux hostilités
scolaires et d'apporter à la loi de 1879 des modifications
qui, sauvegardant la liberté de conscience et l'indépendance du pouvoir civil, soient de nature à satisfaire au
vœu des pères de famille, tout en allégeant des charges
dont l'exagération ruine et exaspère les contribua-
bles (1). » Mais M. Reynaert éventait la mèche à Courtrai:
« Nous déchirerons la loi de 1879 et nous en jetterons les

(1) Manifeste des candidats clérico-indépendants de Bruxelles.

lambeaux aux quatre vents du ciel (1). » Or les véritables desseins du parti, c'était évidemment M. Reynaert et ses congénères qui les annonçaient, et non M. Slingeneyer et ses amis qu'on appelait les candidats du *Sac*.

Ainsi, c'est sous le masque, et précisément sous le même dont nos réactionnaires se sont déjà affublés, que les cléricaux belges ont livré bataille et qu'ils ont vaincu. Quand la bouche disait : *Déficit !* le regard disait : *Abrogation de la loi scolaire.*

Certes, à la dernière heure, les chefs de la gauche ont refait un pacte d'union et les avertissements ont été prodigués à la masse électorale. Mais les appels de la dernière heure ne parviennent jamais aux oreilles qu'après le combat. Quand l'*Association libérale* poussa ce cri désespéré : « Le pays est menacé d'un recul de plus de quarante années ! » les bulletins de vote, les bulletins qui étaient l'arrêt de mort, ici conscient, là inconscient, de la loi scolaire, tombaient déjà dans l'urne; il était trop tard pour les reprendre, et l'avare Achéron ne rendit pas sa proie.

Ce ne fut pas seulement une défaite; ce fut un désastre, « un écrasement, dit le *Bien public* de Gand, une marmelade ». Bruxelles, depuis 1830, n'avait élu que des libéraux : Bruxelles n'eut plus un seul représentant libéral à la Chambre. La majorité libérale dans la Chambre précédente avait été de vingt voix : la majorité catholique fut de trente-trois dans la nouvelle Assemblée. « Toutes nos espérances, écrivit l'*Indépendance*, sont anéanties... Nous ne sommes plus en 1884; nous sommes en 1842, heureux encore si nous avions le ministère Nothomb ! »

Le lendemain inévitable et logique des élections du 10 juin, c'était en effet le ministère Malou — bien pis que le gouvernement des curés au 16 mai : le gouvernement des jésuites et des ignorantins.

_____

(1) Discours du 26 mai 1884.

II

Le scrutin est fermé; que font les vainqueurs?

Le parti clérical a préparé son triomphe avec une dexté-
rité et une prudence admirables : le voici rentré aux
affaires; le voici, comme il en a l'orgueilleuse conscience,
maître du pays. Comment va-t-il profiter de sa victoire?
S'il se contente d'en user, comme les habiles, les
civilistes, lui en donnent le conseil, « s'il ne jette pas à la
foule le cri païen de *Væ victis!* » (1), il a devant lui un long
avenir : que les catholiques soient modérés, et ils en ont
pour dix ans et plus. Si, au contraire, M. Malou et ses
amis abusent du succès, s'ils imaginent que leur victorieuse surprise leur permet de piétiner les vaincus, alors
leur insolence fera plus pour la revanche prochaine du
parti libéral que tous les efforts de leurs adversaires
réunis.

Un ministère de transaction et de pacification, un gouvernement catholique sans être clérical, une administration tout ensemble laïque et respectueuse de l'Église, voilà
la promesse solennelle qu'on avait faite aux électeurs. Le
roi Léopold a-t-il vraiment, comme on l'a affirmé, donné
à l'homme d'État, que son devoir de souverain constitutionnel était d'appeler, le conseil de montrer dans la bonne
fortune beaucoup de sagesse? M. Malou eut-il d'abord le
désir et l'intention très politique de substituer à la fameuse
formule : « Tout par et pour le clergé », la devise plus
discrète et moins provoquante : « Tout par et pour la
liberté »? On affirme que le roi a tenu ce langage; mais
il est encore plus certain que ces conseils, s'ils ont été
donnés, n'ont pas été suivis, et que ces intentions, si elles
ont été formées, sont allées rejoindre celles qui pavent

(1) *Journal de Bruxelles*, 12 juin.

l'Enfer. M. Malou pouvait, sans trop de peine, constituer un ministère d'apaisement : le 16 juin, ce fut un ministère de combat qui parut au *Moniteur*. M. Malou pouvait être, non sans honneur, le chef d'un « gouvernement de tout le monde » : le 16 juin, qu'il l'ait voulu ou qu'il y ait été contraint par ses lieutenants, il était le chef d'un gouvernement de sectaires. Le ministère de 1878, qui venait de succomber, avait été le cabinet de la défense nationale contre l'ultramontanisme : le ministère de 1884 fut, tout de suite, le cabinet de l'offensive épiscopale. Le seul chef relativement modéré du parti clérical, bien qu'il ait été président des cercles catholiques, M. Beernaert, est relégué dans un ministère non politique : celui de l'agriculture, de l'industrie et des travaux publics. A la tête de tous les départements politiques M. Malou place des fanatiques et des mystiques patentés. « J'ai choisi pour collègues, dira-t-il lui-même, les hommes que j'ai supposés devoir être les athlètes les plus vigoureux (1). » Troupe d'athlètes, en effet. A la justice et aux cultes, M. Wœste, protestant converti qui a gardé dans l'âge mûr les ardeurs et les exaltations du néophyte; à l'intérieur, M. Jacobs, ancien élève des jésuites de Vaugirard, jésuite de robe courte, un des grands dignitaires laïques de la Société; aux affaires étrangères, le chevalier de Moreau, conducteur en chef de toutes les processions de Namur. Par un dernier scrupule, M. Jules Vandenpeereboom, moine en habit noir, exalté qui a failli entrer dans les ordres, ne reçoit que le portefeuille des chemins de fer, postes et télégraphes; mais le général Pontus, clérical endurci, est ministre de la guerre, et tous les sous-ordres, appelés à doubler les chefs de poste, sortent de la même sacristie.

Les seuls noms des ministres qui remplacent MM. Frère, Bara, Rolin-Jacquemyns et Graux sont une déclaration de guerre, la plus franche, la plus brutale qu'on puisse souhaiter. Pourtant, elle ne paraît pas assez nette aux vainqueurs grisés par leur victoire. En même temps que

---

(1) Chambre des représentants, séance du 6 août 1884.

leurs noms, le *Moniteur* publie un arrêté royal qui, purement et simplement, pour bien marquer le caractère de la
réaction, supprime le ministère de l'instruction publique.
M. Van Humbeeck n'aura pas de successeur; ses attributions, transférées au ministère de l'intérieur, « formeront
une direction générale ». M. Wœste, au cours de la période
électorale, avait dit une parole affreuse : « Les instituteurs
officiels (ou laïques), qu'ils s'en aillent ! » Ils s'en iront ;
l'arrêté du 16 juin est leur congé. Dans ce siècle d'indifférence et de scepticisme, on ne peut plus rallumer
les bûchers : on se rattrapera en éteignant les lumières.
« Le ministère Malou, dit l'*Indépendance*, c'est le ministère de l'ignorance nationale. »

Ainsi, dès le premier jour, tombent tous les masques.
Ce sont les habiles, les *civilistes* qui ont préparé le triomphe ;
ce sont les intransigeants qui vont l'exploiter, les ultra-
montains et les jésuites qui vont moissonner la récolte ;
de toutes parts ils débordent et, dans le flot clérical, les
Seize, les « indépendants », sont submergés. Le souci des
habiles était d'éviter toute exagération qui pût compromettre la durée du pouvoir surpris : les évêques, qui
l'emportent sur eux, et les ministres, qui sont sous la
crosse des évêques, ont pour programme, pour mission
sacrée, ce que le *Courrier de Bruxelles* appelle avec une
louable franchise « l'usage viril, courageux et chrétien de
la victoire ». — « Que Dieu, dans sa miséricorde, écrit
en son jargon l'*Ami de l'ordre*, daigne accorder à ceux
des nôtres qui vont être appelés à gouverner le pays les
dons du Saint-Esprit, et surtout ceux dont l'expérience du
passé a montré combien il est funeste de ne pas les avoir
ou de les dédaigner. » Si ces dons surnaturels, que le ministère des « six Malou » avait autrefois dédaignés, sont
l'intolérance grossière, le mépris du droit, la persécution
mesquine, la provocation maladroite et l'insolence sans
limites, le vœu de l'*Ami de l'ordre* a été exaucé. Aucun
de ces dons n'a été refusé au ministère du 16 juin. Le
temps de la théocratie était bien revenu.

Une brutalité par jour. Il semble vraiment que le *Pater*

noster de M. Malou et de ses collègues ait été ainsi modifié : « Donnez-nous notre vengeance quotidienne. » Même
pour l'étranger, qui assiste avec plus de sang-froid que
les intéressés à ce spectacle, même pour ceux des nôtres
qui ont vu de près les ministères du 24 mai et du 16 mai, la
violence des procédés qu'emploie le ministère Malou
est un sujet d'étonnement et de scandale. Premier jour :
suppression du ministère de l'instruction publique.
Deuxième jour : dissolution du Sénat. Troisième jour :
circulaire Wœste-Jacobs sur les commissaires spéciaux.
Quatrième jour : révocation des gouverneurs libéraux.
Et ainsi de suite. La Chambre des représentants et
le nouveau Sénat sont à peine réunis que l'invraisemblable
chevalier de Moreau, sur la mise en demeure officielle de
la Curie et sans attendre le vote du budget, dépose un
crédit pour l'envoi d'un ministre auprès du Vatican.
Belgia pœnitens. « Le retour de la droite au pouvoir, dit
le ministre des affaires étrangères, laissait le maintien du
statu quo impossible. Nous devions rétablir la légation,
laissant d'autre part les choses en l'état. Que le Saint-Père
reçoive ici nos remerciements d'avoir adopté cette solution (1) ! » Puis, sans tarder davantage, la grosse affaire,
le don de joyeux avènement offert à l'Église souveraine :
la loi organique de l'enseignement clérical, aussi complète,
aussi intolérante que le permet « le malheur des temps ».
Amender, dans le sens qu'avaient indiqué les indépendants,
la loi de 1879, ne serait pas faire un usage « chrétien » de la
victoire : cette loi est *inamendable*, dit le *Courrier;* cette
loi est une *baraque*, avait dit M. Malou au Bois-Sauvage.
Or M. Jacobs, l'homme du *Courrier*, n'est ministre que
pour détruire la *baraque* de fond en comble. « Ce que nous
avons voulu empêcher, dit-il dans l'apologie de son projet,

(1) Chambre des représentants, séance du 6 août. « On était mis
en demeure par la Curie, avait dit M. Frère. La dépêche dans laquelle
la mise en demeure est formulée parle de la satisfaction qu'a éprouvée
le Souverain Pontife des élections en Belgique. Il n'est ni convenable
ni habile qu'un prince étranger se mette ainsi à la tête d'un parti
politique d'un autre pays. »

c'est qu'il n'y eût que des écoles neutres. Il est certain en effet que l'école confessionnelle, l'école qui a une âme, vaut mieux que l'école neutre ; celle-ci ne se justifie que par le respect des minorités... Sous l'empire de la loi de 1842, le plus grand nombre des écoles primaires en Belgique ont été des écoles confessionnelles. Que le prosélytisme et la propagande vis-à-vis d'enfants d'une religion dissidente peuvent se faire hors de l'école, nous le proclamons bien haut; mais, en respectant les droits des dissidents, nous désirons qu'il y ait dans l'école aussi peu de neutralité que possible, le plus que possible de principes, car ceux-ci font l'âme, la vie des écoles. Il y a des idées générales qui ne peuvent froisser personne. On peut parler du Christ, du sacrement de la pénitence, des peines éternelles, sans que personne ait à s'en offusquer (1)... » Le projet est naturellement présenté sous le couvert « de la liberté complète de l'enseignement, des droits du père de famille et de l'autonomie communale ».

L'Etat abdiquant tous ses droits et devoirs d'éducateur entre les mains des communes et des congrégations, l'enseignement communal désarmé dans sa lutte contre la concurrence privilégiée des petits-frères, une inspection dérisoire, la répartition des subsides abandonnée à la faveur, l'école large ouverte au curé, la morale bannie des programmes sous prétexte « qu'elle se rattache à la religion », la conscience des dissidents systématiquement offensée, les instituteurs exonérés de l'obligation du brevet, — « acheminement, dit M. Willequet (2), à la formation d'une génération de crétins », — les instituteurs communaux livrés pieds et poings liés au clergé, les municipalités invitées à remplacer — M. Frère dit en bon français : à chasser (3) — ces malheureux dans un délai de quelques semaines, voilà le projet de désorganisation scolaire qui est le chef-d'œuvre de M. Jacobs et que ratifient, malgré

(1) Chambre des représentants, séance du 16 août.
(2) Séance du 23 août.
(3) Séance du 22 août.

les efforts désespérés de l'opposition, les majorités dociles des deux Chambres (1).

Mais si cette loi, « honte de la Belgique (2) », est odieuse par elle-même, l'application qu'en ordonne le ministre de l'intérieur la rend cent fois plus détestable encore. Pendant que le projet était en discussion devant les Chambres, M. Jacobs n'a pu que retirer aux établissements d'enseignement moyen les allocations qui leur avaient été promises et combler de faveurs sonnantes les petits-frères accourus au butin. Le projet voté, il commence aussitôt avec une véritable rage la chasse aux instituteurs et la destruction des écoles et gymnases. Supprimé le collège royal de Thuin; supprimés les athénées royaux d'Ypres, de Bouillon, de Dinant, de Virton, de vingt autres lieux;

(1) « Votre loi est une loi de haine contre les instituteurs... Ce sont des foyers de lumière qu'on veut éteindre. Ainsi procède ce qu'on appelle maintenant en Belgique un ministère de l'instruction publique... La loi de 1879, dit-on, n'a pas été voulue par le pays. Je réponds : Le pays l'a voulue quand il a renversé les catholiques du pouvoir, il l'a approuvée aux élections de 1880 et 1882. C'est parce que le clergé a maudit la loi de 1879 que vous la renversez. Votre loi sera maudite : elle le sera par tous ceux qui ont souci de l'enseignement du peuple et de la grandeur du pays. » (Discours de M. Frère-Orban, ancien président du conseil.) « On verra tant d'attentats contre la liberté de conscience que votre projet succombera sous l'indignation publique. Vous renversez tout notre enseignement public pour lui substituer un système qui n'est qu'un rêve de couvent, le produit des hystéries de quelques mystiques. » (Discours de M. Bara, ancien ministre de la justice.) « Pour châtier les instituteurs et les institutrices, vous avez fixé le délai dans lequel l'État contribuera au traitement d'attente; c'est une manière de dire aux communes: Faites vite, changez-moi ces gens-là. » (Discours de M. de Kerkhove). « Le régime qu'on veut inaugurer, c'est celui de l'ignorance généralisée. » (Discours de M. Willequet.) Un inspecteur visitant une école constatait qu'elle était à moitié vide: l'instituteur lui explique que le bourgmestre venait de sortir, emmenant la moitié des élèves pour sarcler son lin. « Ah! c'est comme cela, dit l'échevin qui accompagnait l'instituteur, eh bien, venez, vous autres, pour sarcler le mien. » Et il acheva de vider l'école. Voilà ce qu'on verra se généraliser avec l'omnipotence de la commune. » (Discours de M. Houzeau.) Etc., etc. Voir encore le discours de M. Graux au Sénat, l'un des plus remarquables de ce grand débat.

(2) Discours de M. Frère.

supprimées, dans 216 communes, plus de 600 écoles. Dans le seul arrondissement d'Anvers, qui compte 59 communes, 53 écoles sont fermées et 200 instituteurs mis sur le pavé. Les journaux ne sont plus qu'un long nécrologue d'établissements scolaires. Au 15 octobre, plus de 1500 instituteurs et institutrices avaient été jetés à la porte de leurs écoles, plongés dans une misère noire : ceux-ci sans compensation d'aucune sorte, comme l'instituteur de Robelmont révoqué après quinze années de loyaux services parce qu'il était marié civilement; ceux-là avec des indemnités dérisoires, désespérés au spectacle de leur vie brisée, mourant de douleur à la porte de leurs classes fermées, comme l'instituteur de Lichtaërt (1). Aux institutrices des écoles normales l'ordre de mise en disponibilité est signifié directement par le ministre et n'est accompagné d'aucun remerciement; leur traitement d'attente est supprimé. En même temps l'importation des congréganistes des deux sexes est organisée avec une activité sans pareille; on ne lit dans les gazettes que des annonces de ce genre : « 32 congréganistes français sont arrivés hier (29 septembre) par Athus; 44 petits-frères sont arrivés à Namur; 66 petits-frères sont arrivés à Arlon. » Et partout, dans les bourgs comme dans les villages, c'est le curé désormais qui parle en maître, à moins que quelque moine, en résidence ou de passage, ne commande à tout le monde, à commencer par le curé. Dans les communes où subsistent des écoles neutres, les fonctionnaires qui n'envoient pas leurs enfants à l'école confessionnelle sont inscrits sur une liste de suspects, persécutés, traqués, révoqués. Au village de ***, raconte l'*Indépendance*, le curé aborde le facteur de la poste et d'un ton de commandement: « Ah! çà, dites donc, j'espère bien que vous allez retirer votre moutard de l'école communale, parce que, vous savez, maintenant *nous sommes les maîtres*. » Les prêtres qui ont plus de souci de la reli-

(1) *Indépendance belge* du 10 octobre 1884 ; ce fait navrant a été confirmé par tous les journaux libéraux.

gion que de la politique (et ils sont encore nombreux), les âmes vraiment pieuses se désolent de ces excès d'orgueil : on les traite à leur tour de suspects. Les processions perdent le caractère sacré qui touchait naguère les moins croyants : elles ne sont plus que des provocations politiques, des occasions pour les représentants de la nouvelle administration de s'incliner très bas, en public, devant le clergé, de faire leur cour aux moindres sacristains, de proclamer par leur attitude et leurs discours que l'État est redevenu, comme au bon temps, l'humble domestique de l'Église.

Servilité sans bornes devant le clergé ; insolence sans bornes envers tout ce qui est libéral. « Nous sommes les maîtres, dit M. Nothomb ; nous avons le pays derrière nous, et vous vous inclinerez (1). » — « Nous montrerons aux libéraux que nous sommes les plus forts, dit l'organe le plus modéré des catholiques ; nous montrerons que nous sommes les maîtres (2). » — C'est l'affirmation de la force et de la politique brutale, sans entrailles et sans oreilles. « Au parlement, dit l'*Indépendance,* on voit les chefs du parti, en proie à l'ivresse du portefeuille, affecter des allures dédaigneuses, prendre à tout propos un ton cassant, répondre aux questions les plus simples avec une impertinence et des airs de grand seigneur. M. Tartuffe n'est pas plus hautain quand il invite l'exempt à le délivrer de la criaillerie. Chaque mot les montre beaucoup plus préoccupés de faire pièce à la gauche, de railler leurs adversaires, d'assouvir les haines accumulées dans l'opposition, que de remplir leur mission d'hommes d'État, de sauvegarder les intérêts du pays, voire les véritables intérêts de leur propre parti. » Il a fallu à la gauche tout son courage et toute son énergie pour que le débat sur la loi scolaire ne fût pas étouffé. « On parle de réfléchir, disait M. Jacobs dans la séance du 11 août ; on le pourra pendant

_____

(1) Chambre des représentants, séance du 30 août.
(2) Article cité par M. Graux dans son discours du 5 septembre au Sénat.

tout le temps de la discussion. La question de principe a été souvent débattue, et la gauche nous demande le temps de la réflexion ! » Sur quoi, l'un des mamelucks du cabinet, M. de Decker : « C'est se *ficher* de nous ! »

En dehors des Chambres, comme on l'a déjà montré, le même spectacle où la taquinerie alterne avec la violence. M. Laurent, le savant professeur de droit à l'Université de Gand, un des hommes qui sont l'honneur de la Belgique, avait été chargé par M. Bara de préparer un avant-projet de revision du code civil ; M. Laurent est suspect de libéralisme : M. Wœste, le nouveau ministre de la justice, invite M. Laurent à ne pas continuer son travail. — M. Vandenpeereboom, ministre des chemins de fer, met à l'étude la question du repos dominical pour ses employés. M. Wœste, ministre de la justice, rédige deux longues circulaires sur le tarif des honoraires de messe. Le général Pontus, ministre de la guerre, interdit aux officiers de faire partie de la franc-maçonnerie, dont la moitié des souverains d'Europe sont dignitaires. M. de Moreau, ministre des affaires étrangères, exprime le vœu (qu'il doit d'ailleurs, quelques jours après, rétracter ou désavouer d'une façon assez piteuse) que « la France imite l'exemple de la Belgique et fasse retour aux véritables principes sociaux ». Au lendemain de la grande bagarre provoquée par la manifestation catholique du 7 septembre, toutes les feuilles ministérielles invitent la province à mettre la capitale en état de blocus, à ne faire désormais à Bruxelles « ni achat ni excursion ». C'est dans les cités bien pensantes, chez les seuls pharmaciens orthodoxes qu'il faut se pourvoir, au prix modeste de 4 fr. 50, des « scapulaires anticholériques de l'abbé Gibelin, bénits par N. S.-P. le pape ». — Le français est la langue des villes, donc, par excellence, des libéraux : M. Jacobs invite les fonctionnaires, dans toutes les provinces sans exception, à rédiger désormais toutes leurs communications en français et en flamand. Deux députés de Bruxelles s'étant imaginés de prêter serment en flamand, la presse officielle célébra cette « manifestation nationale ». Enfin, dans l'excitation

15

furibonde à la haine des campagnes contre les villes, l'antique vocable espagnol est remis à la mode ; les libéraux, qui ne s'en plaignent pas, redeviennent les *gueux ;* le 7 septembre, les pèlerins qui descendirent sur Bruxelles chantaient ce quatrain : « Gueux et gueuses, — osez bouger ; — alors les paysans — vous cloueront le bec. »

III

L'épreuve la plus difficile pour les partis, pour ceux-là mêmes dont les principes sont entre tous généreux et populaires, c'est le succès persistant, l'usage prolongé du pouvoir : insensiblement — l'histoire du parti libéral en Belgique l'a démontré une fois de plus, — les liens de la discipline se relâchent, les chefs perdent la vue nette des choses, l'excès de confiance amène des imprudences et des fautes. A ce moment, un peu de mauvaise fortune est salutaire. Dans la défaite — et c'est encore l'histoire des libéraux belges, — on comprend les erreurs commises, on rentre en communication avec le pays ; l'union sur les grandes questions urgentes succède à la division sur les petites affaires prématurées.

Que la victoire cléricale aux élections du 10 juin ait été une surprise, due surtout à une ruse de guerre, rien n'est plus certain ; que tout le parti libéral ait sa part de responsabilité dans le désastre, on ne saurait le contester. Ni la majorité qui suivait M. Frère-Orban dans les deux Chambres, ni la jeune gauche que conduisait M. Janson, ni le ministère, ni l'Association n'avaient été exempts de reproches. Ceux-ci par une attitude doctrinaire qui agaçait, ceux-là par une précipitation réformiste qui alarmait, avaient presque également compromis la grande œuvre, déjà assez laborieuse par elle-même, de la loi scolaire. Puis, ni la rupture diplomatique avec le Vatican, ni les nouveaux impôts que le gaspillage du précédent ministère clérical, non moins que la loi de 1879, avait rendus indispensables, n'avaient été clairement expliqués au pays. Sur toute la politique libérale planait un doute. Nombre de citoyens, qui n'appartenaient pas au parti catholique, purent juger qu'un avertissement était devenu nécessaire.

Le grave danger de la « politique des avertissements électoraux » est qu'on n'en peut jamais régler la portée. On veut signifier à M. Frère qu'il penche trop à gauche, et on le renverse au profit de la droite extrême. Alors, sans doute, le parti averti et culbuté peut rapprendre à la rude école de l'opposition tout ce qu'il avait désappris au pouvoir; mais l'ennemi règne en maître, et, si la leçon est bonne, elle est encore plus coûteuse.

Expérience cruelle, épreuve où ont failli sombrer les conquêtes du parti libéral! Il faudrait raconter maintenant comment ce parti, par sa vaillance et sa fermeté depuis le mois de juin, a travaillé à racheter ses erreurs passées. D'autres, moins fortement trempés, auraient perdu courage devant ce désastre sans exemple; l'Association libérale s'est remise à l'œuvre, le jour même, pour préparer la revanche et disputer pied à pied ce qui lui restait de terrain. Les ministres de la veille, à la Chambre des représentants et au Sénat, les députés de la veille, dans les réunions publiques, les municipalités des grandes villes, la phalange des journaux, les ligues et comités de province, tous ont donné, tous ont lutté avec la même ardeur, avec la même ténacité supérieure aux plus cruelles défaites, avec la même foi invincible dans la bonté de la cause et dans le verdict prochain du corps électoral mieux éclairé. Et ceci surtout, dans cette lutte, est digne d'éloge, vraiment touchant : ce n'est pas pour le pouvoir qu'ils combattent, c'est pour la défense de l'école et de l'instituteur. Évidemment, un grand parti ne perd pas le pouvoir sans amertume; évidemment, il aspire toujours à reprendre le fardeau des affaires; mais ici, la question des portefeuilles est tout à fait secondaire : « Soyez ministres pendant trois ans, pendant cinq ans ; mais que l'école ne soit pas l'enjeu de la partie perdue, l'école qui est l'avenir même de la Belgique. » Devant le projet de loi qui livre l'enseignement primaire aux mains du clergé et des congrégations, à la pensée de ce recul dans les ténèbres, l'indignation est vive; mais c'est la douleur qui éclate d'abord, douleur mêlée de remords chez quelques-uns, d'autant plus sincère et émouvante, vraiment glorieuse pour tous ceux qui l'ont ressentie et exprimée.

« Sire, dit M. Lippens au nom de la Fédération libérale, l'instruction du peuple est pour l'État un devoir consacré par la Constitution. Elle n'intéresse pas seulement le développement des communes, elle est indispensable à la prospérité de l'ensemble du pays et doit en conséquence être dirigée par l'État. Le développement tout entier de la richesse nationale, l'avenir du commerce et de l'industrie, seraient entravés si l'ignorance des uns devait paralyser l'effet de l'instruction des autres... Notre jeune nationalité n'a pour fondement ni l'unité puissante de la race, ni les limites tracées par la nature aux confins de notre territoire. Elle repose tout entière sur l'amour des mêmes institutions, des mêmes libertés, d'une même dynastie. L'enseignement uniforme de l'État est le plus puissant moyen pour renforcer toujours et partout ces liens d'union et effacer le souvenir des luttes qui divisèrent jadis nos provinces et nos communes. L'enseignement exclusivement communal ne saurait remplir ce but patriotique. Il sera fatalement imprégné bien plus des petitesses et des passions locales que des grands sentiments nationaux. Fasse le roi que la Belgique échappe à l'immense danger dont cette révolution la menace ! »

La même tristesse virile donne aux pétitionnaires les plus humbles, les plus modestes, la même éloquence pénétrante et fière qu'aux orateurs attitrés du parti, MM. Frère et Bara, MM. Janson et Goblet. Tel comité scolaire de bourg ou même de village trouve des accents vraiment admirables pour supplier le roi d'arrêter la loi de malheur; les mots de « décadence morale et matérielle du pays, d'asservissement du peuple, d'abaissement du niveau intellectuel », représentant pour ces braves gens, plus encore peut-être que pour les électeurs des grandes villes, des réalités tangibles ; ils savent, pour l'avoir vue de près, ce qu'est la tyrannie ecclésiastique dans un petit centre ; ils tiennent au bâtiment de l'école neutre comme les croyants n'ont jamais tenu davantage à leurs temples ; ils ont le culte profond de l'instituteur et de l'institutrice qui ont commencé à dégrossir l'esprit de leurs enfants, qui sont les plus loyaux et les plus méritants des fonctionnaires, que la misère attend demain comme récompense de leurs efforts ; et, pour dire leur reconnaissante affection, ils trouvent des mots qui vont droit au cœur.

Le parti libéral pouvait-il limiter son agitation légale à l'opposition parlementaire, aux meetings de protestation, aux revendications de la presse et des comités, au *Compromis des communes,* où les bourgmestres des seize principales villes de Belgique, au nom des représentants de huit cent vingt communes comptant ensemble une population de 2,732,659 habitants, supplièrent le roi d'ajourner au lendemain des élections communales la promulgation de la loi Jacobs ? Presque tous les amis français du parti libéral belge l'ont pensé ; presque tous les libéraux belges étaient d'un sentiment différent. Il nous semblait que les manifestations dans les rues, pour magnifiques et bien ordonnées qu'elles seraient, que les cortèges libéraux, seraient-ils de cent mille hommes comme ils l'ont été au 31 août, n'étaient pas des raisons politiques et prouvaient cent fois moins, contre la destruction de l'enseignement primaire, que le seul scrutin sénatorial qui avait repris Bruxelles aux cléricaux. Il nous paraissait encore que les manifestations libérales appelaient naturellement, dans la capitale et ailleurs, des contre-processions catholiques où l'ordre peut-être ne serait pas aussi bien observé, où des provocations injurieuses et des grossiers défis on en viendrait rapidement, malgré les efforts de la police et des gardes civiques, à une rixe générale entre bleus et rouges, où cannes et parapluies feraient fonction d'arguments démonstratifs. Il nous semblait enfin que ces promenades bruyantes de deux foules hostiles auraient pour inévitable résultat d'exaspérer les passions violentes et qu'à côté de la virile et fière agitation des premiers jours on allait créer une autre agitation plus intense sans doute, mais moins digne d'un peuple respectueux des lois et de la couronne, moins saine, moins régulière, qui risquerait d'effrayer les libéraux modérés, qui permettrait aux factions révolutionnaires, menées par des exaltés ou des farceurs, de se donner libre carrière, où les agents procateurs du clergé auraient beau jeu.

A ces objections on répondait que les mœurs politiques varient d'un pays à l'autre, que ces manifestations publiques, après approbation préalable des bourgmestres, sont une des libertés les plus chères au peuple belge, que ce genre de démonstration avait été emprunté à la plus grande école libérale du monde. Ces objections cependant ne nous ont pas convaincu sur le moment et nous ne croyons pas, même après les élections communales du 19 octobre, que l'événement nous ait donné tort. Sans doute, les manifestants libéraux ont fait preuve, le 31 août, d'un remarquable esprit d'ordre et de discipline. Oui, dans la journée du 7 septembre, les provocations sont venues des cléricaux, qui commettaient une insigne folie en venant braver, dans les rues de la capitale, à la tête de leurs paysans embrigadés, un peuple acquis depuis cinquante années, sauf une seule défaillance, à la cause de la liberté. Mais enfin quelles ont été les conséquences de cette politique de « la grande voirie » ? La promenade du 31 août a-t-elle donné plus de force au *Compromis des communes* ? La bataille du 7 septembre a-t-elle retardé d'un jour, à supposer qu'elle ne l'ait pas avancée, la sanction de la nouvelle loi scolaire ?

Que les manifestations et contre-manifestations sur la voie publique aient été ou non opportunes et habiles, le roi, semble-t-il, aurait dû céder aux instantes prières des bourgmestres libéraux et ajourner la sanction de la nouvelle loi scolaire. Au lendemain de l'avènement de deux majorités catholiques, avant qu'aucune manifestation légale lui eût permis de croire que le pays avait changé d'avis depuis le 10 juin, sa situation de roi constitutionnel était assurément difficile. Son père cependant s'était trouvé, lui aussi, en 1857, dans une situation analogue, et, dans cette passe mal commode, malgré les prédictions sinistres de M. Guizot, il avait refusé de briser entre ses mains l'arme de la dissolution. Léopold II, le souverain éclairé qui avait dit ces belles paroles : « La culture intellectuelle d'un peuple est plus que jamais, au temps présent, la source essentielle de sa prospérité », ne devait-il pas suivre cet illustre exemple ? Dissoudre la Chambre trois mois après son élection était peut-être un parti bien hardi pour un fils de l'Église. Ajourner la sanction de la loi scolaire, comme Léopold Ier avait ajourné celle de la loi de Decker sur la charité publique et les couvents; attendre le jugement en appel que les électeurs communaux allaient prononcer sous peu de jours était, d'autre part, sans nul doute, le droit incontestable du souverain. « Je resterai toujours fidèle à mon serment, » avait répondu le roi aux bourgmestres. Léopold Ier, en refusant sa signature à une autre loi d'oppression et de tyrannie, n'avait pas cru manquer au sien.

Quoi qu'il en soit, la loi ignorantine parut au *Moniteur* et l'œuvre de destruction commença. Grande et redoutable épreuve pour le parti libéral ! Devant les abus de pouvoir et les excès sans nombre d'un gouvernement ultramontain, se laisserait-il entraîner, comme les fanatiques de répression avaient le cynisme de l'espérer, à répondre à la violence par la violence ? Aurait-il le bon esprit de rester fidèle à l'inoubliable précepte de Mirabeau : « Être sage et modéré, avoir toujours raison ? » Ce grand parti, le seul qui soit vraiment digne de gouverner en Belgique, n'eut pas une minute d'hésitation. La loi néfaste avait à peine été sanctionnée que l'Association libérale et Union constitutionnelle de Bruxelles dissipa, dans un appel à ses concitoyens, les doutes qu'entretenaient et propageaient les cléricaux. « Aussi longtemps, dit le comité, que la loi scolaire n'était pas promulguée, nous vous avons conviés à la combattre par tous les moyens

légaux. Aujourd'hui, fidèles à la promesse faite en votre
nom, nous devons respecter cette loi, quelque dure qu'elle
soit. Nous prouverons ainsi à nos adversaires que nous ne
voulons pas imiter l'opposition factieuse à laquelle ils se
sont livrés après la promulgation de la loi de progrès de
1879. » Puis, en terminant : « C'est assez vous dire que
nous répudions avec indignation toute solidarité avec les
personnes qui veulent tirer parti de l'émotion populaire
pour égarer l'opinion publique et pour attaquer au cri de :
Vive la République! les bases mêmes de nos institutions
nationales. Nous repoussons également de toutes nos
forces les assertions calomnieuses de la presse cléricale,
qui prétend faire endosser au parti libéral une part dans
les responsabilités de ces actes. »

Mais, en même temps qu'elles répandaient cet appel,
de toutes parts les associations libérales se mettaient à
l'œuvre pour transporter l'agitation contre la loi Jacobs
sur le véritable terrain de combat, celui des élections
communales fixées au 19 octobre. De ces élections évidemment allait dépendre pour plusieurs années l'avenir
de la Belgique. Si les cléricaux l'emportent, c'est, dans
toutes les communes où ils seront victorieux, l'instal-
lation de municipalités qui appliqueront la loi de désorganisation scolaire dans toute sa rigueur et supprime-
ront toutes les écoles neutres ; c'est l'Église maîtresse
incontestée du pays, car cette fois les élections ne se font
plus sur des prétextes fiscaux. Si, au contraire, les libéraux sont vainqueurs, s'ils gardent toutes les communes
qu'ils avaient conquises en d'autres temps plus heureux,
c'est le salut pour toutes les écoles que la haine ecclésiastique n'a pu encore frapper, c'est la surprise du mois de
juin désavouée avec éclat ; c'est, pour le cléricalisme
belge, le commencement de la fin. Et la signification de
ces élections sera d'autant plus haute qu'elles ne se feront
pas, comme celles des 10 juin et 9 juillet, sous le régime
exclusif du cens : elles se feront sous le régime de la loi
nouvelle, qui donne le droit de vote aux capacités pour les
élections provinciales et communales ; elles appelleront

les intelligences à reviser le verdict des seuls privilégiés de la fortune.

Ainsi l'avaient compris les deux partis, et tous deux travaillèrent avec une ardeur égale, bien qu'avec des moyens différents. Les libéraux, ayant reformé l'ancien pacte d'union, répudiant d'une seule voix les amateurs de gâchis qui voulaient substituer au drapeau anticlérical un drapeau antimonarchique, n'eurent qu'un programme : la revendication de la loi de 1879. *No Popery*, le cri de guerre des protestants anglais du treizième siècle, *Van 't Ongediert der Papen*, le chant des gueux, furent leur chant et leur cri (1). Les catholiques, après avoir exploité à outrance les manifestations ridicules de quelques braillards qui avaient sifflé le roi et la reine, organisèrent la pression électorale la plus formidable qu'on ait jamais vue.

« Jamais, écrit un témoin impartial, le correspondant du *Temps* (2), on n'exerça pression pareille ; je ne sais même pas si le 16 Mai et l'ordre moral ont été aussi loin. Le ministère a prodigué les millions à Anvers sous couleur de favoriser l'Exposition internationale de 1885 ; son journal officieux a annoncé à grand orchestre, l'avant-veille du scrutin, que l'on était parvenu à réduire de 8 millions les dépenses budgétaires ; quelques jours auparavant, on renvoyait des ouvriers attachés à l'administration des chemins de fer parce qu'ils avaient eu l'audace d'entonner le refrain fameux : *O Vandenpeereboom !* que l'on chante en l'honneur du titulaire de ce département ; on avait menacé d'enlever leur clientèle aux marchands notoirement connus comme libéraux s'ils quittaient leur boutique le 19 octobre (3) ; le clergé s'était jeté dans la mêlée avec une ardeur et un fanatisme dont on aurait peine à se faire une idée à l'étranger, usant et abusant de ses armes

---

(1) Lettre de M. Couvreur, ancien vice-président de la Chambre des représentants, au *Times*.

(2) N° du 21 octobre 1884.

(3) « Excitées par le clergé, un grand nombre de dames parcourent les magasins, menaçant du retrait de leur clientèle, faisant de grosses commandes qui ne devront être mises en exécution que si M. Buls, le bourgmestre, est renversé dimanche prochain. » (Correspondance du *Voltaire*.)

spirituelles, de ses ressources temporelles, montrant carrément
qu'il avait ses petites et ses grandes entrées dans les antichambres ministérielles. »

A Mons, à Namur, racontent les journaux libéraux dont
le récit n'a pas été démenti, les associations cléricales ont
fait un relevé des effets en souffrance et des débiteurs
poursuivis ; un émissaire va trouver les électeurs dont la
gêne est signalée et leur offre de les tirer d'embarras si les
élections du 19 amènent le triomphe de la bonne cause. A
Bruxelles, on feint de redouter des troubles graves et le
ministre de la guerre renforce la garnison.

Mais le mois d'octobre est décidément funeste aux cléricaux. L'ordre moral français avait succombé le 14 octobre
1877 ; l'ordre moral belge a été défait le 19 octobre 1884,
sur toute sa ligne de bataille.

IV

Le 27 octobre 1857, le roi Léopold 1er ayant ajourné la
promulgation de la loi des couvents et les deux partis ayant
fait de l'existence du ministère l'enjeu des élections communales, le scrutin avait donné la majorité aux libéraux.
Trois jours plus tard, respectueux de la volonté populaire,
plus soucieux de leur dignité que de leurs portefeuilles, sans
qu'aucun protêt leur eût été adressé, MM. de Decker et
Vilain XIII remettaient au roi leur démission.

Quel changement profond s'est opéré depuis vingt-cinq
ans dans le parti clérical? Comment MM. Malou, Wœste
et Jacobs n'ont-ils pas suivi, dès la première heure,
l'exemple que MM. de Decker et Vilain XIII leur avaient
légué? Pourquoi, pour les faire partir quand il était si
simple de s'en aller, a-t-il fallu que le roi Léopold, comme
jadis le roi Louis XIV, envoyât son exempt à Tartuffe? On
n'a pu trouver qu'une réponse à ces questions. Un parti

qui se sent vivace et plein d'avenir n'hésite jamais (car c'est une preuve de force dans la défai) à accepter résolument les conséquences d'un échec. Pour qu'un parti vaincu refuse de payer sa dette tant qu'il n'y est pas contraint et forcé, il faut qu'il se sache ruiné, condamné, sans espoir aucun de retrouver la fortune.

Quel que soit maintenant le nouveau cabinet, s'il comprend sa mission, si l'apaisement des partis est son unique et sincère souci, il aura droit à la reconnaissance publique. Les libéraux lutteront, nul n'en doute, tant qu'il restera un vestige de la loi Jacobs; mais sauront-ils continuer la lutte, comme ils ont su mener la bataille d'hier, dans l'union et sans qu'aucune violence déshonore ou compromette leur juste cause?

En attendant, on peut dès aujourd'hui tirer du chapitre d'histoire que nous avons esquissé un double enseignement. Le premier, d'un ordre général, c'est que, dans tous les pays de civilisation latine, il suffit désormais au cléricalisme de se montrer à visage découvert pour qu'il soit vaincu et repoussé, comme il l'a été en France, en Italie, en Belgique, comme il le sera en Espagne. Le second, à notre usage particulier, c'est que la division des hommes de progrès est le seul atout, mais un atout redoutable, dans le jeu des hommes du passé; c'est que les cléricaux, moins jaloux désormais du triomphe de leurs principes que du succès de leurs candidats, sont habiles à cacher leur visage sous le masque; c'est enfin qu'entre tous les prétextes dont on peut leurrer le corps électoral, la gêne économique et les embarras fiscaux sont les plus dangereux de beaucoup.

LA RÉFORME ÉLECTORALE

LA RÉFORME ÉLECTORALE

---

21 avril 1888.

I

Il arriva un jour à Orphée d'égarer la lyre qui lui avait
été fabriquée par son père Apollon et d'où il avait cou-
tume de tirer des sons harmonieux. Le stradivarius tomba
entre les mains d'un racleur de violon qui eut l'imprudence
de convoquer aussitôt la ville et la cour à un grand concert; il joua de façon exécrable et fut outrageusement
sifflé. Seulement, comme les Athéniens sont, de l'avis de
tous et surtout d'eux-mêmes, le peuple le plus spirituel
de la Grèce et du monde, ils ne se contentèrent pas de
siffler le violoneux; ils décidèrent de briser en mille
morceaux son instrument. C'était Cléon qui leur avait
écorché les oreilles; il était de toute justice de s'en
prendre à la lyre d'Orphée.

Je demande pardon aux députés de tous les groupes qui,
depuis quelques semaines, ont entrepris une campagne
active de couloirs pour l'abrogation du scrutin de liste;

mais c'est leur propre histoire que je viens de raconter. La lyre d'Orphée, c'est le scrutin de liste. Le ministère Gambetta ou le ministère Ferry en eût tiré des élections excellentes, bonnes pour la République, bonnes pour la politique de gouvernement et de progrès. Mais lorsque le ministère Ferry eut été mis en pièces par les bacchantes de Montmartre et que le délicat instrument tomba entre les mains du radicalisme, il en résulta les élections du 4 octobre 1885.

Le plus petit logicien de Port-Royal eût conclu que la faute en était au radicalisme, qui venait, pour la première fois, de mettre la main sur le gouvernement. Les logiciens du Palais-Bourbon raisonnent autrement : la faute en est à la lyre d'Orphée et l'on annonce de toutes parts que la République va se replier en bon ordre vers le scrutin d'arrondissement.

La loi électorale du 8 juin 1885 est-elle un stradivarius parfait, irréprochable? Certainement, il n'en est rien ; l'expérience en a montré les dangereuses imperfections. Mais qu'il faille l'abroger parce que les élections du 4 octobre auxquelles M. Allain-Targé présidait de nom, mais dont la responsabilité politique incombe à M. Clémenceau, ont été mauvaises pour la République ; — que le parti républicain doive donner cet exemple d'inconséquence, changer le mode électoral chaque fois que ses fautes indisposent le corps électoral contre lui : beaucoup de républicains ne s'y résigneraient pas sans peine. J'eusse été, pour ma part, dès l'origine et en principe, partisan du scrutin uninominal, que je tiendrais aujourd'hi le même langage. Nos arrondissementiers jurent que le scrutin de clocher enlèverait aux partis de monarchie, par sa seule vertu (ou ses seuls vices), un certain nombre de sièges : soit ; encore faudrait-il établir que le gain matériel, qui est douteux, suffirait à compenser le préjudice moral certain qui résulterait pour la République des craintes que l'on afficherait en changeant de loi électorale comme de chemise. Il est mauvais pour un parti politique de défier la colère des dieux ; il est pire encore de faire croire à un

sentiment qui n'est pas la confiance. Un parti qui a peur
et qui ne le cache pas court bien des risques, alors même
qu'il serait armé de fusils Lebel contre un ennemi qui
ne serait armé que de fusils à piston.

J'entends bien : quiconque va dissuader d'un changement radical de la loi de 1885 sera traité d'orfèvre. Ce
sera fort injuste. Nous sommes quelques-uns qui avons
montré assez de fidélité à Gambetta, surtout aux heures
difficiles, qui avons ensuite servi sa mémoire avec assez
de zèle, pour avoir le droit de dire que l'opportunisme
n'est point le catholicisme et que les doctrines de Gambetta ne sont point paroles d'Évangile qu'un croyant
sincère ne saurait se permettre de discuter. Sans être les
transfuges ni les renégats de quoi que ce soit, nous
nous prononcerions sans remords ni scrupules pour le
scrutin uninominal, après avoir écrit autrefois je ne
sais combien d'articles pour le scrutin de liste, si nous
avions acquis la conviction que le premier est préférable au second dans l'intérêt et du gouvernement et du
pays. Ceux qui auraient cette conviction n'éprouveraient
aucune honte à confesser leur erreur ; en la confessant,
ils croiraient même faire acte non seulement de républicains et de patriotes, mais ils croiraient faire preuve encore d'opportunisme, puisque «opportunisme» il y a. On
montrerait par là, en effet, que les leçons et les exemples
de Gambetta n'ont point été perdus et que l'on s'attache,
non point à la lettre servile, mais à l'esprit même de sa
méthode. Il est arrivé plus d'une fois à Gambetta de
changer complètement d'avis sur les questions les plus
diverses et les plus importantes (consultez la table des
matières de ses discours). Mais Gambetta démontrait ainsi
qu'il était un esprit politique et non une borne.

Mais je n'ai point acquis cette conviction. Sans doute,
le scrutin de liste n'a pas donné ce qu'on attendait de lui ;
à qui la faute ? N'est-elle pas d'abord au ministère qui l'a
appliqué au mois d'octobre 1885 ? N'est-elle pas aussi à
ceux qui ont fait échouer cette réforme au bon moment,
au printemps de 1881, alors que l'union du parti républi-

16.

cain n'était pas encore irrémédiablement compromise,
alors que ce parti avait encore, dans tout l'éclat de sa
magnifique popularité, un chef incomparable à sa tête? Il
n'est pas indifférent, en effet, de semer le blé, même le blé
de la meilleure qualité, au mois d'octobre ou au mois de
janvier. Dirai-je même toute ma pensée? Eh bien, après
la chute du ministère Ferry, après le désastre parlementaire de Lang-Son, devant le désarroi où les républicains
se débattaient, il eût été alors d'une sage politique de
maintenir le scrutin d'arrondissement, qui est le scrutin
de la défense et de la conservation, et d'ajourner le scrutin
de liste. La réaction eût crié au cynisme, mais elle n'aurait
pas gagné tous les sièges qu'elle a emportés au mois d'octobre. Rétablir aujourd'hui le scrutin d'arrondissement ne
serait point un aveu de courage et de foi ; le maintenir
alors eût été une marque de prudence et de sagacité...
Mais à quoi bon revenir sur les choses passées?

II

Donc, nombre de républicains restent partisans du
scrutin de liste; on connaît d'ailleurs les raisons de cette
opinion. Ce sont les mêmes qu'autrefois, les mêmes que
le parti républicain a toujours professées, celles que Gambetta a exposées dans tant de mémorables discours. Le
scrutin de liste est le scrutin politique par excellence ; il
est propre, pour peu que le gouvernement veuille y aider,
à élever et à épurer le caractère du mandat ; il rend impossible la pratique de la candidature officielle ; il rend impossible la corruption électorale. Le principe de la liste n'a
donc pas été condamné par l'expérience ; ce que l'expérience a condamné, ce sont les ministères qui ne savent
pas être des gouvernements ; ce qu'elle a démontré, c'est
que nos départements sont, pour la plupart, des circonscriptions trop vastes, trop étendues, trop populeuses pour

que l'électeur puisse y dresser librement, spontanément, en connaissance de cause, la liste de ses députés.

Il arrive alors que les listes sont dressées par des comités qui ne doivent leur nomination qu'à eux-mêmes, véritable génération spontanée de politiciens sans mandat et sans responsabilité, mais d'autant plus impérieux, arbitraires et tyranniques. Ce n'est même pas l'élection au deuxième degré. L'élection au deuxième, au troisième ou au quatrième degré suppose, en effet, la participation directe de l'électeur à la confection des listes. Où trouver, dans l'espèce, trace de cette participation? Les communes paisibles, tranquilles, laborieuses, n'ont même pas de comités. Dans les communes plus actives, plus remuantes, ce ne sont pas d'ordinaire les plus qualifiés par l'expérience, l'honorabilité, les services rendus, qui se constituent en comité : ce sont... les autres. Non qu'il faille médire de cette activité : elle est, au contraire, une preuve de civisme ardent ; il faut seulement constater qu'on rencontre dans le pays électoral aussi peu de comités modérés qui soient sérieusement organisés que de bandes d'honnêtes gens sur les grandes routes de Calabre.

L'ensemble de ces comités ainsi constitués au cabaret compose le plus souvent la réunion des délégués prétendus départementaux. Ces délégués ne représentent qu'eux-mêmes, mais ce sont eux qui font la loi. Quelques meneurs ont préparé une liste de candidats. Comme l'élection au scrutin départemental coûte fort cher, et comme les comités n'ont point de caisse, on y inscrit d'abord quelque richard, tantôt un gros propriétaire que la mouche politique a piqué, tantôt un aventurier de la finance ou de l'industrie à qui le mandat de député doit servir de passe-port et de pavillon pour ses affaires ; celui-là fera les frais. Puis, à côté de lui, les politiciens du cru, avocats sans cause, médecins et vétérinaires sans clients, qui feront la campagne des réunions. Quand le suprême conseil des meneurs est habile, il a soin de représenter sur sa liste chaque arrondissement. C'est le suprême conseil qui fait le programme, véritable table des matières de

toutes les prétendues réformes que prônent les journaux à
un sou. Les sept, huit ou dix candidats, qui ont été ainsi
désignés, paraissent à tour de rôle sur l'estrade de l'assemblée plénière ; ils débitent leur boniment et sont
presque aussitôt, tous les sept, huit ou dix, acclamés les
candidats du « parti ».

Quelle liberté reste donc à l'électeur ? Sans doute il a le
droit de modifier la liste à son gré, mais il est le plus souvent trop paresseux ou trop ignorant pour se donner cette
peine. Il vote pour toute la liste. Pour quelle liste ? Pour
celle que porte le courant du jour. Sur une liste de huit
ou dix noms, il en peut contrôler deux ou trois, mettons
quatre ou cinq. Il vote, pour les autres, les yeux bandés.
Qui donc alors a *fait* l'élection ? Le conseil des meneurs
qui a cuisiné la liste et le journal à un sou qui a déterminé le courant. Dans tout cela, que devient la souveraineté indépendante du suffrage universel ? Le propre de la
démagogie, c'est de vouloir faire parler le peuple : « Le
peuple veut, le pays veut. » On l'a fait parler tout le
temps et c'est à peine, en réalité, s'il a ouvert la bouche
pour épeler la longue liste de ses représentants.

J'accorde que le tableau est chargé, que les couleurs en
sont noircies ; atténuez et adoucissez, il en reste toujours
assez, c'est-à-dire trop. Et ce n'est point tout. Cette élection, qui ouvre de plus en plus le parlement à l'invasion
des politiciens sans éducation, des manieurs d'argent sans
scrupule, elle ouvre encore la porte à un plus redoutable
danger : le plébiscite. Les grands courants sont déjà bien
redoutables qui décident en dernier ressort du bulletin de
l'électeur appelé à voter une liste de dix ou quinze noms.
Quand l'électeur ne connaît pas tous les candidats ; quand
la passion du moment (colère soufflée par la calomnie,
enthousiasme excité par l'illusion, espérances ou craintes
folles) dicte son vote au lieu de la raison qui ne devrait
jamais être plus froide, plus calme, plus réfléchie qu'au
jour du scrutin, la chose publique court déjà de terribles
périls ; elle est à la merci d'une saute de vent, d'une trombe
qui passe, d'un nuage d'orage qui crève. Mais, si le cou-

rant déchaîné devient pis que politique : plébiscitaire, —
et la loi du 8 juin 1885 n'y met point obstacle, — lorsque
le suffrage accepte pour mot d'ordre électoral un sabre,
un éperon ou un panache, alors la patrie même est en
danger... Nous avions vu ces choses, et nous sommes en
train de les revoir. Sans doute, le parti républicain, sous
le coup de ces injurieuses sommations, va se lever pour un
vigoureux effort ; il peut, il doit briser le spectre de dictature qui s'est dressé sur sa route. Soit ! nous triompherons
du Boulanger d'aujourd'hui... Mais, si la loi imprévoyante,
qu'escompte ce caporal rebelle, reste demain ce qu'elle
était hier, alors le césarisme, menaçant ou latent, garde
toujours son outil, alors le plébiscite en faveur d'un général ou d'un prétendant reste toujours possible.

Dans une conversation que j'ai notée le jour même, le
16 mai 1885, à une époque où les princes des anciennes
familles n'avaient point encore été frappés de proscription et où M. de Rochefort ignorait encore le nom du général Boulanger : « Le scrutin de liste, me disait M. Grévy,
c'est, pour les princes et pour les généraux, la voiture du
sacre. »

Enfin le système actuel, tel qu'il fonctionne surtout aux
élections partielles, est beaucoup trop cher ; le scrutin de
liste sans liste est accessible à très peu de bourses ; — les
socialistes l'appellent déjà « le scrutin des riches » ; — au
bas mot, au tarif le plus réduit, 50 à 60000 francs. Voilà
donc toute une catégorie de citoyens, d'éligibles, qu'on
écarte de la lice. Pour peu que l'on soit à la fois pauvre
et fier, point de candidature possible dès qu'il n'y a point
de remorqueur riche et entreprenant. Point d'argent,
point de Suisse... « Oui, timidement, clandestinement d'a-
bord, on a acheté des voix, on a versé la corruption et le
vin aux masses électorales, on a mis à l'enchère des candidatures, et il se trouve maintenant qu'il va surgir une
industrie de placement électoral politico-financière dans
certains arrondissements. Oui, il y a des arrondissements
sur lesquels certains Turcarets jettent leur dévolu, calcu-
lant le chiffre qu'ils devront inscrire aux frais généraux.

Je dis que ce sont ces mœurs qui commencent, mais que, si vous maintenez le régime parcellaire appliqué au suffrage universel, elles vont se développer ; et vous aurez cette responsabilité devant l'histoire d'avoir inoculé la gangrène de l'argent à la démocratie française... » C'était au scrutin d'arrondissement que Gambetta appliquait cette flétrissure ; seulement, ce vice de l'argent que Gambetta voulait poursuivre et détruire, le scrutin de liste ne l'a point supprimé ; il l'a transformé. Nous nous en apercevons depuis deux ans ; on admettra bien que Gambetta, à la lumière des faits, s'en serait aperçu, lui aussi, et qu'il y aurait cherché un remède...

— Mais c'est le procès même du scrutin de liste...

Quand on démontre que la quinine ou le bromure, à de trop fortes doses, sont des poisons, non des remèdes, on ne fait le procès ni du bromure ni de la quinine, mais de l'excès. En politique comme en médecine, tout est dans la dose.

III

Cherchons la dose :

La vertu du scrutin de liste, c'est la liste. Le scrutin uninominal rétrécit l'horizon politique de l'électeur comme de l'élu, amoindrit le mandat du législateur, qui devient le simple commissionnaire de ses mandants, rouvre aux candidatures officielles la porte que la République a eu l'honneur de fermer, facilite la corruption. Le scrutin plurinominal, au contraire, élargit l'horizon, tend à élever le mandat, restreint la possibilité d'une action excessive de l'administration, rend impossible l'achat des suffrages.

Le vice du scrutin départemental, c'est le département, trop étendu, trop populeux, dans la plupart des cas, pour que l'électeur puisse dresser lui-même sa liste ; forcément il la reçoit toute faite des mains de quelques meneurs ;

nécessairement, ce qui décide alors de l'élection, ce n'est pas la confiance individuelle de l'électeur dans un candidat dont il connaît la probité, la droiture, l'activité, le programme et la méthode politique ; c'est le courant du jour, courant qu'un accident peut déchaîner et qui peut tout emporter sur son passage, parfois le mal, souvent le bien ; courant d'autant plus dangereux aujourd'hui que les lois n'ont encore établi ni le renouvellement partiel, garantie essentielle contre les sautes trop brusques des vents, ni le vote obligatoire, et que les fautes et les défaillances accumulées depuis plusieurs années ont fait du Sénat une Chambre d'enregistrement, du Président de la République une machine à signature, et de la Chambre des députés une Convention au petit pied.

Dès lors, où est le remède ? Le remède ne serait-il pas de conserver le principe de la liste, mais de diminuer l'étendue des circonscriptions électorales ?

Je crois que la moyenne des électeurs peut inscrire aisément, en connaissance de cause, deux, trois ou quatre noms de députés sur une liste politique ; mais qu'au delà, dans le système de la liste étendue, la tyrannie des comités confisque le libre arbitre des électeurs.

Le projet sur le scrutin de liste que Gambetta défendit le 24 novembre 1875 à l'Assemblée nationale, le seul d'ailleurs qu'il ait rédigé lui-même, — le projet de 1870, au Corps législatif, fut préparé en collaboration avec MM. Jules Ferry et Arago ; celui de 1881 était signé de M. Bardoux ; — ce projet posait le principe même de la réforme que je viens d'indiquer : « Tout département qui nomme moins de dix députés forme une seule circonscription. La loi établit, dans les départements qui nomment plus de dix députés, des circonscriptions électorales. »

Ainsi, en 1875, pour Gambetta lui-même, le département, au delà d'un certain chiffre de députés, était une circonscription trop vaste, le corps électoral mis en mouvement était trop nombreux, pour qu'il fût bon de ne pas fractionner les listes. Ainsi Gambetta lui-même, à l'As-

semblée nationale, proposait d'établir des circonscriptions
dans un certain nombre de départements. Dans ma brochure sur le rétablissement du scrutin de liste, brochure
qui a été revue par Gambetta de la première à la dernière
ligne, on peut lire cette note : « Nous croyons utile de prévenir que nous n'avons pas en vue, dans cette étude, le
scrutin de liste tel qu'il a été appliqué en 1848 et en 1871,
et dont les défectuosités pratiques sont connues ; mais bien
le scrutin de liste dont, à l'Assemblée nationale, M. Gambetta formulait ainsi, le 24 novembre 1875, les conditions
d'exercice (1)... » M. Bardoux, en 1881, avait inscrit dans
son projet primitif une disposition analogue, et, si Gambetta, le jour même où le projet fut déposé, la fit retran-
cher (j'assistais à la conversation), ce n'était point, nous
disait-il, qu'il eût changé d'avis, mais parce qu'il voulait,
en bon diplomate, garder des éléments de négociation et
de transaction avec les arrondissementiers.

Voilà donc le fil conducteur de la réforme : limiter, restreindre la liste. Reste à déterminer le chiffre de députés
au delà duquel il convient que la loi établisse dans les départements des circonscriptions électorales. On accordera peut-être que le chiffre de dix n'est point cabalistique
et qu'il est loisible, après les expériences multiples et
redoutables que nous avons faites, d'en préférer un autre.

(1) Voici le texte même de l'article : « Chaque département élit
autant de députés qu'il renferme de fois 70,000 habitants sans
qu'aucun département puisse être réduit à un nombre de députés
inférieur à celui des arrondissements qui le composent. Toute fraction
de plus de 35 000 habitants compte pour 70 000. L'élection a lieu au
scrutin de liste par département. Tout département qui nomme moins
de dix députés forme une seule circonscription. La loi établit, dans
les départements qui nomment plus de dix députés, des circonscriptions électorales. »

IV

Ah! si nos républicains progressistes, si nos radicaux
intransigeants surtout, étaient de véritables réformateurs,
je sais bien ce qu'on proposerait : on demanderait aux
Chambres de faire d'une pierre deux coups et de réaliser
à la fois la réforme électorale et une réforme administrative. Quiconque a étudié la question avec un peu de soin
sait, en effet, que la carte des départements, telle qu'elle
a été dressée en 1789, appelle depuis longtemps une revision. Il y a d'abord les départements dont le tracé a toujours été défectueux, le législateur de l'Assemblée nationale
ayant été sans doute trop pressé (Nord, Pas-de-Calais, Ille-
et-Vilaine, Seine-et-Oise, Eure, Seine-Inférieure). Il y a
surtout les départements dont la population a augmenté
depuis un siècle dans des proportions trop considérables
pour qu'une nouvelle répartition ne soit pas commandée
par l'intérêt évident d'une administration plus directe, plus
prompte et plus efficace.

On a proposé, l'an dernier, de supprimer, par voie bud-
gétaire, une centaine de sous-préfectures; c'était désor-
ganiser à plaisir, pour une économie misérable, une administration déjà bien affaiblie. Le vrai moyen de supprimer
les sous-préfectures inutiles, c'est d'augmenter le nombre
des préfectures nécessaires, j'entends de créer une quin-
zaine environ de départements nouveaux, et de procéder
à une refonte scientifique de notre carte. Ces départements
nouveaux, ces anciens départements revisés, seraient d'une
superficie moyenne moins étendue; dans leur tracé moins
arbitraire, les intérêts économiques (agricoles, industriels,
commerciaux), les considérations géographiques, hydro-
graphiques, orographiques, seraient comptés pour quelque
chose; — on s'apercevrait ainsi que nombre d'anciennes
subdivisions historiques répondaient vraiment aux réalités

17

physiques et politiques. Les préfets pourraient surveiller de plus près l'administration de départements plus homogènes ; la moitié des sous-préfectures, au moins, pourrait disparaître ; nos 362 arrondissements pourraient être réduits à 200 et quelques, d'une population moyenne de 150 000 âmes, qui seraient alors autre chose que des parcelles administratives sans vie propre, sans unité morale, sans raison d'être... Un sous-préfet aurait quelque chose à faire et deviendrait quelqu'un.

Prenons quelques exemples :

Des deux provinces de l'Artois et de la Flandre, le législateur de 89 a fait les deux départements du Nord (7 arrondissements) et du Pas-de-Calais (6 arrondissements). Le Nord compte au dernier recensement 1 670 184 habitants et le Pas-de-Calais 853 526 habitants. Cette superficie de près d'un millier d'hectares comporterait en réalité quatre départements : PAS-DE-CALAIS (nouveau) (*Calais*, Dunkerque, Boulogne) ; NORD (nouveau) (*Lille*, Hazebrouck, Douai) ; HAINAUT (*Valenciennes*, Cambrai, Avesnes) ; ARTOIS (*Arras*, Saint-Omer, Béthune). Le Pas-de-Calais, département maritime, serait l'ancien Boulonnais poussé jusqu'à la mer ; l'ancienne Flandre, très distincte de l'Artois et du Hainaut sous tant de rapports, formerait le nouveau département du Nord ; le Hainaut et l'Artois, qui n'ont jamais cessé d'exister moralement, revivraient politiquement au sud des départements actuels du Pas-de-Calais et du Nord.

L'Ile-de-France, avec un morceau de Champagne (Meaux) et une rondelle de l'Orléanais (Étampes), a formé quatre départements : Seine, Seine-et-Oise, Seine-et-Marne et Oise. Le département de la Seine est un non-sens manifeste et avéré. Paris, avec son unité morale, historique, politique, économique, est, à lui seul, un département : la Convention l'avait fort bien compris : Saint-Denis au nord, Sceaux au sud, alourdissent et gênent Paris. Seine-et-Oise, d'autre part, vaste anneau autour de Paris, mince vers l'est de quelques kilomètres à peine, large au sud et à l'ouest de plus d'un degré, est le département artificiel

entre tous. Seine-et-Marne est séparé de Paris par un filet
de Seine-et-Oise, large de 4 kilomètres en moyenne,
long de 60 et quelques kilomètres. En bonne logique
administrative, il y a là cinq départements : département
de PARIS, divisé en vingt arrondissements et cinq sections ; — département (nouveau) de la SEINE, la rive
gauche de la Seine, avec *Versailles* comme chef-lieu, et
trois arrondissements à tailler dans les trois cantons de
l'arrondissement de Mantes qui touchent à la rive gauche
de la Seine (Bonnières, Mantes, Houdan), la presqu'île de
Gennevilliers, l'arrondissement de Sceaux jusqu'à la Seine,
les arrondissements de Rambouillet, Étampes, Corbeil et
Fontainebleau ; — SEINE-ET-MARNE, en prenant aux
anciens départements de la Seine et de Seine-et-Oise la
partie de l'arrondissement de Corbeil qui borde la rive
droite de la Seine (la forêt de Sénart), le canton de Boissy-
Saint-Léger, plus haut Maisons-Alfort et Vincennes, et le
canton du Raincy (*Melun*, Provins ou Coulommiers, Meaux,
le Raincy) ; — SEINE-ET-OISE, l'ancien arrondissement de
Pontoise, avec le Raincy en moins et, en plus, Saint-Denis
et les cantons de Limay et de Magny (l'ancien Vexin) ; —
l'OISE, telle quelle, avec la suppression d'une sous-préfec-
ture (*Beauvais*, Compiègne et Senlis).

L'ancienne Normandie a donné cinq départements :
Seine-Inférieure, Eure, Orne, Calvados, Manche. La
Manche (520865 habitants) comporterait peut-être deux
départements : le COTENTIN, avec *Cherbourg*, et la MANCHE,
l'ancien Avranchin, avec *Saint-Lô*. Mais il y a certainement deux départements dans la Seine-Inférieure : la
SEINE-MARITIME, avec *le Havre* (128663 habitants,
20000 de plus que Rouen) et Fécamp; — la SEINE-INFÉ-
RIEURE, qui céderait au département limitrophe de l'Eure
les communes de la rive gauche de la Seine, dont Elbeuf,
et recevrait en échange l'arrondissement des Andelys,
saillie inexplicable du département de l'Eure sur la rive
droite de la Seine.

Faut-il multiplier les exemples? montrer par le menu
que l'Aisne, avec ses 600000 habitants, comporte deux

départements (l'Aisne, *Laon*, Soissons; — le Vermandois, *Saint-Quentin*, Vervins); que le Finistère (708000 habitants) se divise géographiquement en deux départements (le Finistère, *Brest*, Morlaix; — Cornouaille, *Quimper*, Châteaulin); qu'il en est de même de l'Ille-et-Vilaine (la Rance, *Saint-Malo*, Fougères; — Ille-et-Vilaine, *Rennes*, Vitré), de l'Isère (Isère, *Grenoble*; — Viennois, *Vienne*, la Tour-du-Pin)... Sans qu'il soit nécessaire d'entrer en de plus longs détails, le principe même de la réforme apparaît clairement : création de nouveaux départements d'une étendue et surtout d'une population moyennes, et, dans ces départements, remplacement des petits arrondissements de 30000 ou 50000 habitants par des arrondissements plus importants de 120000, 150000 et 200000 habitants. De cette refonte logique, de ce remaniement conforme aux données de la science géographique et économique, résulterait tout de suite un autre avantage. Outre l'économie des sous-préfets inutiles, oisifs, forcément mal recrutés, qui disparaîtront avec les sous-préfectures abolies, la suppression des petits tribunaux d'arrondissement, non moins inutiles, oisifs et mal recrutés, serait réalisée du même coup. — Même réforme pour l'administration des finances : ce n'est pas à la multiplication des trésoreries générales que devra conduire, en bonne logique, la création de nouveaux départements; un pareil luxe serait plus qu'inutile; ce sera, au contraire, à la réduction des trésoreries. Vous avez, en en multipliant le nombre, diminué l'étendue de chacun de vos départements; vous n'avez plus désormais qu'un payeur général par ressort de cour d'appel. — De même pour les conseils de préfecture: au lieu des malheureux conseils inactifs et affamés qui végètent actuellement dans les neuf dixièmes des préfectures, un tribunal de juridiction et d'administration également par ressort de cour d'appel. Enfin, les conséquences électorales de la réforme seraient les suivantes :

On a vu que le vice principal du scrutin de liste actuel est dans le trop grand nombre de noms que l'électeur est appelé à inscrire sur son bulletin; avec les nouveaux départements, ce vice disparaît *ipso facto* presque partout. Je suppose qu'on maintienne la base actuelle d'un député par 70000 habitants, bien que cette base soit défectueuse à plusieurs égards : d'abord, parce que cette proportion fait la Chambre des députés beaucoup trop nombreuse, vice capital qui n'a point peu contribué à l'émiettement des forces parlementaires et, par suite, au discrédit du régime lui-même ; — la Chambre grecque a eu le courage de tailler elle-même dans le vif et de réduire la représentation de près d'un tiers ; — ensuite parce que les hommes d'une valeur sérieuse et d'un mérite réel font défaut dans un très grand nombre de départements. Le Sénat a commencé par écrémer les catégories de « consulaires » ; après avoir envoyé au Sénat les trois ou quatre hommes politiques qui sont, le plus souvent, l'élite du département, où trouver encore sept, huit et dix députés ? Il faudrait élever la proportion à 80000 ou même 90000 habitants, sauf à tenir compte des fractions de 30000. — Mais, alors même que l'intérêt personnel reculerait devant cette autre réforme d'un intérêt public, les *nouveaux* départements, d'une population moyenne de 3 à 400000 âmes, ne seraient plus appelés à élire que quatre ou cinq députés. Une demi-douzaine de départements ayant de 5 à 600000 âmes éliraient de six à huit députés. Il y aurait tout au plus trois ou quatre départements, ayant pour chef-lieu des villes d'une population considérable, qui seraient appelés à nommer plus de huit députés.

V

Cinq députés, est-ce la dose *maxima* cherchée ? Ne créera-t-on des circonscriptions électorales qu'au-dessus de cinq députés ?

L'examen attentif de la carte électorale, en supposant même réalisé le projet qui vient d'être résumé, amène à penser que, dans l'état actuel de nos mœurs publiques, le chiffre de cinq députés est encore, sauf exception, une dose *maxima* trop élevée. Considérant surtout les circonscriptions rurales, les plus nombreuses de beaucoup et les plus étendues, je crois que les listes, sauf dans quelques circonscriptions urbaines, ne doivent pas dépasser deux ou trois noms. Une liste de deux ou trois députés me paraît la liste *maxima* que l'électeur moyen puisse dresser en connaissance de cause, librement, spontanément, en dehors de la tyrannie des comités, des cabarets et des journaux.

Et, dès lors, la conclusion est tout indiquée.

Dans le projet de revision de la carte administrative que j'ai esquissé, je ne me suis point contenté de demander la création de nouveaux départements. J'ai encore insisté sur ce point que, dans les départements anciens et nouveaux, il serait indispensable de substituer, aux petits arrondissements de 30 à 50000 âmes, des arrondissements *sérieux* de 150 à 250000 habitants, c'est-à-dire des arrondissements qui, avec la base actuelle d'un député par 75000 habitants, seraient appelés à élire *deux* députés pour les circonscriptions administratives de 150 à 180000 habitants et *trois* pour les circonscriptions de 180 à 250000 habitants.

La dose, c'est deux ou trois députés;

La circonscription électorale, c'est le *nouvel* arrondissement de 120 à 250000 habitants;

Le procédé électoral, c'est le *scrutin de liste par arrondissement.*

Pour les circonscriptions administratives, généralement urbaines, qui, en raison du chiffre de leur population, seraient appelées à élire plus de trois députés, la loi créerait des circonscriptions électorales spéciales.

Ainsi le principe du scrutin de liste serait conservé; l'indépendance de l'électeur, qui saurait de nouveau pour qui il vote, serait assurée; le danger des candidatures plébiscitaires serait conjuré. L'électeur, qui est appelé à nommer huit ou dix députés, peut sacrifier sans regret un siège de député à une personnalité princière ou militaire qui représente, à ses yeux, à tort ou à raison, un symbole politique ou patriotique. Quand il s'agit de deux ou trois députés seulement à nommer, il y réfléchit à deux fois avant de perdre son vote.

VI

La combinaison qui vient d'être indiquée a-t-elle quelque chance d'être prise en considération? Je vois bien ce qu'objecteront les listiers intransigeants, les arrondissementiers irréductibles et ceux-là surtout qui croient le parlement incapable d'une véritable réforme, capable tout au plus de bâcler, avant de s'en aller, une nouvelle loi d'expédients. Mais que vaudront ces objections?

Les listiers inflexibles sont de trois sortes : 1º les plébiscitaires; je n'ai rien à leur dire, sinon que leur opposition est un argument décisif pour la réforme de la loi électorale; — 2º les chevau-légers, que le succès inespéré des droites au vote du 4 octobre 1885 a grisés et qui se proposent de recommencer. Un certain nombre de conservateurs, élus simplement comme tels, se sont montrés, depuis deux années, disposés à opérer une évolution, à entrer loyalement dans la République, à constituer avec nous, contre le césarisme renaissant et le radicalisme intransigeant, un véritable parti de gouvernement. Il s'agit d'empêcher ces défections patriotiques, de retenir les braves gens à qui le scrutin de liste par arrondissement ouvrirait la porte même de la République raisonnable, juste et modérée qui est la nôtre. Ici encore, l'objection n'est qu'un argument de plus pour notre thèse; — 3º les radicaux intransigeants, qui voient avec raison dans le

scrutin départemental l'instrument même de la tyrannie
électorale que nous avons trop longtemps et trop patiem-
ment subie, tyrannie qui s'exerce de deux façons : avant le
premier tour de scrutin, par l'oppression des comités et
des journaux; après le premier tour de scrutin, par la
concentration. Dans quelques circonstances redoutables,
au 16 mai, au 18 octobre, la concentration a été dictée,
commandée par l'intérêt même de la République : il a fallu
voler d'abord au drapeau, quel que fût le porte-drapeau.
Mais de la concentration, procédé électoral, on a voulu
faire un système politique, et ce ne sont point les radicaux
intransigeants qui ont été les dupes de ce système. Veut-on
continuer cette duperie?

Les partisans du rétablissement pur et simple du scrutin
d'arrondissement raisonnent mieux : ils sont, comme nous,
les ennemis du césarisme ; comme nous, les ennemis de
l'intransigeance ; comme nous, ils répugnent à l'oppression
des minorités. Mais, si la liste départementale offre de
sérieux périls, le scrutin uninominal n'est pas, à son tour,
dans les circonstances actuelles, sans présenter des inconvénients : il y a quelque chose d'humiliant et même
de ridicule pour un grand parti à changer tous les quatre
ans le principe même de la loi électorale ; enfin, rien
ne garantit le succès de la tentative. Je reconnais, par hypothèse, au scrutin d'arrondissement toutes les vertus et
toutes les efficacités dont on le pare. Mais si la majorité
le repousse? Quelle sera votre posture, alors? Comment
vous servirez-vous du scrutin de liste d'avance discrédité
par vous? Le secret de votre faiblesse, ne l'aurez-vous
point trahi?

Enfin les découragés, les hommes de peu de foi, qui
affirment que, dans cette dernière année d'une déplorable
législature, la Chambre est hors d'état de voter autre
chose que des expédients. Oh ! sans doute, les arguments,
les exemples à l'appui ne manquent pas : ils forment toute
une encyclopédie d'erreurs et de fautes. Et cependant je
pousserai l'optimisme jusqu'à affirmer que pour sauver le
régime parlementaire menacé,— et le régime parlementaire

c'est la liberté, la République elle-même, — ce sont précisément les fautes répétées qu'elle a commises, la stérilité pour le bien dont elle a donné tant de preuves, qui obligent la Chambre, dans les quelques mois de vie qui lui restent, à faire un viril effort et à prouver le mouvement, comme le philosophe grec, en marchant. Il faut aboutir, et, si elle le veut, la Chambre peut aboutir comme elle le doit.

On dit : demander à la Chambre de voter une véritable réforme du procédé électoral, c'est trop... Comment, mais ce n'est point assez ! Mais le procédé, qui sans nul doute est quelque chose, n'est point tout ! Mais rien ne sera fait tant que l'on n'aura point, pour assurer la stabilité du régime républicain, pour soustraire la République au déchaînement irréfléchi des courants subits, aux flux et reflux passionnés du suffrage universel, substitué au renouvellement intégral de la Chambre le renouvellement partiel qui fonctionne déjà pour le Sénat ! La liberté est menacée, la République même est menacée, et pour les défendre vous vous en remettriez au hasard, au vent de folie qui a apporté ce César forain et qui le remporterait ! Mais c'est le moment, au contraire, d'agir avec décision, avec célérité. La revision de la carte administrative est, sans doute, une œuvre d'assez longue haleine : ne peut-on du moins en adopter le principe ? Ceci fait, la Commission de refonte une fois nommée, rien n'empêche d'en inscrire d'avance dans la loi électorale l'une des conséquences politiques les plus importantes, le scrutin de liste par arrondissement substitué au scrutin de liste départemental. J'accorde que douze mois sont un court espace de temps pour reviser la carte, alors cependant que deux ou trois mois avaient suffi pour la dresser. Eh bien, mettez la charrue devant les bœufs ! Au lieu de commencer par le commencement, la réforme des départements et des arrondissements, commencez par la conclusion, le scrutin de liste par grand arrondissement. Les formules ne manquent pas. Deux bons républicains, MM. Jozon et Rolland, avaient présenté en 1875 à l'Assemblée nationale un amendement sur le *petit scrutin de liste*, auquel Gambetta s'était rallié (1) ; MM. Francisque Rive et Alfred André en avaient déposé un autre. Mais au moins faites une loi qui n'ait point l'air d'un expédient ; et, puisqu'il est devenu nécessaire de reviser la loi électorale, qu'on ne prenne point la modalité électorale, tout importante qu'elle soit, pour toute la loi, que la même loi, dans son titre second, établisse le renouvellement partiel par tiers, tous les deux ans.

Le renouvellement intégral, en effet, c'est la loterie, quel que soit le mode de scrutin ; et, si le pays s'est laissé surprendre le jour du vote, la surprise, alors, c'est l'irrévocable pour quatre années. Mais alors même que le pays a été consulté dans les conditions les plus favorables, le renouvellement intégral reste une des causes les plus certaines de la stérilité parlementaire. La Chambre nouvelle, toute fraîche, mal instruite des nécessités politiques, perd une première année à se reconnaître, à jeter sa gourme ; elle perd ensuite sa dernière année à se préoccuper, avant toute chose, de sa réélection. A peine, dans ce système, vingt mois de travail sérieux. Sauf les élections partielles, nécessairement rares et souvent trompeuses, le pays, pendant ces quatre longues années, ne parle pas ; on le fait parler, ce qui n'est point la même chose ; dès lors, tous les quatre ans, au lieu de l'expression calme d'une volonté réfléchie, l'expression brutale de son caprice du moment, d'un engouement passager ou d'un déplaisir injuste. Rien de tel avec le système de la permanence pour la Chambre des députés, régulièrement renouvelée tous les deux ans pour un tiers, recevant à des

(1) Après le rejet de la proposition de M. Gambetta tendant au maintien du scrutin de liste (26 novembre 1875), MM. Jozon et Rolland déposèrent l'amendement suivant auquel M. Gambetta se rallia : « L'élection a lieu au scrutin de liste par département. *Tout département qui nomme cinq députés, ou un moins grand nombre, forme une seule circonscription.* La loi établit dans les départements qui nomment plus de cinq députés des circonscriptions électorales. » L'amendement fut rejeté ainsi qu'un amendement de MM. Rive et Alfred André qui proposait d'appliquer le système de la liste aux arrondissements ayant plusieurs députés à élire.

époques fixes et rapprochées un afflux de sang nouveau, sans cesse en haleine, sans cesse en communication directe et sûre avec le pays. Point d'interruption dans le travail législatif : un travail continu, la certitude d'aboutir. Point de grandes foires électorales, où l'existence même du pays peut être remise en question ; point d'à-coups dans la délicate machine du régime parlementaire. La nature ne fait pas de sauts, mais lentement et sûrement se renouvelle incessamment elle-même : voilà le modèle. La permanence, avec le renouvellement, c'est le suffrage universel vraiment maître, le travail parlementaire vraiment fécond, et par suite le gouvernement lui-même enfin assuré de quelque stabilité.

Le mode électoral n'est que l'instrument, outil sans doute qui peut être plus ou moins précis, plus ou moins dangereux ; mais la vraie réforme qui peut et doit sauver le régime parlementaire, c'est-à-dire les libertés publiques, c'est le renouvellement partiel.

QUESTIONS MILITAIRES

ARMÉE D'AFRIQUE ET ARMÉE COLONIALE.
LA LOI SUR LE RECRUTEMENT ET LES PROFESSIONS LIBÉRALES.
LE MINISTRE CIVIL DE LA GUERRE.

ARMÉE D'AFRIQUE ET ARMÉE COLONIALE

29 juillet 1882.

Parmi les nombreux enseignements qui ressortent des derniers événements de Tunisie et d'Égypte, il n'en est point de plus certain que l'obligation de créer, en dehors de l'armée de défense nationale, une armée d'Afrique et une armée coloniale.

On reconnaîtra à cette création un intérêt militaire et un intérêt politique :

Un intérêt militaire : parce que dans l'état actuel des choses tout envoi d'un corps expéditionnaire au sud de la Méditerranée apporte nécessairement une perturbation grave à l'organisation de notre armée continentale et compromet dans une certaine mesure le succès d'une mobilisation éventuelle ; — parce que le corps expéditionnaire lui-même, composé d'éléments disparates et peu entraînés, ne possède point les qualités d'homogénéité et de solidité qui sont nécessaires aux guerres africaines et coloniales.

Un intérêt politique : car, à voir partir de jeunes soldats-citoyens pour un pays lointain et des climats nouveaux,

une nation sensible s'émeut, s'inquiète, finit par prendre
peur; les basses passions exploitent la plus respectable
des sollicitudes : de là, pour une grande part, l'indécision
et le désarroi qui marquent depuis trop longtemps notre
politique.

Est-il besoin de dire que ces observations ne s'adressent pas aux politiciens de la nouvelle école pour qui
notre puissance africaine et coloniale n'est point l'un des
deux ou trois facteurs essentiels de notre avenir? Elles
s'adressent à ceux qui pensent que notre grandeur future
est au prix de la forte constitution, sur les deux rives de
la Méditerranée, de cinquante à soixante millions de Français (1), et qui estiment, dès lors, que rien n'est plus
indispensable que d'assurer à cette France prolongée,
à nos possessions d'Algérie et de Tunisie, à nos colonies
d'Égypte et de Syrie, une protection efficace et constante.

Cette protection existe-t-elle aujourd'hui dans la forme
à la fois la plus sûre et la moins onéreuse? Évidemment
non. Notre armée nationale n'a été créée et organisée que
pour un seul but : la défense du territoire continental de

(1) « Il n'y a que deux façons de concevoir la destinée future de la
France : ou bien nous resterons ce que nous sommes, nous consumant
sur place dans une agitation intermittente et impuissante, au milieu
de la rapide transformation de ce qui nous entoure, et nous tombe-
rons dans une honteuse insignifiance sur ce globe occupé par la pos-
térité de nos anciens rivaux, parlant leur langue, dominés par leurs
usages et remplis de leurs affaires, soit qu'ils vivent amis pour exploiter en commun le reste de la race humaine, soit qu'ils se jalousent et
se combattent au-dessus de nos têtes; ou bien quatre-vingts à cent
millions de Français, fortement établis sur les deux rives de la Méditerranée, au cœur de l'ancien continent, maintiendront à travers les
temps le nom, la langue et la légitime considération de la France.
Qu'on en soit pourtant bien persuadé : ce n'est pas à un moindre prix ni
avec de moindres forces qu'on pourra être compté pour quelque chose
et suffisamment respecté en ce monde nouveau, que nous ne verrons
pas, mais qui s'approche assez pour projeter déjà sur nous son ombre
et dans lequel vivront nos petits-fils. Puisse la préoccupation de ce
redoutable avenir nous faire estimer à leur juste prix nos misérables
querelles et nous unir enfin dans un vœu ardent et dans un généreux
effort pour la perpétuité et pour l'honneur du nom français! » (*La France
nouvelle*, p. 419.)

la République dans la prévision d'une guerre contre l'Allemagne. Au lendemain de la guerre, les auteurs de la loi de 1872 n'ont pas eu d'autre pensée. Ils n'ont vu que notre frontière mutilée et, derrière les Vosges, campée dans les champs d'Alsace-Lorraine, la Prusse victorieuse et armée jusqu'aux dents.

Ils n'ont songé, et c'est l'oubli qu'il importe de réparer, ni à l'Afrique, malgré le redoutable avertissement de l'insurrection de 1871, ni à l'Orient, ni à la Méditerranée.

Que le service militaire obligatoire et personnel doive rester la base même de notre organisation militaire, cette vérité n'est pas à démontrer. Aucun autre système ne peut donner les masses énormes de combattants que réclame la guerre moderne. Aucun autre système n'est compatible avec l'esprit d'une démocratie égalitaire, avec les aspirations d'un pays démembré. Tout cela est l'évidence.

Mais si, pour défendre le territoire continental et pour travailler à reconstituer un jour l'intégrité de la patrie, il est nécessaire que tous les Français soient soldats, une *autre* armée peut seule protéger au loin nos intérêts coloniaux et politiques.

Faut-il rappeler ce qui s'est passé l'an dernier, quand il s'est agi, pour le ministre de la guerre, d'occuper la Tunisie et de réduire l'insurrection du Sud oranais?

Il fallait, pour cette double et inévitable opération, de quarante à cinquante mille hommes.

Où les trouver?

Deux systèmes étaient en présence :

Ou bien former des unités de marche avec des soldats et des sous-officiers pris dans les quatrièmes bataillons de presque tous les régiments, ce qui répartissait d'une manière à peu près égale, entre toutes les garnisons, le contingent à fournir, mais ce qui apportait presque partout un trouble grave au fonctionnement normal des effectifs déjà trop faibles sur le pied de paix;

Ou mobiliser tout un corps d'armée avec ses réserves, ce qui constituait une double injustice, d'une part en faisant supporter le fardeau de la guerre à une seule région,

d'autre part en exposant aux hasards d'une lointaine campagne des hommes qui, dans l'ordre naturel des choses,
ne devaient être appelés qu'en seconde ligne.

Le ministre de la guerre, le général Farre, guidé par
des raisons militaires très sages et par des raisons politiques qui ne l'étaient pas moins, se prononça pour le
premier parti. Il en a été souvent, mais bien injustement,
blâmé. Dans l'état actuel de notre organisation militaire,
c'était, de tous les partis à prendre, le moins mauvais.

Mais quels en furent les résultats? à quel prix furent
obtenues la répression de l'insurrection algérienne et l'occupation de la Tunisie?

Le prix a généralement été jugé trop coûteux.

D'abord, en Afrique même, pour nos troupes, des épreuves
trop dures, disproportionnées. Venus de presque tous les
régiments sans exception, les soldats des quatrièmes bataillons furent mal cousus ensemble. On eut bien des milliers
de soldats embrigadés et enrégimentés sur le papier. On
n'eut pas, à proprement parler, pendant les deux ou trois
premiers mois, des compagnies, des régiments et des
brigades. Entre ces soldats qui ne se connaissaient pas entre
eux et ces chefs qui ne connaissaient pas leurs soldats, la
cohésion fit défaut, ce que les militaires appellent la *cou-
ture*, l'esprit de corps, la « nationalité régimentaire ». Puis,
ces soldats étaient tous trop jeunes, de vingt à vingt-trois
ans, vingt-deux ans en moyenne, n'ayant pas plus de deux
ans de service, par conséquent insuffisamment vigoureux,
insuffisamment instruits et rompus aux fatigues (1). Sans

---

(1) Il faut ajouter que la guerre de montagne et de désert a sa tactique particulière, ses procédés qui veulent être appris, jusqu'à ses
armes dont il faut savoir se servir. Il fallut improviser tout cela ; au
prix de quels efforts, les militaires le savent. Un fait entre mille pourra
en donner une idée. Pour organiser les batteries de montagnes, presque
seules utilisables dans un pays accidenté et dépourvu de routes, on dut
emprunter aux septièmes et huitièmes batteries des régiments d'artillerie tous leurs éléments disponibles. On prit indistinctement servants
et conducteurs ; des cavaliers qui n'avaient jamais démonté un affût
échangèrent brusquement la basane pour le brodequin napolitain et se
virent, non sans étonnement, mettre entre les mains des engins nou-

doute, ils supportèrent très bravement les épreuves du climat et ils se battirent bravement. C'étaient des soldats français. Mais la tâche fut trop rude et la victoire coûta plus cher qu'il n'eût fallu. Ce qu'un homme mûr de trente ans, après un dressage spécial, peut faire presque en se jouant, il n'est pas raisonnable de le demander, du jour au lendemain, à un enfant de vingt ans. S'il y eut tant de blessés dans les marches et tant de malades dans les hôpitaux, s'il y eut dans maintes manœuvres de l'indécision et de la lenteur, la cause en est là et non ailleurs : les soldats de l'armée de Tunisie étaient trop jeunes, trop novices, trop dépaysés dans un climat nouveau.

Quand tous ces faits, bien qu'il eût été facile de les prévoir, furent connus en France par les lettres des soldats à leurs parents et par les rapports, odieusement ou ridiculement exagérés, de certains journaux, les parents et les amis se désolèrent publiquement et, de droite et de gauche, on ouvrit l'oreille, pour se consoler, aux accusations les plus folles et les plus détestables. Tant de cœurs émus furent un terrain admirablement préparé pour la graine de diffamation et de lâcheté qui fut semée à pleines mains.

En résumé, l'absence d'une armée spéciale d'Afrique nous a valu l'année dernière :

Une désorganisation partielle et momentanée de l'armée territoriale ;

Des efforts disproportionnés à la tâche à accomplir ;

Le trouble et l'agitation à l'intérieur ;

Des encouragements honteux à la politique qui ferait de la France un grand Manchester sans le coton, à la politique de laisser-faire, d'effacement et d'abdication.

Aujourd'hui, dans l'affaire d'Égypte, nous assistons au même phénomène. Si l'opinion publique se montre aussi réservée, aussi timorée, n'est-ce pas qu'elle redoute,

veaux dont les effets, le maniement et le nom même leur étaient également inconnus. C'est sur les champs de bataille de Tunisie que le canon de 80 millimètres de montagnes a reçu le baptême du feu, et ses premières décharges ont été aussi pleines de surprises pour ses servants improvisés que pour les Kroumirs, qu'elles n'atteignaient guère.

comme conséquence d'une politique active et prévoyante,
l'envoi de jeunes soldats-citoyens dans la vallée du Nil?
Calcul maladroit, évidemment, car plus on a tardé,
plus les difficultés se sont accrues. Où cinq cents gendarmes suffisaient en février pour éteindre le feu de paille
naissant, il faudra demain, contre l'incendie menaçant, de
dix à douze mille hommes. Quoi qu'il en soit, ce calcul s'est
fait partout. Il a été le second mouvement d'un peuple
dont le premier mouvement, le *bon*, aurait été autrefois une
généreuse colère contre l'insolence d'une méprisable sol-
datesque, contre la dispersion de la plus riche de nos
colonies, contre l'outrage fait à notre drapeau.

Que se passait-il cependant de l'autre côté de la Manche?
C'est précisément l'opinion publique et la presse qui ont
forcé à l'action un cabinet pour le moins aussi hésitant que
le ministère français du 30 janvier. Pourquoi? — Parce
que, dira-t-on, le peuple anglais connaît la valeur de ses
intérêts orientaux et que son patriotisme n'a jamais été
plus robuste qu'à cette heure. — Oui, certes. Mais encore
— je ne dis point : mais surtout, cela ne serait pas exact —
parce que l'armée anglaise est une armée dont la guerre
est le métier, parce qu'elle n'est pas seulement une armée
de défense territoriale.

Cherchera-t-on dans ce parallèle qui s'impose soit un
reproche de pusillanimité à l'adresse de notre pays, soit
une accusation d'égoïsme contre la nation anglaise?
On aurait grand tort ; il n'y a là qu'une constatation,
banale au fond, de quelques vérités très naturelles et très
humaines. Si vous faites abstraction de ces grandes fièvres
d'enthousiasme dont les peuples les plus naturellement
braves, dans toute leur histoire, comptent à peine deux ou
trois exemples, vous reconnaîtrez sans peine qu'il n'est pas
bon pour un grand pays de n'avoir pour *toute* armée que la
fleur de sa jeunesse. On comprend sans que j'insiste ; on doit
comprendre aussi que personne ne rêve, aujourd'hui moins
que jamais, d'une armée de mercenaires dont une politique
sans scrupules pourrait jouer comme au hasard et qui, danger plus grand encore et mal plus cruel, risquerait de dis-

penser la nation elle-même des mâles vertus. Ce que nous avons voulu montrer est d'une évidence plus pratique. C'est d'abord qu'il faut pouvoir réserver l'armée de défense nationale, telle qu'elle a été organisée en 1872, à l'objet spécial pour lequel elle a été créée ; ensuite qu'il convient d'assurer résolument, mais par d'autres moyens, la protection de cette grande source de vie qui est notre puissance coloniale.

Or ce n'est pas à un moindre prix ni avec de moindres forces — une armée d'Afrique d'environ soixante mille hommes, et une armée coloniale de vingt-cinq mille — que cette puissance peut être préservée.

The right man in the right place. Ce n'est pas avec des légionnaires, pour héroïques qu'ils soient, c'est avec des pompiers qu'on éteint les incendies. Ce n'est point avec de jeunes soldats de deux ans qu'il convient de garder la terre d'Afrique et de repousser les barbares dans les Saharas. Pour une œuvre aussi rude, aussi redoutable et d'aussi longue durée, il faut des troupes dont l'art de la guerre soit pendant dix années le seul métier, des soldats depuis assez longtemps présents au drapeau pour que l'équipement et les armes leur soient devenus, sous les climats les plus divers, aussi familiers, aussi faciles à employer que *leurs propres membres.*

Ceci reconnu, c'est aux hommes spéciaux dans l'armée et dans le parlement à déterminer dans le détail les principes de la nouvelle organisation. La question, d'ailleurs, ne date pas d'aujourd'hui, on ne s'est pas préoccupé d'aujourd'hui seulement de chercher à quelles sources il faudra puiser les éléments en hommes et en argent d'une armée d'Afrique et d'une armée d'expédition coloniale. On sait déjà comment ces troupes pourront être recrutées parmi les indigènes, avec la légion étrangère augmentée, surtout parmi les engagés volontaires de cinq ans, qui alimentent déjà le dix-neuvième corps pour une si forte part, et, parmi les rengagés des autres corps. Si la France a été assez riche autrefois pour payer sa gloire, elle l'est toujours assez pour payer les frais de sa sécurité (primes de rengagement, hautes payes de soldats et sous-officiers,

inscription de rentes et emplois civils après dix ans, par
exemple, de service). Et, si l'argent ne saurait manquer,
les hommes ne manqueront pas non plus. Sous le régime
de la loi de 1832, près du quart de l'effectif était composé
de remplaçants, c'est-à-dire d'hommes qui embrassaient
pour une prime déterminée le métier de soldat; or il n'y
a aucune raison de croire que la source de cette dure et
vaillante race soit tarie chez nous. Son existence ne ré-
pond-elle pas à certains goûts d'aventures et d'activité
physique, comme aussi à certaines conditions sociales qui
ont, les uns et les autres, un caractère trop humain pour
n'être pas permanent ?

Ainsi, pour conclure : plus on étudie les conditions de
notre politique étrangère et particulièrement de notre politique africaine et coloniale, plus la nécessité apparaît,
urgente et impérieuse, d'organiser ces deux armées spéciales pour la défense de notre influence dans le monde.
Plus on étudiera le fonctionnement de ces armées d'Afrique
et des colonies, plus on conviendra que leur organisation
ne présente que des avantages : sécurité de nos possessions,
protection de nos nationaux, maintien et développement de
notre influence, envergure plus large de notre diplomatie,
emploi fécond dans l'activité des camps de milliers de
de forces ardentes et robustes que l'oisiveté de la métropole transforme en éléments de trouble et de désordre.

Ce fut une erreur grave, en 1871, d'oublier, par on ne
sait quel manque injustifié de confiance dans l'avenir, que
la France a gardé ailleurs que sur les Vosges des intérêts
vitaux qui demandaient à être solidement défendus.
Aujourd'hui, après la leçon que nous avons reçue, ne
pas procéder dans un bref délai à la création d'une armée
d'Afrique et d'une armée coloniale serait pire qu'une
faute...

LA LOI SUR LE RECRUTEMENT ET LES PROFESSIONS LIBÉRALES

Avril 1884.

I

Depuis le dépôt du rapport de M. Ballue sur la loi de recrutement, la presse discute avec passion la question de la suppression de l'engagement conditionnel d'un an et des dispenses conditionnelles du service militaire. Je voudrais présenter à ce sujet quelques observations.

Que le service militaire prolongé soit un lourd fardeau pour tous, pour ceux qui ne se vouent pas aux professions libérales comme pour ceux qui les embrassent ou qui prétendent les embrasser, on reproche à quelques-uns de l'oublier. On reproche d'autre part aux partisans du service de trois ans de méconnaître les intérêts des hautes études. Ces deux reproches sont-ils également fondés ? Accepter que la loi sur le recrutement se préoccupe de « la sélection des professions libérales dans ce pays », pour parler comme Gambetta, ce n'est pas du tout admettre que

les trois grands mots, qu'on fait si souvent retentir, de
« haute culture intellectuelle », servent de pavillon à des
marchandises qui ne sont pas « la haute culture ». Se
prononcer pour le principe du service de trois ans, ce
n'est pas davantage préparer la destruction de l'esprit français. En définitive, il s'agit seulement de déterminer en
quoi la suppression des articles 20, 53 et 54 de la loi
du 27 juillet 1872 atteindrait la pépinière de nos savants,
de nos artistes, de nos professeurs; par suite, de quelle
façon il convient de procéder pour ne faire, « en matières
d'exemptions et de dispenses, que le strict nécessaire (1) ».

Nous nous proposons d'examiner quelles sont les diverses
catégories de jeunes gens portés à l'article 20 (dispense
conditionnelle) et aux articles 53 et 54 (engagement conditionnel d'un an) et de les répartir en deux groupes :
groupe dont les membres ne se rattachent par aucun lien
à la haute culture intellectuelle; groupe dont les membres
s'y rattachent (2).

II

ENGAGEMENT CONDITIONNEL D'UN AN

*Article 54. — Sont admis, avant le tirage au sort, à
contracter un engagement conditionnel d'un an, les
jeunes gens qui satisfont à un des examens exigés par*

(1) Assemblée nationale, 1ᵉʳ juin 1872, discours de Gambetta.
(2) « Eh bien, je dis que lorsque vous rencontrerez, en effet, non
pas un intérêt d'un caractère privé, toujours discutable, variable,
aléatoire, mais un intérêt d'un caractère déterminé d'une façon pré-
cise, ou bien une classe ou, pour parler plus exactement, une catégorie de jeunes gens qui auront à faire valoir *ou un droit ou un intérêt aussi puissant qu'un droit*, je comprends alors que vous accor-
diez une dispense. » (Même discours.)

les différents programmes préparés par le ministre de la guerre et approuvés par décrets rendus dans la forme des règlements d'administration publique. — C'est le gros coefficient des volontaires d'un an qui est visé par cet article. Il s'applique aux jeunes gens qui, n'étant pas assez instruits pour conquérir, non pas même les diplômes de bachelier, mais les diplômes de fin d'études et les brevets de capacité, sont cependant assez riches pour payer 1500 francs après avoir subi un examen dont la valeur est aujourd'hui jugée. C'est un privilège ploutocratique. Les jeunes gens visés par l'article 54 peuvent devenir par la suite des industriels, des agriculteurs, des artisans, des artistes, des commerçants très distingués, c'est-à-dire des hommes très utiles à leur pays. Mais il est certain que les hautes études ne les réclament pas et que les membres de la *Société de l'enseignement supérieur*, par exemple, acceptent avec empressement qu'ils soient soumis au service de trois ans. Sur le service intégral de cette partie du contingent, point de discussion; tout le monde est d'avis que ces jeunes gens seront, pour la plupart, après un an ou dix-huit mois, d'excellents sous-officiers.

Article 53. — *Les jeunes gens qui ont obtenu des diplômes de bachelier ès lettres, de bachelier ès sciences, des diplômes de fin d'études ou des brevets de capacité institués par les articles 4 et 6 de la loi du 26 juin 1865; ceux qui font partie de l'École centrale des arts et manufactures, des écoles nationales des arts et métiers, des écoles nationales des beaux-arts, du Conservatoire de musique; les élèves des écoles nationales vétérinaires et des écoles nationales d'agriculture; les élèves externes de l'École des mines, de l'École des ponts et chaussées, de l'École du génie maritime et de l'École des mineurs, à Saint-Étienne, sont admis avant le tirage au sort.* — C'est particulièrement la portion instruite, lettrée, intelligente des volontaires d'un an. Après l'organisation d'un régime spécial pour quelques-uns de ses membres, c'est elle qui doit donner, au bout de douze mois, une élite incomparable, unique au monde, de sous-officiers modèles, et, au bout de trois ans, une élite non moins précieuse d'officiers de réserve. C'est elle qui doit développer dans l'armée, au plus haut point, les sentiments de patriotisme et de désintéressement.

Que la liste de l'article 53 fût très rationnellement formée, c'est ce que même les membres de l'Assemblée nationale qui l'ont établie ne prétendaient pas ; ils reconnaissaient, comme on peut voir aux Annales parlementaires, qu'elle avait été confectionnée un peu au hasard ; que telles catégories avaient été inscrites qu'on aurait pu à merveille laisser de côté, et réciproquement ; enfin, que la confusion entre de simples diplômés et les élèves de certaines écoles de l'État est fort illogique. Qu'est-il résulté de cette rédaction défectueuse? D'une part, le général Campenon propose un régime spécial pour les membres des écoles nationales mentionnées à l'article 53. D'autre part, le bureau de la *Société de l'enseignement supérieur* se désintéresse catégoriquement, dans la lettre adressée par lui à M. Jules Ferry, « de ces jeunes oisifs qui, contents d'avoir fait de médiocres études classiques et d'en avoir obtenu la constatation officielle par un médiocre examen, ne cherchent point à poursuivre un but plus élevé ». — Le « médiocre examen » en question, c'est indifféremment, soit le simple examen de bachelier (ès lettres ou ès sciences), soit celui qui ne conduit qu'au diplôme de fin d'études et au brevet de capacité.

Quels sont donc, parmi les jeunes gens portés à l'article 53, ceux dont on peut dire à bon droit qu'un intérêt spécial ou supérieur les réclame ? C'est, dit la *Société de l'enseignement supérieur*, « ceux qui ne se contentent pas d'avoir obtenu la constatation officielle de médiocres études…, » ce que nous traduisons ainsi avec une addition : 1° ceux qui, avant le tirage au sort, sont pourvus du double diplôme de bachelier ès lettres et de bachelier ès sciences (1), ou d'un diplôme quelconque de licencié ; —

(1) Ce double diplôme est réclamé pour le doctorat en médecine. Il faut d'ailleurs assimiler aux licenciés les étudiants pourvus de seize inscriptions de doctorat.

2° les élèves des écoles spéciales. — De ceux-là, en effet, on peut présumer, avec des chances d'erreur fort restreintes, « qu'ils poursuivent un but plus élevé »; qu'ils sont appelés, d'une manière ou d'une autre, à être particulièrement utiles à la patrie. Les études classiques n'ont pas été pour eux un moyen comme un autre de tourner la loi militaire; elles ont été évidemment pour eux la préface et la préparation d'une vocation sérieuse.

A quel chiffre peut-on, à priori, estimer le contingent de ces jeunes gens? Selon les évaluations les plus probables, il variera entre quinze cents et deux mille tout au plus; il conviendra, en effet, non point d'abaisser, mais au contraire d'élever considérablement le niveau des examens de baccalauréat et de licence. Alors, comment ne pas admettre qu'on organise pour ces jeunes gens un régime spécial qui pourrait être le suivant?

1° Après la possibilité de deux sursis d'appel, service effectif d'un an au moins, concours, puis, *en qualité d'externes*, stage de vingt-deux mois dans une école militaire proprement dite, ou dans des corps spéciaux, suivant la carrière à laquelle ces jeunes diplômés se destinent, pour obtenir le grade de sous-lieutenant de réserve (1).

2° Deuxième période, selon le projet de la *Société de l'enseignement supérieur :* « Tous les Français doivent à l'armée, dans ses diverses divisions : armée active, réserve, armée territoriale, vingt ans de service. Nous admettrions, pour ceux qui ont bénéficié de l'engagement conditionnel d'un an, des obligations d'une plus longue durée. En Allemagne, les médecins de tout âge doivent leur concours à l'armée. Il n'y aurait donc rien d'excessif à ce que non seulement les médecins, mais les légistes, les professeurs, les savants de tout ordre pussent être requis jusqu'à un âge avancé, par l'autorité militaire, pour certains services administratifs, en rapport avec leurs études. Ce serait

(1) La création d'écoles militaires ou de corps spéciaux d'instruction destinés à former des officiers de réserve vient d'être proposée à la Chambre par M. Ténot (2 avril 1884).

une sorte d'inscription militaire, analogue à l'inscription maritime. »

En résumé, nous proposons de distinguer parmi les anciens engagés conditionnels de l'article 53 les trois catégories suivantes :

1° Jeunes gens n'ayant obtenu que l'un des deux diplômes de bachelier, les certificats de fin d'études, etc., faisant *trois ans pleins* de service ;

2° Élèves des écoles nationales portées à l'article 53, soumis au régime spécial ;

3° Jeunes gens ayant obtenu, avant le tirage, soit un double diplôme de bachelier, soit un diplôme de licencié, soumis au régime spécial.

Ainsi, d'une part, l'armée recevrait comme sous-officiers de l'active et officiers de réserve tous ces jeunes hommes qui, sans être des savants, sont cependant pourvus d'une instruction secondaire relativement considérable, jeunes gens qui sont propres à être dans les régiments des modèles de discipline et de zèle, d'activité et de patriotisme. D'autre part, l'organisation du groupe III sauvegarderait les intérêts de la haute culture intellectuelle, dans les mêmes conditions où l'organisation du groupe II préserverait les intérêts non moins importants que les Chambres de commerce ont signalés à la sollicitude du parlement.

III

Article 20. — L'article 20 est celui qui traite des dispenses conditionnelles de service, c'est-à-dire des dispenses *en échange* d'un certain nombre d'années consacrées au service public. La loi de 1872 établit jusqu'à sept catégories de dispensés. Le projet dont M. Ballue est rapporteur demande la suppression de toutes ces dispenses et le service uniforme de trois ans pour tous les jeunes gens portés à l'article 20. Quant à la *Société pour l'étude des questions d'enseignement supérieur*, elle est très loin de réclamer le maintien des dispositions de 1872. « Dans la paix même, dit-elle après avoir déclaré que toute la jeunesse se doit à la patrie quand la patrie est menacée, dans la paix même, il faut pour tous une initiation militaire, et il ne suffit pas, pour cette initiation, que l'on ait appris le maniement des armes à l'école ou au collège ; il faut qu'à l'âge même des devoirs militaires on ait pris place dans les rangs de l'armée ; qu'on s'y soit plié à toutes les exigences de la discipline ; qu'on y ait fait, sous toutes les formes, l'apprentissage du métier de soldat. Sur ce point, aucune contestation ne s'élève de la part de l'enseignement supérieur. »

On n'a pas assez remarqué l'importance de cette déclaration. Les hommes qui ont les titres les plus éminents pour parler au nom des hautes études françaises, M. Bufnoir et M. Boutmy, M. Lavisse et M. Beudant, M. Beaussire et M. Dastre, M. le général Favé et M. le D^r Le Fort, ne veulent plus entendre parler de dispense complète de service, même pour les plus savants des universitaires et les plus délicats des artistes. La Société (l'observation est capitale) ne se place pas, pour justifier son vœu, à ce point de vue plus particulièrement utilitaire qu'après dix ou quinze années d'études cérébrales, il est bon que les jeunes gens, membres de l'enseignement supérieur, mettent leur cerveau en jachères pendant un séjour plus ou moins prolongé dans un régiment ; qu'une grande activité physique les reposera d'une trop longue et trop intense activité intellectuelle. Non ; bien que cette vue n'échappe pas aux membres de la Société, c'est par d'autres raisons qu'ils se décident, raisons toutes démocratiques et patriotiques, et « l'Université est unanime pour approuver ces raisons ».

Donc, sur le principe même du service militaire réellement obligatoire pour tous, plus de doute. La seule question est de concilier la durée du service militaire « avec cet autre intérêt qui n'a pas moins d'importance pour la

grandeur et la prospérité du pays », celui de la haute culture intellectuelle.

Pour l'article 20, comme pour les articles 53 et 54,
nous allons procéder, en commençant par la fin, à un
examen des diverses catégories :

1° *Les élèves ecclésiastiques désignés à cet effet par les
archevêques et par les évêques, et les jeunes gens autorisés
à continuer leurs études pour se vouer au ministère dans
les cultes salariés par l'État,* c'est-à-dire les séminaristes
de toutes les confessions. Le Concordat est muet sur cette
question, qui ne fut pas même traitée dans les négociations
entre le premier consul de la République et le pape Pie VII.
La dispense ne fut accordée que plus tard. Ce n'est pas,
en tout cas, l'intérêt de l'enseignement supérieur qu'on
peut invoquer pour combattre la réforme qui est proposée
au paragraphe 7 de l'article 20 ;

2° *Les jeunes gens qui ont contracté l'engagement
décennal dans l'instruction primaire, dans les écoles
communales ou dans les écoles libres* (§§ 5 et 6). Les édu-
cateurs de la jeunesse et de l'enfance, les hommes qui
sont appelés à former les générations de la revanche, sont
les premiers qui doivent donner l'exemple. Ils le doivent
pour pouvoir enseigner les éléments du métier des armes
à leurs élèves, pour que leur enseignement civique ne soit
pas une rhétorique vaine. Le service militaire obligatoire
pour les instituteurs et assimilés est une nécessité morale
de premier ordre ; .

3° *Les membres de l'instruction publique (enseignement supérieur) et les professeurs des institutions nationales des Sourds-Muets et des Jeunes-Aveugles, qui ont
contracté l'engagement décennal* (§§ 1 et 2). Le projet de
loi qui est soumis à la Chambre les astreint à trois ans de
service. Ils rentrent dans les conditions des groupes II et
III (art. 53) ;

4° *Les élèves de l'École normale supérieure, les élèves
pensionnaires de l'École des langues orientales vivantes
et les élèves de l'École des chartes, qui auront contracté
l'engagement décennal* (§§ 1 et 4), *et les artistes qui ont*

remporté les grands prix de l'Institut, à condition qu'ils passeront à l'École de Rome les années réglementaires et rempliront leurs obligations envers l'État (§ 3), c'est-à-dire, par excellence, le personnel des hautes études. On n'a jamais demandé que ce petit bataillon de quatre-vingt-dix à cent jeunes gens fût soumis au service intégral de trois ans, comme on ne demande plus pour eux une dispense complète de service. On leur appliquera le régime spécial de l'article 19 (1) de la loi de 1872 (instruction militaire à l'École), à condition que l'engagement décennal soit effectivement tenu.

IV

Nous n'entrerons pas plus avant dans le détail de cet amendement, non pas qu'il soit difficile d'en arrêter le texte législatif, mais parce qu'il suffit d'indiquer comment l'obligation réelle, effective, du service militaire se concilie à merveille, si l'on veut être juste et modéré de part et d'autre, avec les intérêts de la haute culture des esprits. En quoi l'avenir intellectuel de la République sera-t-il compromis parce que les simples bacheliers, les simples diplômés, les instituteurs primaires, les séminaristes, les anciens *quinze-cents francs* de l'article 54 passeront trois

---

(1) « Les élèves de l'École polytechnique et de l'École forestière sont considérés comme présents sous les drapeaux dans l'armée active pendant tout le temps passé par eux dans lesdites écoles. Ils y reçoivent l'instruction militaire et sont à la disposition du ministre de la guerre.

« A la sortie de ces écoles et s'ils ont satisfait aux examens prescrits, ils sont nommés officiers de réserve. Les élèves qui ne satisfont pas aux examens de sortie de ces écoles ou qui refusent les emplois mis à leur disposition dans les services publics suivent les conditions de la classe de recrutement à laquelle ils appartiennent par leur âge. Le temps passé par eux à l'école est déduit des années de service déterminées par l'article 38 de la présente loi. » (Art. 19.)

ans sous les drapeaux (1)? Comment les intérêts supérieurs
de la défense seraient-ils lésés si l'obligation du service
est transformée pour l'élite des jeunes gens particulièrement voués à la science, pour les uns dans les conditions
de l'article 19, pour les autres selon notre projet?

Les républicains qui suivaient Gambetta étaient, dès
1872, partisans du service de trois ans. Ils ont été battus
alors par l'intervention de M. Thiers (2); mais battus, ils
se sont résignés; ce ne sont pas eux qui ont soulevé la
question de la réduction générale du service; tant que
cela leur a été possible, ils ont même, et non sans courage,
repoussé les réclamations isolées. Seulement, les réclamations ont cessé d'être isolées, et comme le suffrage universel, dans son immense majorité, a réclamé dans dix
scrutins cette réduction de deux ans, alors, dans leur passion
exclusive de la défense nationale, ils n'ont connu que ce
souci : regagner d'un côté ce qu'on perdait de l'autre.
Députés et sénateurs bourgeois, vous avez promis à vos
électeurs, paysans et ouvriers, que le service de leurs fils
serait réduit de cinq ans à trois. Soit, mais cette réduction
ne peut être opérée, sans préjudice pour l'armée, que si
vos fils servent désormais trois ans au lieu de douze mois.
Jamais nous n'accepterons la réduction que vous réclamez

(1) Sous le régime des lois antérieures, la plupart de ces jeunes
gens (et les plus lettrés, les plus savants en première ligne) ne pouvaient *acheter* de remplaçants; ils étaient soumis en conséquence au
service de sept ans.

(2) Les généraux Trochu, Chanzy, Guillemaut, Billot étaient partisans du service de trois ans. — Gambetta prononça trois discours dans
la discussion de l'Assemblée nationale (1er, 3 et 12 juin 1872). Nous
relevons encore, dans le premier de ces discours, le passage suivant :
« Il y avait une opinion qui disait: Il faut faire le service personnel
sans exception, sans dispenses, sans qu'au travers du réseau de la loi
puisse passer aucune espèce d'exception. Évidemment, si l'on eût tenu
à cette rigueur des principes, ni les finances de l'État, ni les nécessités sociales n'auraient pu s'en accommoder. La question qui se pose,
c'est de faire une conciliation véritable, équitable..., sans cependant
s'abandonner à l'esprit de concessions jusqu'à reprendre, par le détail,
ce qu'on aurait salué dans ce principe. »

si vous n'accordez à la même heure l'augmentation qui doit être le rachat de cette réduction.

Quant aux jeunes gens dont la culture supérieure a été invoquée avec grande raison par les uns, mais par d'autres seulement pour qu'elle serve de pavillon à de moindres titres, on a vu qu'il est possible, sans inconvénient et sans porter atteinte au principe fondamental de la loi, de les soumettre à un régime spécial.

LE MINISTRE CIVIL DE LA GUERRE (1)

I

N'est-ce pas par un mal que tout bien est produit?

Nous avons eu pendant dix jours du scandale à remuer à la pelle (2). Aujourd'hui, le vent est à la vertu et la presse est pavée des meilleurs et des plus honnêtes projets. Le vieux-neuf, sans doute, abonde dans ces réformes, — ce qui prouve, une fois de plus, qu'il faut que le mal se renouvelle souvent avant que l'on y porte résolument le fer qu'on a vingt fois approché du four, — mais ce vieux-neuf est excellent.

Parmi les nombreuses idées de réformes qui viennent de revoir le jour, il n'en est pas de plus importante que la proposition de mettre un civil à la tête du ministère de la guerre. Cette théorie, qui fut appliquée par la Convention, était chère à Gambetta, qui s'en est expliqué bien des fois devant ses amis. Le régime parlementaire est nécessairement celui de l'instabilité — au moins relative — des

(1) Articles parus dans la *République française* des 18, 19, 22 et 26 octobre 1887.
(2) Affaire Caffarel-Limouzin-Wilson.

ministères. Il n'y aurait pourtant que demi-mal à cette instabilité si, sous les ministres qui passent, le chef d'état-major général au ministère de la guerre et le directeur politique au ministère des affaires étrangères étaient inamovibles de fait. C'est le système qui fonctionne en Angleterre avec l'institution des sous-secrétaires d'État permanents et celle du commandant en chef de l'armée qui n'est point le ministre de la guerre. C'est ce que Gambetta aurait voulu introduire dans notre jeune et capricieuse République. C'est ce qu'on pourrait y introduire encore, d'un accord presque unanime. Ce n'est point là une question de parti : c'est une question de salut national. Ne pourrions-nous faire trêve, pendant une heure, à nos misérables querelles pour l'étudier et en préparer le succès ?

Première remarque qui domine tout le sujet : la permanence du chef d'état-major général au ministère de la guerre n'est pas une question distincte de la question du ministre civil de la guerre, c'est la question même ; les deux problèmes sont identiques.

Sans doute, on préférerait à l'instabilité du tout, du ministre militaire et du chef d'état-major (ce qui est l'état de choses actuel), la stabilité du chef d'état-major avec l'instabilité du ministre militaire. Mais que d'inconvénients d'abord à cette superposition ou juxtaposition de deux généraux, l'un politique, l'autre militaire, — l'un, le ministre, le supérieur hiérarchique, qui serait employé à la besogne parlementaire, — l'autre, le chef d'état-major, l'inférieur, qui serait réservé à l'œuvre militaire ! Quel serait « le genre » de soldats, dans cette hypothèse, dont on ferait les ministres de la guerre ?... Évidemmeut, les *moins* soldats, si je puis dire, les intrigants, les beaux parleurs, les politiciens de café, les *fricoteurs*, — tout cela va de pair. Et à quels autres soldats l'état-major général serait-il confié ?... Aux meilleurs, évidemment, aux *plus soldats*, aux plus intelligents, aux plus instruits. De sorte qu'au bout de fort peu de temps, cette note : *Bon pour être ministre de la guerre*, n'équivaudrait pas précisément à une recommandation.

On voit, sans que j'insiste, l'impossibilité morale d'une pareille division de nos officiers généraux en ministrables et non-ministrables. D'où cette conséquence évidente : la condition même de la permanence du chef de l'état-major au ministère de la guerre, c'est le **ministre civil de la guerre.** Avec la superposition d'un général *militaire* et d'un général *politique,* ce serait le moins bon soldat qui deviendrait ministre. Avec le principe du ministre de la guerre civil, c'est, au contraire, le civil le plus intelligent, le plus ferme, le plus éclairé qui sera appelé à ces hautes fonctions.

Quel que soit le parti, en effet, qu'amène aux affaires la bascule parlementaire, on peut être assuré qu'il tiendra à honneur d'envoyer au ministère de la rue Saint-Dominique le *dessus de son panier.* Des motifs plus ou moins étrangers à l'intérêt national peuvent dicter le choix d'un ministre des postes, ou des travaux publics, ou de l'intérieur. Le ministre civil de la guerre sera toujours choisi parmi les meilleurs du parti. Sans doute ses attributions seront limitées, étroitement limitées, et toute la partie technique sera hors de son domaine : ce sera le domaine exclusif du chef d'état-major, nommé par décret, révocable seulement par décret du Président de la République. Mais il n'en sera pas moins, ce civil, le chef temporaire de l'armée et l'on hésitera à nommer à un tel poste, à une telle dignité, le premier venu.

Autre chose : ce civil, quel qu'il soit, sera à peine ministre de la guerre, même ministre à compétence très restreinte, qu'il s'appliquera..., comment dirai-je?... à prendre, d'abord les dehors, puis les vertus militaires. Simple député, il subordonnait souvent l'intérêt de l'armée à l'intérêt électoral : non point, certes, par manque de patriotisme, mais, tout simplement, hélas! parce que député. Ministre de la guerre, il va devenir, dans le meilleur sens du mot, un peu « grognard ». L'intérêt de l'armée, il ne verra plus autre chose ; le suffrage des militaires, il n'en ambitionnera pas d'autre pendant son passage au pouvoir ; il ne sera plus l'avocat, le complaisant

QUESTIONS MILITAIRES. 229

de ses électeurs; il ne sera plus l'avocat que de l'armée.

Or, sauf de rares exceptions, il n'en est pas de même des militaires qui deviennent ministres. Les plus loyaux, les plus fermes, les plus patriotes, ceux qui, pendant trente années, ont fait preuve des vertus militaires les plus solides, ceux-là sont à peine ministres qu'ils subissent une transformation en sens inverse. Ils s'efforcent de perdre leurs vertus et de prendre les défauts — souvent même les vices — civils. C'est déplorable, je l'accorde, mais c'est ainsi; vous avez vingt noms sur les lèvres...

C'était ainsi, souvent, sous un régime qui n'avait rien de parlementaire, au contact des cours, des antichambres et des œils-de-bœuf. Dans le régime parlementaire, c'est toujours ainsi. Nous autres civils qui vivons depuis des années dans la politique, nous ne savons pas combien cette atmosphère politique, combien l'atmosphère parlementaire est dangereuse, pour ne pas écrire : malsaine. Elle trouble, elle grise. Bien des cerveaux de civils — et des mieux constitués — n'y résistent pas. Il n'est peut-être pas un cerveau militaire qui puisse y résister longtemps. Ce qui trouble, déroute, grise ainsi, ce n'est point d'ailleurs ce qu'il y a de bon, de beau dans la politique. C'est ce qu'il y a de pire, l'intrigue ambiante, le mauvais succès de tribune dû à quelque phrase sonore et creuse, à quelque geste de rhéteur. L'intrigue qui serpente dans les couloirs, les applaudissements répétés qui retentissent dans la salle de théâtre, devant les galeries bondées de spectateurs et de spectatrices, voilà le poison. Tel qui a été de bronze devant les plus effroyables dangers est de cire molle devant ce péril-là. Il garde l'uniforme et la triple étoile, il est le chef de l'armée : il sera, demain, moins « militaire » que le dernier des « pékins » qui l'écoutent. C'est ainsi, c'est un fait. De même que l'air vif des montagnes est mortel à de certains poumons, la chaude et lourde atmosphère d'un parlement est mortelle au cerveau des militaires. Les meilleurs, ceux qui s'aperçoivent du lent et cruel empoisonnement, saisissent la première occasion de jeter là leur portefeuille. Pour redevenir le

20

soldat qu'ils étaient, il faut s'en aller, s'enfuir, faire une bonne cure de caserne dans une garnison lointaine, à l'abri des groupes et des coteries.

II

J'ai avancé plus haut que, pour réaliser la permanence du chef d'état-major au ministère de la guerre, il est nécessaire que le ministre de la guerre soit un civil, et j'en ai donné une première raison : l'impossibilité morale de superposer un général *politique*, le ministre passager de la guerre, au général *militaire*, le chef d'état-major inamovible. En voici une seconde :

Un officier général, qui arrive au ministère de la guerre après une longue et laborieuse carrière de trente ou trente-cinq années, y arrive avec des idées personnelles sur toutes les questions militaires, sur l'armement comme sur la concentration et la mobilisation, sur le système de fortifications comme sur l'organisation de l'infanterie, de l'artillerie ou de la cavalerie. Dès lors, comme il ne peut être préoccupé que du bien de l'armée, comme il est convaincu par suite que l'application de ses idées sera profitable entre toutes à la défense nationale, il est animé, nécessairement, de la légitime ambition de faire prévaloir ses vues. Or, pour les faire prévaloir, il a besoin de collaborateurs dévoués, sinon à sa personne, du moins à ses idées. Les collaborateurs de son prédécesseur, surtout le chef d'état-major général, il les estime, sans doute, à leur juste valeur. Mais ces hommes, ces officiers, ne partagent point ses doctrines. Il se sépare donc, pour commencer, de ces officiers avec tous les témoignages de considération, les décore, les renvoie dans leurs régiments, et il les remplace par des officiers qui font profession de penser comme lui. Son prédécesseur avait fait de même et son successeur encore fera de même. C'est dans la nature des choses. Et voilà pourquoi, à toutes les crises ministérielles, chaque fois qu'il prend fantaisie à M. Clémenceau de culbuter un cabinet, l'état-major général change de chef, de direction, de plan, au seul bénéfice de l'étranger qui nous guette et qui s'amuse de ce travail de Pénélope.

Peut-il en être autrement avec un ministre militaire de la guerre? Évidemment non. Si le général, appelé au commandement en chef de l'armée, n'a point sur les problèmes variés de l'état-major des idées personnelles, sinon très originales, c'est qu'il a traversé la carrière sans voir, sans observer, sans réfléchir, c'est qu'il est indigne du poste qu'il occupe. En serait-il de même avec un ministre civil? Évidemment non. D'abord, parce qu'avec l'organisation d'un chef d'état-major permanent les attributions techniques du ministre seraient restreintes. En second lieu, parce qu'il ne saurait s'aviser, lui civil, lui *pékin*, de vouloir faire la loi aux hommes du métier. Le plus outrecuidant ne se le permettrait pas, et ce ne sera pas le plus outrecuidant qui sera délégué au portefeuille de la guerre. S'il pouvait cependant en avoir la fantaisie, il serait arrêté tout de suite par la première raison que je viens d'indiquer : la délimitation étroite de ses attributions, raison qui suffit, comme la première excuse du maire de Rouen à Henri IV. « Sire, disait ce bourgmestre au vainqueur d'Ivry, si nous n'avons pas accueilli Votre Majesté avec les salves d'artillerie d'usage, c'est, d'abord, parce que nous ne possédons pas de canons, c'est ensuite... — Votre première raison, reprit le roi, me suffit. » Eh bien, le ministre civil de la guerre n'aura pas de canons! Il en aura à sa disposition tout juste autant que le ministre civil de la guerre en Angleterre. Les canons, — je veux dire : les plans de mobilisation et de concentration, — c'est l'affaire, en Angleterre, du commandant en chef de l'armée ; ce serait le domaine exclusif, chez nous, du chef d'état-major permanent.

Donc, par le seul fait de la présence d'un civil au ministère de la guerre, fixité dans l'œuvre de l'état-major général ; — fixité, assurément, n'est pas immobilité ni routine ; — j'entends seulement que l'état-major, cette clef de voûte de l'édifice militaire, est placé désormais à l'abri des à-coups et des fluctuations des partis politiques.

Au surplus, ce ministre civil de la guerre, quel sera-t-il? Ceci est essentiel : il sera, comme en Angleterre, un vrai civil. Quel est le ministre actuel de la guerre dans le cabinet Salisbury? Un libraire-éditeur, le Hachette d'outre-Manche. Son prédécesseur était un marchand de cotonnades, lequel, lui aussi, n'avait eu pour prédécesseurs, depuis plus d'un siècle, que des tisseurs, des brasseurs, des armateurs, des banquiers, des avocats et des journalistes. Tous ou presque tous, whigs et tories, étaient des hommes intelligents et laborieux, sachant s'assimiler les questions, habiles à défendre devant les Chambres les intérêts de l'armée royale. Mais tous étaient des civils, de vrais civils. Il faudra qu'il en soit de même parmi nous. Des civils, point d'anciens militaires ayant à une heure quelconque, pour des motifs quelconques, quitté l'armée pour la politique. J'en sais, de ces anciens officiers, qui sont l'honneur de la Chambre dont ils font partie, après avoir été l'honneur de leurs régiments. Ce n'est pas eux, cependant, qu'il faudrait appeler au ministère de la guerre : ils ouvriraient la voie à d'autres qui n'ont pas laissé dans l'armée les mêmes souvenirs de sympathie et d'estime, dont l'élévation serait peut-être un scandale, certainement un danger. Il y va de l'intérêt de l'armée ; il n'y va pas moins de l'intérêt du pouvoir civil dont il s'agit — considération qu'il va falloir aborder — d'affirmer la suprématie.

Des laïques, pas de défroqués !

Est-il nécessaire maintenant d'insister sur l'utilité de la réforme militaire que nous poursuivons, qui est à la fois la condition et la conséquence du ministre civil de la guerre? La permanence, la quasi-inamovibilité du chef d'état-major de la guerre est une de ces vérités, ce semble, qui s'imposent, qui n'ont pas besoin d'être longuement démontrées. On demandait à un philosophe grec de prouver le mouvement. Le philosophe répondit : « Marche ! »

A ceux qui demanderaient pourquoi l'intérêt sacré de la
défense nationale exige que le chef de l'état-major soit
placé à l'abri des bourrasques parlementaires, je répon-
drais de même : « Regardez de l'autre côté de la trouée
des Vosges! Voyez le maréchal de Moltke, chef inamovible de l'état-major prussien depuis l'avènement du roi
Guillaume! »

. Avons-nous un de Moltke parmi nos officiers d'état-
major? Pourquoi n'en aurions-nous pas? Gambetta, qui se
connaissait en hommes et en soldats, qui avait trouvé
Chanzy et Faidherbe, Jaurès et Gougeard, Billot et Jauréguiberry, Farre et Clinchant, — Gambetta croyait l'avoir
trouvé dans la personne du général de Miribel. On sait
quel déchaînement de stupides outrages, de misérables
calomnies il brava, pendant son court ministère, pour avoir
élevé l'intérêt de l'armée au-dessus de son intérêt personnel, pour avoir appelé le général de Miribel à l'état-
major de la guerre en même temps qu'il nommait le vieux
Canrobert et le général de Galliffet membres du conseil
supérieur. On sait quelle fut sa dernière parole au Président de la République, lorsqu'il remit au chef de l'État
sa démission et celle de ses collègues du 14 novembre :
« Je n'ai qu'une demande à vous adresser : gardez le
général de Miribel. J'ai supporté tous les inconvénients de
ce choix ; ayez-en pour l'armée et pour la France, tous les
avantages. » Parole touchante! noble attente à laquelle
son successeur n'osa point répondre!... Eh bien, la stabilité dans la direction de l'état-major est chose si importante, si vitale, que mieux vaudrait encore le maintien,
pendant dix ans, d'un officier de valeur même moyenne à
la tête de ce service que la succession de vingt Miribel, de
vingt Ferron et de vingt Saussier à six mois de direction
chacun!

III

La stabilité du chef de l'état-major général est la pensée
dominante de la réforme que nous poursuivons. A côté
du ministre civil, qui sera soumis au flux et au reflux de
la politique, dont les attributions seront étroitement délimitées, mais qui aura l'honneur d'être le défenseur attitré
des intérêts de l'armée dans le parlement, — l'officier
divisionnaire qui aura dans ses attributions les questions
militaires proprement dites, qui aura été nommé directement et ne pourra être remplacé que par un décret du
chef de l'État, contresigné par le président du Conseil,
rendu peut-être après l'avis de la Commission des commandants de corps d'armée, et qui sera, si l'on veut, le
major général de l'armée : voilà le but à atteindre, voilà
la réforme.

Mais la nécessité d'un chef permanent de l'état-major
n'est point la seule considération qui nous guide. Nous
tenons pour cette réforme parce que nous avons appris à
redouter pour la Liberté la présence, au ministère de la
guerre, d'un général qui ne songerait qu'à sa propre fortune — et parce que la présence d'un civil au ministère
de la guerre est le moyen le plus certain pour exclure,
pour chasser la politique de l'armée.

Un civil, ministre ou non, peut lui aussi, tout comme
un militaire, aspirer à la dictature. — L'histoire des répu-
bliques italiennes a prouvé que cette hypothèse peut devenir une vérité ; on ne le conteste pas. — Donnez cependant
à ce civil, avec toutes les qualités de l'emploi, tous les
vices qui peuvent servir le mieux à ce genre d'entreprises :
avec l'éloquence de Mirabeau donnez-lui l'obstination de
Robespierre ; avec le génie politique de Danton l'astuce de
Barras ; avec la passion de Marat la souplesse de Barnave ;
avec l'enthousiasme de Vergniaud la méthode de Sieyès ;

avec la ténacité de Carnot l'absence de scrupules de Fabre.
Vous y êtes : vous avez réuni, assemblé dans un seul
homme toutes ces vertus et tous ces vices; ce civil est à
l'apogée de sa gloire et de sa popularité; il aspire à la
dictature, il la veut. Eh bien, il a cent fois moins de
chances de réussir qu'un jeune militaire, qui n'aura pour
lui que son ambition, un panache blanc ou bleu, un cheval
de cirque noir ou gris, et ce levier redoutable, cet incomparable tremplin, le commandement en chef de l'armée!

C'est désolant, humiliant, affligeant, tout ce que l'on
voudra. Mais c'est ainsi... Pourquoi?... Parce que nous
sommes toujours les Gaules amoureuses et militaires...
Parce que le virus césarien, une fois qu'il a pénétré dans
le corps humain, n'en saurait jamais être entièrement
expulsé... Parce que les femmes, qui font les deux tiers de
l'opinion, adorent l'uniforme en détestant la guerre...
Parce que la foule, qui est femme, chante et bat des mains
quand le clairon passe... Parce que la République n'a
pas encore poussé des racines de vingt ans dans notre
vieux sol monarchique... Parce que c'est ainsi.

D'un civil, alors même qu'il a rendu à la patrie les plus
éclatants services, alors qu'il a fondé — non point, appa-
remment, dans le dessein de les confisquer ensuite ou de
les détruire — la République et la Liberté, alors que
son ambition est certainement pure et désintéressée entre
toutes, la démocratie — athénienne ou française, mais
partout également soupçonneuse, envieuse et jalouse, —
ne supporte rien. D'un militaire qui n'a rien fait que n'aient
fait cent autres colonels, qui travaille d'abord à sa propre
fortune, mais qui a saisi les rênes d'une main bien gantée
et pique les flancs de la bête avec des éperons à mo-
lettes d'or, cette même démocratie, tout à coup aveugle,
confiante, subjuguée, endure tout.

Le civil se permet un geste d'autorité, — encore moins :
une parole d'indépendance un peu trop fière, dite sur un
ton un peu trop haut, — c'est une menace, une intolérable
menace. Mais tout est permis au beau général. Ses inso-
lences sont des caresses et les caprices de son coiffeur de-

viennent les plus sages des lois. *Et omnes, quia sibi genæ immodice prostabant, barbam demittere jussit.* « Et, parce qu'il avait les pommettes saillantes, il fit porter la barbe à toute l'armée. » — Cela s'est vu à Rome, au dire de l'historien républicain, dans la Rome qui avait été la ville des Cicéron, des Caton et des Brutus...

Eh bien, nous sortons d'en prendre, et c'est assez! Sans doute, il a suffi du courage de quelques hommes — combien étaient-ils? — pour arrêter la République sur la pente glissante. Pourtant le jeu est trop chanceux, et nous ne tenons pas à recommencer. Nous avons vu ce que peut donner, aux mains d'un soldat, inconnu encore la veille, mais remuant, mais actif, mais ambitieux, l'exploitation habile du ministère de la guerre : la conscience du peuple troublée, affolée ; les leçons, les souvenirs du passé, sortis des mémoires, foulés aux pieds ; un courant de popularité que les plus braves jugeaient irrésistible. On a cru voir repasser sur le mur l'ombre de Brumaire et de Décembre. N'est-ce pas assez de cet avertissement? Notez, d'ailleurs, que la partie a été mal jouée, qu'on a gâché les atouts qui venaient sans se lasser, qu'on a manqué de méthode, qu'on n'a fait preuve ni de prudence ni de tact. Mais un autre, demain, peut reprendre cette partie, un autre qui aurait un passé victorieux, qui serait prudent, qui n'écrirait pas, qui saurait se taire, qui serait à ce maladroit précurseur ce que Bonaparte a été au pauvre Augereau... Veut-on encore une fois jouer la République à pile ou face?

Dans un siècle environ, « quand on dira Napoléon comme on nomme Cyrus », on pourra voir, alors. En attendant, pour assurer la suprématie du pouvoir civil, pour que la Liberté soit à l'abri de toute atteinte, pour clore l'ère des aventures, placez une redingote au ministère de la guerre.

Cette poussée de militarisme malsain est dangereuse pour la Liberté ; elle ne l'est pas moins pour l'armée elle-même. Les choses en sont là, elles en sont venues là au bout d'un an ; si vous ne mettez pas un civil aujourd'hui au ministère de la guerre, vous aurez demain la politique dans l'armée.

Le soir de la mort de Gambetta, un révolutionnaire, un des hommes de l'insurrection communaliste qui avait fait le coup de fusil jusqu'à la fin et qui avait été dans la suite l'un des adversaires les plus acharnés du grand orateur républicain, Lissagaray, rencontra l'un de nos amis. Les folliculaires de l'intransigeance se réjouissaient de la mort de Gambetta : « Les imbéciles! dit Lissagaray, ne voient-ils pas que les généraux sont délivrés? »

La voilà, la politique dans l'armée! La politique dans l'armée, ce n'est pas le respect du régime républicain imposé par le gouvernement de la République. Aucun gouvernement, en aucun temps, dans aucun pays, n'a jamais toléré que son principe pût être discuté par les soldats sous les armes. Mais la politique est dans l'armée lorsque des clientèles militaires se forment autour des noms de généraux, quels que soient ces noms, et, dans le désarroi qui est la conséquence inévitable de l'affaiblissement du pouvoir civil, lorsque le peuple lui-même trouble la conscience militaire en poussant d'autres cris que les seuls qu'un peuple libre doive pousser. La politique entre dans l'armée, lorsque l'on commence à crier : « Vive un homme! » Nous trouvons mauvais qu'on puisse crier : « Vive le général X...! » Nous trouvons pire d'opposer aux cris de : « Vive le général X...! » le cri de : « Vive le général Y...! » On croit obéir à un sentiment respectable, patriotique, peut-être républicain. On s'engage tout simplement dans la voie du prétorianisme, la légion de la première Lyonnaise ayant son chef préféré et la légion de la première Narbonnaise ayant le sien. Tel général a profité de son passage au ministère de la guerre pour se créer une clientèle. Tel autre, demain, fera de la feuille à bénéfices le même usage personnel, égoïste. Vous aurez alors des clans dans l'armée. Et ce serait le commencement de la fin : la Liberté serait blessée au cœur.

Or, avec un ministre civil de la guerre, rien de pareil n'est possible. M. Martin-Feuillée, M. de Freycinet, M. Ribot, M. Georges Perin, M. Casimir-Perier peuvent être, selon les hasards de la politique, des ministres civils de la guerre. Il n'y aura jamais dans l'armée un parti Ribot, un parti Freycinet, un parti Martin-Feuillée. Seul, un ministre civil peut préserver l'armée de la contagion empoisonnée, mortelle, de la politique. Avec un ministre civil et un major général, l'armée reste ce qu'elle doit être : l'armée de la France, l'armée de la loi.

I V

Il reste une dernière question à examiner : quelles seront les attributions du ministre civil de la guerre? quelles seront celles du chef permanent de l'état-major?

On sait quelles sont les attributions du chef actuel de l'état-major général. Elles sont de quatre sortes et réparties entre quatre bureaux:

1° Organisation et mobilisation générales de l'armée;

2° Statistique militaire et étude des armées étrangères;

3° Opérations militaires et instruction générale de l'armée;

4° Étapes, chemins de fer, transport des troupes par voie de fer et par eau; télégraphie.

La sous-direction du dépôt de la guerre qui comprend cinq sections, la section technique qui comprend trois subdivisions, forment, avec ces quatre bureaux, l'ensemble du service de l'état-major général.

Les attributions du chef d'état-major général ne sont-elles pas insuffisantes, même dans les conditions actuelles du ministère de la guerre? Nous avons entendu soutenir cette opinion par de bons esprits. Mais, avec le ministre civil de la guerre, c'est l'évidence même qu'il faudrait les élargir. Ne pas procéder ainsi, serait organiser à plaisir le conflit entre le ministre civil et le chef de l'état-major; ce serait annihiler d'avance tous les avantages que l'on se propose de recueillir en mettant un civil à la tête du ministère de la guerre et en assurant la stabilité du chef de l'état-major. Mieux vaudrait cent fois — si l'on devait reculer devant cette réforme complémentaire, mais qui es la condition *sine qua non* du succès des deux autres — conserver l'organisation actuelle avec tous ses vices et tous ses périls.

Le chef de l'état-major, dans l'organisation actuelle du ministère de la guerre, est essentiellement amovible : il change, en effet, avec chaque ministre de la guerre. Suffit-il d'assurer, dans l'organisation future, une permanence de fait, sinon de droit, au chef de l'état-major? Cela ne suffit pas. Avec un ministre civil au département de la guerre, le chef de l'état-major doit devenir le *major général* de l'armée. Et il ne suffit pas seulement de faire revivre, même avec la permanence de fait, un grade et un titre, il faut encore créer, grouper, réunir entre les mains de cet officier un ensemble d'attributions qui fassent de lui, en temps de paix, ce que des attributions analogues ou correspondantes font du généralissime en temps de guerre. Le major général, — je ne saurais mieux le définir, — c'est le généralissime en temps de paix. Le même homme pourra sans doute, selon les circonstances, remplir les deux fonctions. Rien ne s'oppose à ce que le major général reçoive du Président de la République les lettres de service qui feront de lui, le jour où la guerre éclatera, le généralissime de notre armée. Rien ne s'oppose, d'autre part, à ce qu'il y ait à la fois un major général et un généralissime. Les deux fonctions, les deux rôles sont distincts par eux-mêmes : on peut, selon les cas, surtout selon les hommes, les tenir séparés ou les réunir.

Nous avons indiqué dans un précédent article les conditions particulières de la nomination du major général. Il serait nommé directement par le chef de l'État, en conseil des ministres, — peut-être sur une liste de présentation dressée par la Commission des commandants de corps d'armée. Dans ce système, qui aurait de solides avantages, mais contre lequel des objections sérieuses ont été élevées, la Commission désignerait trois candidats aux fonctions de major général. Le conseil des ministres choisirait, dans une séance spéciale, entre ces trois candidats. — Pour rendre la nomination plus solennelle, on pourrait appeler à cette séance, avec voix délibérative, le président du Sénat et le président de la Chambre des députés.

On suivrait les mêmes règles et la même procédure pour le remplacement du major général.

Le major général aurait un grade supérieur au grade de commandant de corps d'armée; il aurait, en temps de paix, sur les commandants des corps d'armée, la même autorité qui appartient, en temps de guerre, au généralissime sur les généraux commandant en chef.

Quant au départ des attributions entre le ministre et le major général, on peut, croyons-nous, le comprendre ainsi :

Le major général aurait d'abord la direction des quatre bureaux de l'état-major général, — dont la sous-direction du dépôt de la guerre n'est qu'une annexe, — et la présidence de la section technique de l'état-major général (chemins de fer, télégraphie militaire, enseignement dans les écoles militaires).

Pour les directions du ministère de la guerre, il semble qu'il faudrait distinguer.

Les directions de l'infanterie, de la cavalerie, de l'artillerie et du génie doivent évidemment relever d'un militaire; elles seront dans les attributions du major général.

Un civil peut seul — je ne dis pas mettre un terme au gaspillage, — mais rétablir dans l'administration du département de la guerre la stricte économie qui est indispensable. De l'aveu des militaires les plus compétents, un civil peut seul faire cesser l'abus séculaire qui consiste à payer plus de cinq francs ce qui ne vaut que cent sous. Les directions du contrôle, des services administratifs, des poudres et salpêtres et du service de santé relèveront du ministre.

Les demandes de crédit, de quelque direction qu'elles émanent, devront être soumises au ministre civil, qui statuera et qui présentera aux Chambres les projets destinés à convertir en articles de loi les demandes qu'il aura approuvées.

Même procédure pour les promotions. — L'inscription d'office au tableau d'avancement par le ministre devra être réduite, sinon supprimée : elle n'a donné lieu le plus souvent, même sous des ministres militaires, qu'à des abus et des passe-droits. — Préparées par le major général, c'est le ministre qui soumettra les nominations à la signature du Président de la République. Cette procédure, entre autres avantages, supprime immédiatement les conflits qui existent aujourd'hui, d'une façon permanente, entre l'état-major qui veut employer un officier breveté et la direction qui tient à conserver cet officier à la tête d'un régiment, d'un bataillon ou d'une compagnie.

Les nominations dans l'ordre de la Légion d'honneur et dans la médaille militaire seront également dans les attributions du ministre.

L'emplacement des corps d'armée est fixé par la loi; les créations, déplacements, augmentations et diminutions de garnisons relèveront du major général.

Pour les comités et commissions, même départ que pour les directions :

Le major général présidera le comité d'état-major, — on s'explique même difficilement qu'il n'en ait pas été toujours ainsi, — la Commission militaire supérieure des chemins de fer et la Commission de télégraphie militaire. Les comités consultatifs de l'infanterie, de la cavalerie, de l'artillerie et du génie seront également placés sous sa direction.

Le Président de la République est le président du comité de défense; le ministre en conservera la vice-présidence et dirigera, comme par le passé, les travaux du conseil supérieur de la guerre et ceux du comité supérieur de la caisse des offrandes nationales; le major général sera membre de droit de ces comités; la Commission mixte des travaux publics, les Commissions de l'intendance, des poudres et salpêtres et de santé, la Commission des substances explosives, la Commission chargée de dresser la

21

liste de classement des sous-officiers proposés pour les emplois civils, relèveront directement du ministre.

Les projets de loi (recrutement, avancement, état-major, armement, création ou suppression de régiments, etc.) seront préparés conjointement par le ministre et le major général; le ministre les présentera au parlement et les défendra devant lui; il pourra se faire assister par des commissaires spéciaux; le major général ne pourra jamais être commissaire spécial.

En résumé, toute la partie technique, spéciale, militaire proprement dite, dans les attributions du major général; et, dans les attributions du ministre civil, toute la partie administrative, toutes les questions politiques et toutes les affaires d'un ordre mixte.

Ce départ, qui paraîtra peut-être logique et rigoureux, supprimera-t-il jusqu'à la possibilité de tout conflit entre le ministre civil et le major général? On ne le prétend pas. Les frontières ont beau être délimitées étroitement, les murailles qui les protègent ont beau être élevées, la nature humaine est faite ainsi que les conflits sont toujours possibles. Ce qu'on peut affirmer cependant, c'est que ces conflits, s'il en survient, seront de beaucoup moins fréquents et de beaucoup moins préjudiciables que tous ceux qui, dans l'état actuel des choses, sont soulevés à tout instant entre les différents services par le changement incessant des ministres, des chefs d'état-major et des directeurs.

POLICE

LE SERVICE DE LA SURETÉ

LE SERVICE DE LA SURETÉ (1)

3 janvier 1885.

I

Il s'est développé depuis quelque temps, chez un trop grand nombre d'anciens fonctionnaires, des habitudes singulières. A peine ont-ils quitté l'administration où ils étaient employés que, sans tarder d'une heure, ils livrent aux quatre vents de la publicité le récit de tout ce qu'ils ont vu, le secret de tout ce qui leur a été confié, des mémoires contre leurs collaborateurs et des réquisitoires contre leurs chefs, le tout dûment grossi d'anecdotes controuvées et d'âpres commentaires. Les révélations ne sont pas toujours dénuées d'intérêt. Le procédé, s'il se généralisait, serait à brève échéance le discrédit et la ruine de l'administration.

Un fonctionnaire a quitté le service; pendant les années

(1) *Le service de la sûreté*, par son ancien chef G. Macé. 1 vol., Charpentier et Cⁱᵉ.

21.

qu'il y a passées, il a étudié les rouages de l'administration qui l'occupait; les ayant étudiés de près, il y a découvert des vices, il a même imaginé un système de réformes ; puis, de ce qu'il a observé ainsi, il tire un article de revue, un brochure, un livre : est-il besoin de certifier que cette publication est parfaitement légitime? Le livre sera bon ou mauvais, les améliorations proposées seront judicieuses ou chimériques, les critiques formulées seront fondées ou déplacées : l'ex-fonctionnaire n'a manqué à aucune règle professionnelle et son droit est entier. Mais c'était là l'ancienne méthode, et « nous avons changé tout cela ». Méditer longuement un sujet, extraire de ses notes et de ses souvenirs ce qui offre un intérêt permanent, négliger ou garder pour des mémoires posthumes ce qui n'a trait qu'aux personnes, faire un livre, c'était bon pour les fonctionnaires réservés, pour les écrivains scrupuleux d'autrefois. Aujourd'hui on est plus pressé. A quoi bon composer un livre quand il est si facile de fabriquer un volume? Des rapports cousus ensemble, d'où l'on n'a supprimé aucun petit fait, où l'on a respecté jusqu'aux erreurs les plus ridicules (1), des extraits de dossiers, des fragments de comptes rendus, des bouts d'articles, des documents et des statistiques quelconques, une demi-douzaine d'histoires de portières, les matériaux mal ou point dégrossis d'un livre, voilà un volume de quatre cents pages. Le livre d'autrefois allait aux bibliothèques des hommes sérieux ; le volume d'aujourd'hui se vend comme un roman à scandale. Le livre d'autrefois pouvait profiter à une cause utile ; le volume d'aujourd'hui sert à faire du tapage autour d'un nom.

Mais laissons la question littéraire. Bien qu'elle tienne d'assez près à l'autre, il importe peu, en définitive, que M. G. Macé, ancien chef du Service de la sûreté, écrive et compose mal ou bien. Ce qui importe, ce qui est très grave et très regrettable, c'est la façon dont un ex-fonctionnaire,

---

(1) Par exemple, celle-ci : « Pour ce dernier (un projet de loi sur la police des mœurs), M. *Molé Tocqueville* a fait une conférence. » (P. 200.)

qui n'est point le premier venu, a compris ses devoirs envers l'administration qui l'avait accueilli et qu'il a quittée. Extraire des archives, sans autorisation, des rapports sur les personnes et sur les choses, révéler ou se donner l'apparence de révéler des secrets, s'ériger en juge de ses collaborateurs et de ses supérieurs hiérarchiques, distribuer aux uns des éloges compromettants, aux autres des reproches qu'on ne croit pas inoffensifs, quel étrange procédé et quel dangereux précédent! Par ce temps de publicité à outrance, bien administrer n'est pas déjà si facile : si maintenant il ne suffit pas de se défendre contre les inventions saugrenues des gens qui ne sont pas de la partie, s'il faut encore se prémunir contre les révélations des agents qui occupent des postes de confiance, administrer sera impossible.

Et puis, avec un pareil système, que deviennent les convenances, que deviendront le respect de la hiérarchie et la discipline? Un jour, c'est un préfet mis à la retraite qui envoie des témoins au sous-secrétaire d'État que ses amis ont interpellé à son propos. Ce préfet, au cours de sa carrière, a sans doute révoqué des gardes champêtres et suspendu des maires : si tel maire suspendu ou tel garde révoqué l'avait appelé en champ clos, comment aurait-il pris la fantaisie? — Le lendemain, c'est le chef du plus délicat, sinon du plus important service de la préfecture de police, qui traîne à la barre de l'opinion ses supérieurs de la veille : que dirait-il si l'un ou l'autre de ses anciens employés, ayant gardé copie, lui aussi, des ordres de service et des instructions qu'il avait reçus, venait le payer à son tour de la même monnaie? Nous sommes en République : est-ce une raison de trouver bons les procédés que les monarchies réprimaient avec une sévérité légitime? La République a poussé trop souvent la mansuétude jusqu'aux confins de la naïveté : le jour où elle ouvrira les yeux sur le danger des abus, croit-on qu'à son tour elle ne saura pas sévir?

II

Ce n'est pas précisément par l'ordre et la méthode que se recommande cette étude sur *la Police parisienne*. Avec un peu de bonne volonté, on arrive cependant à y reconnaître jusqu'à trois parties à peu près distinctes. Dans la première, l'auteur fait le procès de ses chefs ; dans la seconde, il traite de l'écume de Paris ; la troisième est consacrée au Service de la sûreté. On ne peut examiner ici que cette troisième série de chapitres. L'écume de Paris est un sujet intéressant, mais scabreux : le collaborateur de M. Macé pour cette curieuse et vivante description d'un monde infâme (M. L..., ancien inspecteur principal du service des mœurs) appelle volontiers un chat un chat. Quant aux réquisitoires variés de l'ancien directeur de la Sûreté contre ses supérieurs hiérarchiques, une citation peut suffire. M. Macé raconte, comme la chose du monde la plus naturelle, qu'il répondit, le 5 ou 6 septembre 1870, à une observation méritée du secrétaire général de la préfecture, M. Antonin Dubost : « J'ai des droits aussi et je pourrais au besoin vous le prouver, si je voulais. Je suis assez connu dans le dixième arrondissement pour y trouver un bataillon de gardes nationaux tout disposés à m'installer à l'occasion secrétaire général. » Le reste est à l'avenant. M. Macé expose ses griefs, et c'est lui-même qui se met dans son tort.

Le Service de la sûreté, — comme son nom ne l'indique pas, — est une division de la préfecture de police dont le rôle est de découvrir, indépendamment des autres services, des indications et des pistes de toutes sortes. Rechercher les assassins, les voleurs et les repris de justice, les livrer aux gendarmeries et aux parquets, c'est évidemment contribuer pour beaucoup à la sûreté, à la sécurité publique : pourtant ce n'est pas toute la *Sûreté*. Le service, fondé

par M. Gisquet le 15 novembre 1832 après avoir été
esquissé par Vidocq dès 1817, est devenu, grâce aux progrès de la criminalité, l'un des plus importants de la préfecture ; il en est la tête, le bras droit, tout ce qu'on voudra :
cependant il n'est pas toute la préfecture de police. Les deux
cent trente-sept agents dont se compose ce service sont recrutés parmi les plus intelligents, les plus courageux
et les plus adroits : toutefois la tranquillité et l'ordre de la
capitale sont encore garantis par les quatre-vingts chefs de
sûreté qui sont les commissaires de police et par les huit
mille agents qui s'appellent, sous la République, gardiens
de la paix, qui, eux aussi, sous tous les régimes, ont découvert et arrêté, souvent au péril de leur vie, les malfaiteurs. Or l'idée maîtresse de notre auteur est celle-ci :
il n'y a que la Sûreté; c'est à ce service qu'il faut rattacher presque tous les autres; le véritable veilleur de nuit,
véritable sentinelle qui protège les Parisiens, c'est le
chef de la Sûreté, — c'était surtout M. G. Macé.

La partie prise pour le tout, la partie absorbant le tout,
le préfet de police réduit au rôle de roi constitutionnel
et même fainéant avec le chef de la Sûreté comme premier ministre ou maire du palais, comment M. Macé,
magistrat observateur et instruit, qui avait passé cependant par plus d'un service, est-il arrivé à formuler avec
une parfaite bonne foi cette étrange théorie? Il y a plusieurs causes à cette illusion.

D'abord, on s'en est déjà douté, un simple contresens:
la brigade de 1817 ayant été baptisée, en 1832, « Service
de la sûreté », M. Macé a pris cette dénomination au pied
de la lettre, et les huit mille gardiens de la paix sont tous,
devant ses yeux, comme s'ils n'existaient pas. En second
lieu, le sentiment le plus humain : comme tout bon fonctionnaire qui est passionné pour sa tâche, comme tout
brave soldat qui se persuade que son poste est le plus
exposé et le plus glorieux, M. Macé a cru sans peine que
sa mission primait toutes les autres par l'importance et
le danger. Enfin — on ne dit pas surtout — l'influence
obsédante d'un romancier de talent, feu Émile Gaboriau :

M. Macé s'est toujours cru Monsieur Lecoq, comme il a toujours vu dans M. Caubet l'inspecteur Gévrol, « champion de la police positiviste ».

La police appelée avec tant de dédain *positiviste*, la police classique, réfléchie, modeste, tranquille, sans manteaux couleur de muraille, sans ruses diaboliques, sans allures de mélodrame, Monsieur Lecoq et M. Macé n'en font aucun cas. Il leur faut, à ces romantiques de la police, de grandes envolées, des liasses de blancs-seings, une liberté sans contrôle ni limites. Toute concurrence est odieuse à ces Homodéï jaloux ; toute direction est insupportable à ces fiers Sicambres. « Lecoq frissonnait à cette idée que Gévrol (son chef) pouvait réfléchir, se raviser et revenir prendre l'affaire, comme c'était son droit. » — « Cependant, dit M. Macé, cependant M. Caubet exige qu'au-dessous de lui rien ne se fasse sans son ordre. » — « Alors Lecoq rentra. Il n'avait plus à cacher sa joie ; son œil étincelait. Comme un conquérant qui prend possession d'un empire, il frappa du pied le sol en s'écriant : *Maintenant, à nous deux !* » M. Macé, lui aussi, a frappé du pied le sol ; lui aussi, « suspendu à la fenêtre, il a vu, un jour, aux éclairs de son ambition, le chemin du succès ». Mais quoi ? les temps sont revenus de la prose et de la discipline. Lecoq a le génie ; Lecoq est « l'instrument d'une Providence au petit pied (1) » ; mais aujourd'hui, hélas ! « l'agent de la Sûreté est assimilé au gardien de la paix, soit au point de vue hiérarchique, soit au point de vue pécuniaire ». *Inde ira, inde libellus.*

« L'affranchissement vis-à-vis de la police municipale, l'affranchissement et l'expansion normale du Service de sûreté », voilà donc le rêve, le desideratum. Voici maintenant par quelle série de suppressions, radiations, absorptions, annexions, réductions et augmentations diverses, un préfet courageux pourrait atteindre le but, sauver la police, défendre Paris et surveiller « l'horizon chargé de gros nuages pleins d'électricité ». Dans l'exposé de ce

_____

(1) *Monsieur Lecoq*, t. 1er, ch. I et II.

vaste plan, M. Macé ne recule d'ailleurs devant aucune
espèce de réforme; il s'attaque au ciron comme à l'éléphant, et tout ce qui le gêne, grosses assemblées et petits
fonctionnaires, il en fait également table rase. « Il faut supprimer d'un seul coup le conseil municipal de Paris (1), »
et il faut remplacer M. Villa, commis principal du Service
de sûreté. — Il suffit à M. Macé de sept lignes et demie pour
justifier la suppression du conseil municipal; la nécessité
de remplacer M. Villa lui ayant paru plus difficile à établir,
il lui a consacré tout un chapitre (2). — Les autres réformes
sont toutes, soit aussi pratiques, soit aussi importantes.
La police municipale s'est trop « arrondie »; il faut la
réduire : au lieu d'un chef faisant partie de la haute
administration de la Ville, détachez à la tête de ce médiocre service un simple commissaire de police, et coupez-
moi « l'interminable queue politique de M. Caubet ».
— Les officiers de paix, en venant au rapport, coudoient
constamment, dans les couloirs, les visiteurs et les qué-
mandeurs (tous ces visiteurs savent que les officiers de
paix ont une salle d'attente particulière) : qu'on fasse
cesser ce scandale (qui n'a jamais existé). — C'est une
règle constante à la Préfecture, règle très sage, qu'un
agent qui a été frappé d'une punition disciplinaire est
changé de service : la règle, dit M. Macé, ne doit pas être
appliquée à l'égard de la Sûreté. (Elle ne l'a pas été, en
effet, mais à grand tort, pendant toute la gestion du
dernier chef.) — Il faut augmenter le personnel et le
budget de la Sûreté; il est nécessaire que le chef de la
Sûreté puisse diriger toutes les affaires à sa guise, qu'il
soit tout-puissant pour l'avancement de ses hommes, en
matière d'ordre du jour, etc.; il est essentiel d'annexer au
Service de la sûreté les brigades des garnis et des mœurs,
parce que les agents de la Sûreté ont toujours rencontré des
difficultés au cours de leurs investigations dans les garnis et
autres lieux. (Or les agents ont toujours pu, à l'aide de leurs

(1) *La Sûreté*, p. 354.
(2) P. 50.

cartes, pénétrer partout où les appelaient leurs besoins de
service; le service des garnis est par excellence un service
d'hygiène et de statistique; il n'offre donc aucun rapport,
même lointain, avec celui de la Sûreté; et, pour le service
des mœurs, M. Kuehn, l'ayant trouvé réuni à la Sûreté, a
dû l'en séparer en toute hâte et organiser une brigade
spéciale : encore quelques mois de fusion, et il n'y avait
plus à Paris ni service de mœurs ni service de sûreté.) —
L'administration refuse le nerf de la guerre à la Sûreté;
sa parcimonie va croissant à mesure qu'augmente le
déchaînement de la démagogie contre la police. (Or les
statistiques officielles, bien connues, donnent les chiffres
suivants : Année 1874, M. Claude étant chef de service,
204 agents; ch. III du budget, article 2: 28672 fr. 25.
Année 1878, Exposition universelle, M. Jacob étant chef
de service, 255 agents; ch. III du budget, article 2:
48973 francs. Année 1883, M. Macé étant chef de service,
327 agents; ch. III du budget, article 2: 104175 francs.)
— Le chef de la Sûreté n'a qu'un seul commis aux écritures : il lui en faudrait quatre. (Renseignements pris,
le dernier chef de la Sûreté a toujours eu vingt-quatre
employés choisis dans son service, qui ne s'occupaient que
d'écritures.) — « Est-il croyable que le chef de la Sûreté
ne puisse poursuivre directement une demande en extra-
dition? » en d'autres termes, que le ministre des affaires
étrangères ne soit pas le commis d'ordre du chef de la
Sûreté? M. Macé ajoute tout naturellement : « Une extra-
dition par voie diplomatique nécessite autant de temps que
la conclusion d'un traité de paix avec la Chine. » — Il est
intolérable qu'on ait institué un service de petite sûreté,
fait par des agents vêtus en bourgeois, pour exercer une
surveillance inostensible dans certains quartiers. Il est
inadmissible que le chef de la Sûreté ne puisse décerner
directement, sans enquête de l'administration supérieure,
des récompenses en argent ou des médailles d'honneur.
S'il faut étendre le service de la Sûreté, il est indispensable de fondre en un seul le contrôle général et le contrôle spécial exercé par la troisième brigade. Il faut (pour-

quoi?) rattacher le service de la Permanence à celui de la
Sûreté. — Le traitement du chef de la Sûreté est dérisoire.
(Or le dernier chef de ce service recevait, de son propre
aveu, un traitement annuel de 17800 francs) (1).

La Sûreté érigée en un pachalik indépendant et dotée
comme un ministère, cette ambition n'est pas médiocre :
elle ne suffit pas cependant à Monsieur Lecoq. Tant que le
gouvernement de la République n'aura pas reconnu :
1° que le service de la Sûreté était ruiné quand M. Macé
l'a reçu des mains de M. Jacob, successeur de M. Claude ;
2° que tous les autres services sont dirigés en dépit du
sens commun, M. Macé se considérera comme une vic-
time de la Commune, de la franc-maçonnerie et de la
presse. Encore si M. Macé associait ses collaborateurs à
son personnel ! Mais c'est tout le contraire, et, pour élever
son piédestal, il ne craint pas de porter contre un loyal et
courageux personnel les accusations les moins fondées.

« L'esprit de discipline (parmi les agents de la Sûreté)
avait été considérablement ébranlé. » Dans quelle circonstance, dans quelle rencontre ces agents ont-ils failli ? —
« J'ai eu à lutter énergiquement pour relever le niveau
moral des deux cent trente-huit hommes placés sous mes
ordres. » Quelle faiblesse, quelle insuffisance, quelle timi-
dité ont jamais permis de croire que ce niveau ait été
abaissé ? M. Macé l'a maintenu non sans habileté ni bonheur : comment et quand aurait-il eu à le relever ? —
« Je me suis attaché à raviver les sentiments d'honneur,
de dignité, de zèle, de dévouement et de discipline que
la tourmente de janvier et février 1879 avait considérablement affaiblis, sinon complètement éteints. » Pourquoi
ces sentiments auraient-ils été affaiblis ou éteints par la
prétendue tourmente (les publications du *Vieux petit
employé*)? Les agents de la Sûreté en avaient vu bien
d'autres sans que leur discipline, leur dévouement, leur
zèle, leur dignité et leur honneur eussent été atteints. —
« Je vais donner une idée des abus qui se produisent dans
la police municipale en citant la nature de quelques-uns

(1) P. 346.

22

des cas de punition et de révocation dont ont été l'objet des agents des contributions. » Que prouve un extrait de vingt lignes, avec commentaires, mais sans une seule date? Est-ce dans un espace de huit jours, de huit mois ou de trois ans que ces punitions ont été infligées? — « Le recrutement du personnel est fait dans des conditions déplorables »; les candidats ne sont guère choisis que dans la catégorie des *très recommandés*, candidats ayant « pour protecteurs la coterie franc-maçonnique, certains sénateurs et députés, des conseillers municipaux, des préfets et des sous-préfets »; on avait envoyé à la Sûreté des candidats ayant subi des condamnations. Or jamais candidat pourvu du plus léger casier judiciaire n'a été adressé au service de M. Macé (1), et la faveur, depuis quatre ou cinq ans, a eu la moindre part, comme il convient, dans les choix de la Préfecture. Sur cent agents choisis, quatre-vingt-dix ne sont munis d'aucune recommandation : ce sont d'anciens soldats porteurs du certificat de libération du service militaire n° 2, qui ont passé avec succès les différents examens prescrits par le règlement. — « L'humilité, la tenue et la conversation (?) de cet état-major (les chefs de service de la police municipale) ont quelque chose qui doit répugner à tout homme de cœur... J'ai souvent remarqué des lambeaux de phrase comme ceux-ci : *Qu'il plaise à M. le chef de la police municipale de...* O démocratie! tu n'es qu'un mot!... » Si les agents des différents services parlaient à leur supérieur comme M. Macé se vante d'avoir répondu à M. Antonin Dubost au mois de septembre 1870, leur attitude serait sans doute moins répugnante, et la démocratie ni la discipline ne seraient pas que des mots!

(1) Voici, *peut-être*, le fait qui a fourni à M. Macé l'occasion de cette accusation inquiète. Un candidat dont les antécédents étaient excellents avait été nommé à la Sûreté. Dans l'intervalle entre la date où il avait obtenu un casier avec la mention *Néant* et le moment fixé pour son entrée au service, ce malheureux subit une condamnation. L'administration, dès que l'incident lui fut connu, révoqua l'agent : il n'était même pas entré en possession de ses fonctions à la Sûreté.

III

On nous aura trouvé sévère pour le volume de M. Macé : pourtant nous n'avons pas encore exposé notre grief principal. Une compilation contestable de plus ou de moins, ce n'est pas aujourd'hui de quoi surprendre ni scandaliser personne ; mais un beau livre encore une fois manqué ! mais le tableau de la police parisienne manqué par celui qu'on aurait cru capable de le faire, qui l'eût été s'il avait su attendre, faire taire ses ressentiments personnels et regarder de haut ! Plus d'un ne pardonnera pas cette déception à M. Macé.

Une monographie de la police parisienne, quel beau sujet, en effet, sujet varié comme un drame de bonne marque, tour à tour triste et comique, répugnant et terrible, avec des ouvertures sur tous les coins du monde grouillant de Paris et sur tous les recoins du cœur humain, où il y a place pour la statistique et le roman, la psychologie et la science sociale, le droit et la politique, livre que les historiens réclament pour combler une lacune, et les observateurs consciencieux pour réparer une trop longue injustice ! A peine cinq ou six écrivains, et encore dans des œuvres d'imagination, ont soulevé avec succès un coin du rideau ; et puis, il s'est refait un profond silence. Les documents sont là, précis, abondants, vivants, n'attendant qu'une main pour les mettre en œuvre ; et ils restent là, stériles. Le créateur ne vient pas.

L'ancien chef de la Sûreté pouvait-il être ce créateur ? N'exagérons rien. Mais tout au moins il pouvait lui préparer la voie. D'une part, comme il avait dirigé son service avec beaucoup d'intelligence, il pouvait initier un nombreux public au curieux mécanisme de la Sûreté, ce qui eût été plus instructif que le rapport sur le cas de M. Villa et les épîtres contre M. Caubet. Il se devait, d'autre part, lui qui l'avait vu à l'œuvre, d'être contre l'ignorance des uns et la mauvaise foi des autres le défenseur autorisé d'un personnel trop souvent sacrifié. Or, qu'a fait M. Macé de ce programme qui s'imposait?

Il n'a point réfuté, ce qui lui eût été si facile, les vieilles calomnies sur « les ténébreux et perfides agissements de la police »; donc les intransigeants ne désarmeront pas. Il s'est livré à une longue diatribe, âpre et violente (1), contre les nouvelles recrues « qui font partie des loges maçonniques », — lisez : qui n'ont pas la haine de la République; donc les « conservateurs » se croiront et surtout se diront mal défendus, mal protégés. La police parisienne avait déjà un adversaire redoutable; grâce à M. Macé, elle en aura deux.

Et elle ne mérite ni l'un ni l'autre! Irréprochable, infaillible, non certes; mais ses qualités l'emportent de beaucoup sur ses défauts, et quiconque l'a vue de près dans l'exercice de ses rudes et pénibles fonctions lui a voué une profonde estime. Ici, du reste, comme dans vingt autres administrations, des progrès considérables ont été réalisés depuis quelques années. Assurément, bien qu'elle renfermât des éléments très contestables (des agents passionnés et brutaux), la police impériale a mieux valu que sa réputation; tout le mal qu'on a dit d'elle n'était pas fondé; mais la police actuelle, la police républicaine de Paris a sans aucun doute développé les qualités de sa devancière et atténué ses défauts. Les scribes et rhéteurs de la démagogie continuent à déclamer qu'elle est grossière, violente, insolente, féroce et cruelle à l'occasion : rien de plus inexact; sauf dans un seul cas (qui a été aussitôt l'objet d'une sévère enquête), la police de Paris n'a pas cessé d'unir à beaucoup de fermeté une patience et une modération inaltérables. Les hommes d'État retraités des anciens partis commencent à insinuer qu'elle est devenue timide et peureuse, qu'elle se réfugie trop souvent dans la contemplation, qu'elle se plaît trop volontiers

_____

(1) P. 299 à 303.

à assister tranquille, du haut de son trottoir, comme les dieux d'Homère du haut de l'Olympe, au spectacle des bagarres et des rixes, qu'elle est trop disposée, selon une regrettable parole de M. Macé, « à donner tort à tout individu correctement vêtu ayant une altercation sur la voie publique ». Rien de moins conforme à la vérité; ici encore, sauf pour deux ou trois incidents où la question de la redingote n'avait d'ailleurs aucune part, la police de Paris a été calomniée; son courage va toujours jusqu'au sacrifice de la vie (affaires de Neuilly, de la salle Lévis, etc.); son abnégation et sa modestie sont exemplaires; le sentiment qu'elle a du droit a été loué à vingt reprises par les témoins les moins suspects, par des étrangers de tout pays. Un jeune agent, nouveau venu dans l'administration, s'il est employé à un service isolé, ne montre pas toujours, nous l'accordons, la solidité nécessaire; mais il en a été ainsi de tout temps, affirment les plus anciens directeurs et inspecteurs; en aucun temps, la période d'apprentissage n'a pu être supprimée. En revanche, pour les services d'ensemble, on ne pourrait sans une flagrante injustice formuler un seul reproche qui soit mérité.

Bien que la presse ne s'en soit guère doutée, le mouvement révolutionnaire dont le parti blanquiste a voulu prendre la direction, le 30 novembre et le 7 décembre derniers, n'était pas un mouvement pour rire. C'est la police seule qui l'a arrêté par son attitude résolue et par sa froide énergie. Une minute d'hésitation, une fausse manœuvre auraient suffi pour permettre aux bandes qui s'agitaient à la salle Lévis de descendre dans Paris. Ces bandes ont trouvé le passage barré : elles ont été dispersées. Nous ne voulons pas prévoir des jours mauvais; mais viennent ces jours, et la police d'aujourd'hui ne le cédera en rien à celle d'hier. Elle ne provoquera personne (est-ce un mal?) ni par gestes ni par paroles; elle ne cherchera dans aucune bagarre l'occasion de faire du zèle; mais elle sera ferme et vaillante au poste, comme il convient à des soldats, les soldats de l'ordre.

Il y a des réformes à opérer : qui en doute? La répar-

22.

tition des services n'est point parfaite; le traitement des
agents n'est pas suffisant; le système des auxiliaires, qui a
été abandonné, n'était pas sans avantages; les pouvoirs des
commissaires de police sont peut-être trop limités. Seulement, il ne suffit pas de démontrer l'utilité théorique et
pratique de ces réformes et de plusieurs autres non moins
importantes. Pour les rendre fructueuses, il faut encore
et surtout poursuivre dans l'esprit même d'un très grand
nombre de citoyens une réforme radicale. A la défiance de
la police, détestable vestige d'un temps passé, il faut substituer dans l'esprit de tous les Parisiens honnêtes la confiance dans les gardiens de la paix publique, confiance
qui doit être l'un des caractères d'un peuple libre, d'une
démocratie qui se gouverne vraiment elle-même et qui
sait apprécier tous les dévouements. Aux faits et gestes
des agents de la préfecture de police on oppose trop souvent la conspiration du silence quand ils font leur devoir,
une malveillance injurieuse dès qu'ils commettent la
moindre erreur : il importe de modifier ces fâcheuses
habitudes. Tant d'ingratitude n'a pas encore découragé ces
braves gens; ils sont au-dessus de ces mauvais procédés;
mais tant d'injustice n'est pas honorable pour la société
qui s'y prête. Dans les descentes et les recherches les plus
périlleuses, dans les rixes contre les pires malfaiteurs,
dans les incendies, où ils précèdent souvent les pompiers
et où ils rivalisent avec eux, les agents de la police déploient
tous les jours des qualités au-dessus de l'éloge. Mais intelligence, dévouement, courage passent presque inaperçus.
Qu'en revanche un agent encore novice dégaine trop tôt
dans une ronde aux Carrières d'Amérique, et voilà l'autonomie communale et la presse intransigeante aux champs,
pendant que le public laisse dire, aimant mieux se pas-
sionner pour des histoires de cabotins.

Ce sont là des mœurs peu dignes d'une démocratie républicaine, et il les faut changer. On célèbre sans cesse et
avec raison, on ne célébrera jamais assez les pompiers, les
sauveteurs marins : ne serait-il pas équitable de leur associer enfin, dans l'expression de la gratitude publique, les

gardiens de la paix, ces modestes et dévoués agents d'un devoir ingrat? L'Académie française a pris l'habitude de décerner plus de la moitié de ses prix Montyon à d'anciens domestiques, serviteurs zélés et pieux dont nous ne voulons pas assurément diminuer le mérite : ne serait-il pas d'un bon et noble exemple que l'illustre compagnie, à la prochaine occasion, accordât l'un de ces prix à un gardien de la paix que la Préfecture lui désignerait sans peine et dont les titres, solennellement proclamés, n'apparaîtraient point comme les plus médiocres? Et quel beau discours si cet homme de bien, Émile Augier, en était chargé!

LES LOIS DE LA RÉPUBLIQUE
TROISIÈME LÉGISLATURE, 1881-1885

LES LOIS DE LA RÉPUBLIQUE. — TROISIÈME LÉGISLATURE, 1881-1885

Août 1885.

I

La Chambre de 1877 avait été l'Assemblée libératrice ; celle de 1881 avait été saluée, à sa naissance, du beau nom d'Assemblée réformatrice. Les élus du 14 octobre, après avoir déblayé le terrain, avaient amassé de très nombreux matériaux ; leurs successeurs reçurent la mission de mettre ces matériaux en œuvre. « J'espère, avait dit Gambetta dans son discours de l'Élysée-Ménilmontant, que notre pays si vigoureux, si avisé, si maître de ses volontés, même avec cet instrument défectueux du scrutin d'arrondissement, nous enverra une Chambre nouvelle qui voudra être et qui sera une assemblée puissamment, efficacement réformatrice... » Puis, traçant, dans un admirable langage, le programme même de ces réformes : « Seulement, vous connaissez la méthode que j'ai toujours préconisée devant vous : elle ne consiste pas à aborder de front, à toucher à

la fois à toutes les questions, à se mettre pour ainsi dire
tous les matériaux de la maison à construire sur les bras,
sauf à rester épuisé sous le fardeau, la maison ne se con-
struisant pas... Non : ma méthode consiste à sérier les
questions, à leur donner, pour ainsi dire, des numéros
d'ordre et d'urgence. »

Dans quelle mesure la Chambre de 1881, dont le mandat vient d'expirer, a-t-elle satisfait à la volonté de ses
électeurs et aux espérances du grand patriote? Dans quelle
mesure la majorité républicaine a-t-elle accompli le programme qui lui avait été tracé?

Nous avons apprécié ailleurs, tantôt avec faveur, tantôt
avec une sévérité que n'atténue pas le temps écoulé, les
actes politiques de cette Assemblée. Le renversement du
ministère Gambetta a été une faute capitale; non moins
lourde la faute qui a livré l'Égypte à une révolte de
casernes et à l'Angleterre « des territoires, des fleuves et
des passages où notre droit de vivre et de trafiquer est
égal au sien ». Nous avons protesté quand le cyclone du
30 mars a emporté, pour une dépêche affolée, un gouvernement qui avait donné à la France deux années de stabilité et agrandi le patrimoine national. Mais notre enquête
ne porte point sur ces faits : en dehors de la politique
générale, extérieure ou intérieure, nous n'étudions ici que
l'œuvre législative de la Chambre des députés qui vient
de terminer sa carrière et que le pays va juger.

L'Assemblée, élue les 21 août et 4 septembre 1881, a eu
contre elle, premier obstacle à la réalisation des grands
progrès espérés, l'infirmité de son origine, le scrutin du
clocher qui rétrécit l'horizon. La majorité républicaine,
après s'être péniblement formée, a rencontré, obstacle
redoutable qui a réussi à la désagréger par deux fois, la
coalition permanente des intransigeants et des réactionnaires. Malgré le scrutin d'arrondissement, la troisième
législature de la République a-t-elle ajouté à notre organisation politique et sociale des lois qui marquent des progrès? Malgré l'obstruction des partis extrêmes occupés
seulement à culbuter les ministères les uns sur les autres,

la majorité a-t-elle fait œuvre qui vaille et qui mérite de
durer? Le corps électoral pose, à bon droit, cette question.
Voici les pièces du procès.

II

En tête du programme républicain de 1881, du programme de Ménilmontant, qui fut tracé par Gambetta pour
les élections des députés, comme du programme de Seine-
et-Oise qui fut adopté pour les élections sénatoriales,
figurait la revision de la Constitution. Les passions réactionnaires des législateurs de l'Assemblée nationale, des
fautes politiques graves qui avaient été commises par
le Sénat, l'avaient rendue inévitable. « La voie est blo-
quée, disaient les sénateurs eux-mêmes (1), et il faut avant
tout la déblayer... Rien ne se fera, rien ne passera avant
que cette porte ait été ouverte ou fermée. De pareilles
questions, une fois posées, appellent impérieusement une
solution prompte. »

Cette solution prompte, la coalition des partis extrêmes
avait empêché le ministère Gambetta de l'apporter dès le
mois de janvier 1882. Plus heureux, plus d'accord avec une
Chambre qui avait compris la leçon des événements, le
ministère Ferry l'a réalisée au mois d'août 1884.

Revision illimitée, intégrale, mettant en suspens le système des deux Chambres, la présidence de la République,
et, par conséquent, la République elle-même? Certes, non.
Revision, disait le rapporteur du Sénat, ne signifie ni suppression, ni abolition, ni radiation. Reviser, c'est introduire dans le système électoral du Sénat « des modifications qui mettent ce grand corps en harmonie plus complète
avec la nature démocratique de notre société ». Reviser,
c'est consolider la République, décider que « la forme

---

(1) M. John Lemoinne, dans le *Journal des Débats.*

républicaine du gouvernement ne peut faire l'objet d'une proposition de revision (1) ». C'est cette rénovation, sagement limitée aux points essentiels, qui a été accomplie à Versailles, en dépit des tumultes sans nom suscités par l'extrême gauche et par la droite.

La nouvelle loi constitutionnelle comprend quatre articles. Le premier décide qu'en cas de dissolution « les collèges électoraux sont réunis pour de nouvelles élections dans le délai de deux mois et la Chambre dans les dix jours qui suivent la clôture ». L'article 2 porte que la revision ne peut en aucun cas porter sur la forme républicaine du gouvernement. « Il importe, avait dit le président du Conseil, M. Jules Ferry, de déclarer que la République est aujourd'hui la forme définitive du gouvernement, qu'elle n'accepte pas, dans ce pays dont elle a la direction légitime, des conditions d'existence légale inférieures à celles des régimes qui l'ont précédée. » De plus, « les membres des familles ayant régné sur la France sont inéligibles à la présidence de la République ». En vertu de l'article 3, « les articles 1 à 7 de la loi constitutionnelle du 24 février 1875, relative à l'organisation du Sénat, n'auront plus le caractère constitutionnel ». Enfin, l'article 4 supprime la clause relative aux prières publiques comme étant étrangère aux lois constitutionnelles par son caractère et sa nature.

Les articles 1 à 7 de la loi du 24 février 1875 ayant perdu leur caractère constitutionnel, le gouvernement proposa une nouvelle loi sur l'organisation du Sénat et l'élection des sénateurs (2). C'est cette loi, promulguée le 10 décembre 1884, qui a étendu les bases électorales du Sénat, supprimé les sénateurs inamovibles dans l'avenir et interdit aux prétendants l'entrée de la haute assemblée. Délégation communale proportionnelle au nombre des conseillers municipaux, parce qu'il était injuste d'accor-

(1) Rapports de MM. Ferdinand Dreyfus à la Chambre des députés, Dauphin au Sénat et Gerville-Réache à l'Assemblée nationale.
(2) Rapports de MM. Demôle au Sénat et Léon Renault à la Chambre des députés.

der une part égale dans l'élection du Sénat à la commune
de 100 habitants et à celle de 500 000, au conseil municipal nommé par quinze électeurs et à celui qui est élu par
1000, 10000, 100000 citoyens. — Suppression des inamovibles, « parce que la démocratie ne saurait admettre un
mandat politique viager auquel ne répond aucune responsabilité ». — Inéligibilité des prétendants, parce que tolérer
la présence des Bonapartes et des Bourbons sur le territoire d'où ils se bannissaient autrefois les uns les autres,
c'est déjà plus qu'une générosité : leur ouvrir les portes des
assemblées serait pis qu'une imprudence. Qu'ont fait, à
deux reprises, le premier et le dernier Napoléon de la
magistrature suprême de la République? Qu'ont fait
au 24 mai du mandat de députés, que leur avait laissé
M. Thiers, le duc d'Aumale et le prince de Joinville?

Le ministère Gambetta avait proposé d'inscrire dans la
Constitution le principe de l'élection de la Chambre des
députés au scrutin de liste; le ministère Ferry s'est
contenté d'appuyer une proposition de loi ayant pour objet
de substituer le scrutin de liste au scrutin d'arrondissement. Cette réforme électorale, qui avait rencontré autrefois de si nombreux et si redoutables obstacles, a été
adoptée presque sans débat.

III

Par l'œuvre du Congrès de Versailles et la loi du
10 décembre 1884, la question de la revision a été réglée,
le terrain politique débarrassé d'un encombrant problème ; la tentative de la Ligue revisionniste a échoué sous
l'indifférence. La réforme des lois militaires, d'autre part,
et la réforme judiciaire n'ont été qu'ébauchées.

« Tout Français est soldat et se doit à la défense de la patrie » ; le législateur de 1872 n'avait pas hésité à inscrire ce principe au frontispice de la loi sur le recrutement. Mais comment avait-il appliqué la règle qu'il avait posée? Plus de trois cents députés, mandataires de plusieurs millions d'électeurs, sont arrivés à la Chambre avec ce programme : Il faut que le principe du service obligatoire, comme autrefois la charte, devienne une vérité. Mais comment concilier avec les nécessités budgétaires l'incorporation du contingent tout entier pendant trois ans? Comment supprimer le volontariat et toutes les dispenses sans risquer de tarir le recrutement du corps enseignant et compromettre les hautes études? Comment réduire le service militaire de cinq années à trois, sans avoir au préalable assuré l'ossature de l'armée — car, sinon, « vous auriez des troupeaux et vous n'auriez pas d'armées » — et sans avoir organisé des troupes coloniales? La Commission qui étudiait ces problèmes a été désorganisée par la mort de Gambetta qui la présidait, et c'est seulement *in extremis* que la Chambre a transmis au Sénat un projet d'ensemble (1). La majorité républicaine a pensé avec le général Trochu, qui n'est pas qu'on sache un révolutionnaire, que « le vrai soldat moderne est le soldat de trois ans » ; et avec M. Victor Duruy, qui ne l'est point davantage, « qu'il ne suffit pas de deux ou trois aunes de drap noir ou gris pour exempter un Français du service militaire ». Mettre l'harmonie, qui est la justice, dans les dispositions qui ont été tardivement votées, ce sera l'œuvre du Sénat, qui est enfin saisi de la loi, et de la future Chambre.

Si la loi sur le recrutement n'a pas été achevée par le parlement, en revanche des lois d'organisation, d'une importance considérable pour les armées de terre et de mer, ont été votées et promulguées depuis quatre ans : loi sur les écoles d'enfants de troupes, loi sur la formation

(1) Projets et propositions de loi déposés par MM. Gambetta, le général Billot, le général Thibaudin, le général Campenon, le général Lewal; rapports de MM. Ballue, Reille, etc.

de l'artillerie de forteresse (1), loi du 3 avril 1882 sur l'administration de l'armée (2), loi sur la protection du balisage dans les eaux maritimes, loi du 3 avril 1882 sur l'éclairage électrique des côtes et des signaux sonores loi sur la création de compagnies mixtes en Tunisie. La loi sur l'organisation de l'armée coloniale a été votée en seconde lecture par la Chambre, à la veille de sa séparation, et transmise au Sénat. Une loi du 21 décembre 1882 autorise les communes à s'imposer extraordinairement, à concurrence de trois centimes additionnels au principal des quatre contributions directes, à l'effet d'accorder des secours aux familles nécessiteuses des soldats de la réserve et de l'armée territoriale réunis sous les drapeaux.

IV

De la réforme judiciaire, telle que l'avait proposée le cabinet du 14 novembre 1881, le parlement n'a d'abord réalisé qu'un chapitre, la réforme du personnel. Qu'une revision générale des institutions judiciaires eût été préférable à cette réforme partielle, qu'une telle mesure eût été plus féconde et d'un caractère plus élevé, cela n'est point douteux, et il est probable qu'une Chambre issue du scrutin de liste, moins prisonnière de ses origines, n'eût pas échoué dans cette entreprise. La loi du 30 août 1883 (3) mérite-t-elle cependant tous les reproches qu'on lui a

(1) Rapports de M. Margaine à la Chambre des députés et du général Farre au Sénat.

(2) Voici les trois principes essentiels de cette loi : 1° subordination de l'administration de l'armée au commandement; 2° constitution d'un contrôle indépendant de la direction et de la gestion administrative; 3° indépendance du service des hôpitaux. (Rapport de M. de Freycinet.)

(3) Rapports de MM. Jules Roche à la Chambre des députés et Tenaille-Saligny au Sénat.

adressés? Le véritable défaut de cette loi est de n'être pas
venue dix années plus tôt.

Remanier, vérifier, investir à nouveau la magistrature,
c'est le droit incontestable de tout gouvernement qui s'installe. Il n'avait été contesté ni à l'Empire ni à la Royauté.
Sous quel prétexte le refuser au gouvernement qui est la
forme nécessaire de la Révolution victorieuse, à la République issue de la libre volonté nationale? La République
se l'est reconnu. La magistrature, qui a charge de *dire
droit,* selon une ancienne et très belle formule, était peuplée d'adversaires déclarés de la loi des Lois, la Constitution, et ces ennemis ne se contentaient pas de regretter
en silence les gouvernements déchus à qui ils avaient
rendu tous les services : ils manifestaient publiquement
de leur haine, criant : « Vive le roi! » dans des réunions
légitimistes, éteignant à coups de canne les lampions de
la fête du 14 juillet. « Je ne comprends pas, avait dit
M. Ribot, qu'on reste investi d'une fonction, surtout de la
fonction de juge, si l'on n'a pas reconnu dans le secret
de sa conscience qu'on a la force de servir fidèlement les
institutions dont on a la garde. » Ce que ces juges n'avaient
pas compris d'eux-mêmes, la suspension temporaire de
l'inamovibilité permit au garde des sceaux de le leur faire
comprendre. Dès lors, l'inamovibilité est redevenue ce
qu'elle avait été dans la pensée de ceux qui l'avaient établie. Elle n'est plus un abri ni une arme pour les magistrats prévaricateurs et rebelles, une cause de suspicion
contre la justice. Elle est la garantie essentielle du droit,
le moyen de prévenir le retour des faveurs et des menaces
du pouvoir contre les juges installés par lui, assis pour la
vie, sauf le cas de forfaiture.

Des propositions diverses avaient été soumises à la
Chambre qui tendaient les unes à la suppression de l'inamovibilité, les autres à l'élection des juges. Ces propositions ont été écartées. La majorité n'a voulu ni du juge
qui, révocable à merci, n'eût été qu'un instrument entre
les mains du gouvernement, ni du juge qui, l'obligé de
ses électeurs, n'eût été qu'un odieux instrument entre

les mains des partis. Avec la magistrature élective, c'en
était fait de l'unité de la justice française; avec la magistrature amovible, la dignité de la justice n'eût plus été
qu'un vain mot.

Resserrer les cadres de la magistrature afin de pouvoir
plus facilement en élever le niveau, la loi du 30 août 1883
n'a pu qu'inaugurer cette réforme : le personnel a été
réduit sans suppression de tribunaux ni de cours, et le
nombre des classes diminué. Puis, le parlement a abordé
d'autres chapitres de la réorganisation judiciaire. La justice
ne peut varier dans ses conditions essentielles : autrement
elle ne serait plus la justice; mais, dans une société démocratique, il ne suffit pas qu'elle soit impartiale, publique,
égale à tous : il faut encore que, sans voyage coûteux, le
juge soit voisin et la solution prompte. Par conséquent, la
procédure doit être extrêmement simplifiée, le justiciable
rapproché de la justice et les frais de justice diminués.
Le projet de loi *sur l'extension de la compétence des juges
de paix*, « cette magistrature familière et vraiment démocratique », est consacré à ces réformes; le rapport
en est déposé, il figurera en tête de l'ordre du jour de la
prochaine Chambre.

Deux lois du 24 novembre 1883 et du 10 décembre 1884
modifient, dans un sens très libéral, l'organisation des conseils de prud'hommes. La loi du 8 décembre 1883 rétablit,
pour la nomination des tribunaux de commerce, le principe de l'élection par le suffrage universel des commerçants; le privilège des anciens notables disparaît. Enfin,
une loi du 27 mars 1883 porte organisation de la juridiction française en Tunisie : comme l'Autriche en Serbie
et l'Angleterre à Chypre, la République, dont la justice ne
saurait être suspecte à personne, avait pour devoir d'abroger dans le pays musulman soumis à son protectorat le
régime de défiance qui est celui des capitulations (1).

(1) Le projet de loi sur le serment judiciaire a été retourné à la
Chambre par le Sénat.

V

Si la réforme judiciaire n'a été que commencée, la réforme pénale a été marquée par une loi d'une importance considérable, la loi sur la relégation des récidivistes. De toutes les mesures réclamées aux élections de 1881, l'une des plus impatiemment attendues était celle-là : la sécurité, la salubrité publiques l'exigeaient; revenant aux saines traditions des Assemblées de 92 et de l'an II, la science pénitentiaire en avait démontré la nécessité et la justice. Telle, à peu près, qu'elle avait été préparée par le ministère Gambetta (1), la loi a été votée par les Chambres, complétée ensuite, généreusement reliée à une plus large rénovation de notre système pénal par le projet de loi pour prévenir les causes de la récidive.

C'est contre le crime-profession, contre le délit-métier que la loi sur la relégation est dirigée. Depuis un demi-siècle, la marée de la criminalité n'a cessé de monter sans que les pouvoirs publics, ni sous la monarchie de Juillet ni sous le second empire, aient eu la force de lui opposer des digues. A tout prix, malgré l'étrange et inexplicable opposition de la réaction et de l'intransigeance, il faut que la République arrête enfin ce flot débordant. Les repris de justice, formant les deux tiers de l'armée des malfaiteurs, commettent à eux seuls 80 pour 100 des délits et 50 pour 100 des crimes, propagent autour d'eux une abominable corruption, recrutent l'enfance abandonnée et crédule pour la dresser au vagabondage et au vice, débauchent les ouvriers jusqu'à la porte des ateliers. Contre une pareille armée, un seul remède : la relégation

(1) Projet déposé à la Chambre le 16 février 1882 ; rapport de MM. Gerville-Réache à la Chambre des députés et de Verninac au Sénat.

perpétuelle dans les colonies. Sans la relégation perpétuelle, obligatoire des récidivistes, « la loi pénale, disait
déjà Lamartine, est une impasse ». Elle a cessé de l'être :
seront désormais relégués à vie, après l'expiration de la
peine principale, tous les malfaiteurs qui auront commis
un nombre de crimes et de délits déterminé par la loi.

Purger la métropole d'un élément vicié et corrupteur,
prévenir de nouveaux attentats par l'éloignement des malfaiteurs de profession, est le premier but de la loi de relégation. Mais ses auteurs ont eu encore l'ambition d'amender
l'état moral de ces natures perverties, de transformer ces
récidivistes, quand ils auront perdu tout espoir de reprendre
leur place dans l'armée du crime, en citoyens utiles.
Les convicts anglais, réhabilités par le travail, ont conquis à la civilisation le vaste continent qui alimente aujour-
d'hui de ses blés et de ses laines tous les marchés du
monde. Les relégués français pourront, à leur tour, si la
loi du travail leur est imposée avec intelligence, transformer en d'admirables colonies la Nouvelle-Calédonie, la
Guyane et la côte nord-ouest de Madagascar. « Vous avez
démérité de la vieille France, dit le législateur aux malfaiteurs qu'il frappe ; je vous offre de créer, de l'autre côté
de l'Océan, une France nouvelle. »

A côté des mesures répressives, un ensemble de mesures préventives, très humaines et très sages : dans la
loi même, la suppression de la surveillance de la haute
police, parce que cette peine accessoire, plus dure bien
souvent que la peine principale, engendre l'impossibilité
du travail qui engendre de nouveau le délit ; puis, dans
un projet distinct sur les moyens préventifs de combattre
la récidive (1), la généralisation du système de la libération provisoire pour les détenus repentants, afin de
doubler l'action du patronage, et l'organisation d'un système d'aggravation progressive des peines en cas de récidive, d'atténuation en cas de premier délit. Enfin, surtout,
la guerre toujours plus acharnée, plus savante, contre la

_____

(1) Proposition de M. Bérenger, sénateur.

misère et l'ignorance, ces deux causes les plus fécondes de la criminalité en tout pays. C'est parmi les enfants délaissés ou moralement abandonnés que les chevronnés du vice recrutent leurs conscrits. Il faut confier à la République, au département, à la commune, la garde et l'éducation des mineurs que l'absence ou l'indignité de leurs parents livre à la corruption et au vagabondage. Pour que l'enfance malheureuse cesse de devenir l'enfance coupable, l'autorité paternelle sera brisée par l'autorité publique, chaque fois qu'elle aura déserté ou trahi sa mission. Quand la déchéance de l'autorité paternelle aura été ainsi prononcée, des comités spéciaux, dans tous les départements, pourvoiront au placement définitif des enfants abandonnés, à leur garde, à leur éducation, leur patronage et leur tutelle (1). Autant d'enfants enlevés aux tentations de la rue et au racolage des récidivistes, autant de Français de plus.

VI

La loi de salubrité publique sur les récidivistes n'est pas la seule amélioration apportée par le parlement à notre législation criminelle et pénale. Pour assurer la propreté de la rue, les Chambres ont encore voté la loi du 2 août 1882 contre la répression des outrages aux bonnes mœurs, commis « par la vente, l'offre, l'exposition, l'affichage ou la distribution gratuite sur la voie publique ou dans les lieux publics, d'écrits, d'imprimés (autres que le livre), d'affiches, dessins, gravures, peintures, emblèmes ou images obscènes ». Devant l'audace croissante des pornographes (2), l'article 330 du Code pénal est modifié à l'effet d'assimiler le délit d'outrage aux bonnes mœurs

---

(1) Proposition de M. Théophile Roussel, sénateur.
(2) La monarchie de Juillet s'était montrée très tolérante à leur égard (Thureau-Dangin, *Histoire de la monarchie de Juillet*).

au délit plus grave, plus durement frappé, d'outrage public à la pudeur.

Plusieurs projets importants ont été transmis par le Sénat à la Chambre et par la Chambre au Sénat, sans qu'un vote définitif ait pu être rendu avant la clôture de la dernière session. — La permanence de la Chambre, avec le renouvellement partiel, éviterait ces pertes de temps. — Ces projets devront être mis en tête de l'ordre du jour de la prochaine législature. Nous citerons le projet de loi sur la réforme du Code d'instruction criminelle, le projet relatif aux manifestations sur la voie publique, les propositions sur la surveillance et l'assainissement des logements insalubres et sur la suppression de la publicité des exécutions capitales, le projet sur la réforme des prisons de courtes peines.

VII

La législature de 1881 a réalisé dans notre droit pénal des réformes considérables : elle n'a pas réalisé moins de progrès dans le droit civil. Est-ce une œuvre vulgaire que d'avoir rétabli le divorce, d'avoir, par la loi du 27 juillet 1884, effacé la loi du 8 mai 1816 qui, sans profit pour la sainteté du mariage, condamnait souvent à un double adultère les époux séparés et donnait aux enfants le lamentable spectacle de l'immoralité de leurs parents ? La Révolution et Napoléon, constituant la société civile, avaient inscrit le divorce dans le Code ; la Restauration, sous la pression des passions théocratiques, n'avait pas eu de soin plus pressant que de proclamer à nouveau l'indissolubilité du contrat de mariage. Après plus d'un demi-siècle de vains efforts, de batailles perdues, de travaux de Sisyphe, est-ce une victoire médiocre que d'avoir enfin, de haute lutte, emporté le retour au titre VI du Code ? Où quinze législatures avaient échoué, celle de 1881 a réussi. Sans doute, elle a bénéficié de tous les efforts d'illustres devanciers. A elle n'en revient pas moins l'honneur d'avoir signé la loi (1).

« Rétablir le divorce, avait dit l'évêque d'Angers (comme si le divorce dût être obligatoire), ce n'est pas observer la neutralité religieuse. » M. Léon Renault lui avait répondu avec une grande force d'éloquence : « Entre nous, partisans du divorce, et vous, partisans de la séparation de corps, quel est le dissentiment ? A nos yeux, à nous, le mariage est chose tellement sacrée, que le jour où il ne correspond plus à aucune réalité, où il n'existe plus qu'à l'état d'apparence, où il n'est plus qu'une sorte de sépulcre blanchi, pour employer l'expression des livres saints, nous l'aimons mieux détruit par le divorce qu'avili par la séparation de corps. » D'ailleurs, pour que la liberté de toutes les consciences soit respectée, la séparation de corps est maintenue à côté du divorce et, pour empêcher le relâchement des liens du mariage, le divorce par consentement mutuel demeure abrogé.

Le divorce n'est pas un bien ; c'est simplement un mal moindre qu'un mauvais mariage indissoluble. Moins hypocrite que la jurisprudence ecclésiastique qui reconnaît jusqu'à dix-sept cas de nullité de mariage, plus équitable que la loi de 1816 qui brise deux vies pour ne pas rompre un lien qui est devenu une chaîne, la loi du 27 juillet 1884 est le retour aux conclusions philosophiques du dix-huitième siècle. Qui pourrait prétendre aussi bien que la dignité du mariage, depuis le rétablissement du divorce, se soit trouvée compromise ou diminuée ?

Le vote de la loi qui a rétabli le divorce a été précédé de bruyantes discussions ; d'autres lois, qui modifient ou complètent le Code civil, ont été promulguées après des débats moins éclatants. Elles ne méritent pas moins d'être rappelées : loi du 14 février 1882 relative aux droits des

(1) Proposition de M. Naquet ; rapports de MM. de Marcère à la Chambre des députés et Emile Labiche au Sénat.

enfants nés en France d'un père étranger naturalisé après
leur naissance; loi du 23 mars 1882, qui était réclamée
depuis trente ans, sur la constitution d'un état civil
régulier pour tout indigène habitant l'Algérie; loi du
5 janvier 1883 sur la responsabilité des locataires en
cas d'incendie, modifiant l'article 1739 du Code; loi du
28 juin 1883 relative aux enfants mineurs nés en France
d'une femme française mariée à un étranger. Une Commission extra-parlementaire a été chargée de préparer un
projet pour la modification du Code de procédure.

VIII

Au chapitre des rapports des Églises et de l'État, nous
trouvons de nombreuses mesures, étapes nouvelles dans la
voie de la politique anticléricale, qui n'est pas la politique
antireligieuse. La société laïque, représentée par l'État,
reprend les droits dont la monarchie de 1815 et la réaction de 1849 avaient permis qu'elle fût frustrée. L'Église
doit renoncer à l'autorité factice qu'elle avait prise, et va
se trouver ramenée à ce qu'elle avait elle-même, il y a
quatre-vingts ans, considéré comme nécessaire et suffisant à l'exercice de sa liberté.

La loi du 14 novembre 1881 abroge l'article 15 du
décret du 28 prairial an XII sur les cimetières, fait retour
à la législation de l'an II et rend ainsi au cimetière son
caractère communal (1). Depuis plusieurs années, des
luttes violentes, brutales, avaient souvent éclaté jusqu'au
bord de la tombe entre les représentants du culte et les

(1) Proposition de MM. Rameau, Journault et Albert Joly, déposée
pendant la précédente législature.

24

membres de la famille ; parce que le cimetière avait été béni selon le rite catholique, la sépulture avait été refusée à des protestants, à des juifs, à des libres penseurs morts sans sacrements ; pour satisfaire un fanatisme odieux, les cercueils maudits avaient été repoussés dans la partie du cimetière réservée aux suicidés et aux suppliciés. Désormais, l'égalité est rétablie dans le champ du dernier repos. Désormais, sans distinction entre les confessions religieuses, le cimetière tout entier est ouvert à tous ceux qui meurent dans la commune.

Le projet sur la liberté des funérailles est conçu dans le même esprit. Une intolérance injurieuse a distingué pendant trop longtemps, au point de vue des honneurs funèbres, entre les enterrements civils et les enterrements religieux. Quelles que soient les doctrines politiques, philosophiques, sociales ou religieuses du mort, quel que soit le caractère de ses funérailles, toutes les dispositions relatives aux honneurs funèbres devront être attribuées, sans distinction, aux personnes visées par le décret du 24 messidor an XII. Désormais encore, tout majeur ou mineur émancipé, en état de tester, aura le droit de régler, comme il l'entendra, les conditions religieuses ou civiles de ses obsèques. Le projet, modifié par le Sénat, a été retourné à la Chambre.

Le Sénat est en outre saisi du projet, voté par la Chambre, sur l'attribution aux communes du monopole des pompes funèbres. La loi municipale règle la question de la sonnerie des cloches. — Au budget, les bourses des séminaires ont été supprimées et des réductions ont été opérées, conformément au texte strict du Concordat, sur plusieurs traitements.

IX

La législature de 1881 n'a pas fondé la liberté municipale : elle l'a organisée, complétée et codifiée. Ce que
l'Assemblée nationale et les deux législatures suivantes
n'avaient pu réaliser, la Chambre des députés et le Sénat
l'ont mené à bonne fin par la loi du 5 avril 1884. On peut
y signaler des imperfections et surtout des imprudences ;
elle n'en reste pas moins la Charte des libertés communales.

Avant de voter la loi du 5 avril 1884, la Chambre avait
déjà à deux reprises, par l'adoption des lois du 28 mars
et du 5 avril 1882, donné des preuves certaines de son
attachement aux franchises des communes. Par la loi du
5 avril (1) avaient été abrogées, dans les communes ayant
moins de 100000 francs de revenus, « les diverses dispositions exigeant l'adjonction des plus imposés, soit en
matière d'impositions extraordinaires ou d'emprunt à
voter par le conseil municipal, soit en toutes autres
matières » ; ce vieil usage avait été considéré à juste titre
comme un privilège incompatible avec le suffrage universel. Par la loi du 28 mars, le droit d'élire les maires
et adjoints avait été rendu aux conseils municipaux des
chefs-lieux de département (Paris excepté), d'arrondissement et de canton (2).

La loi du 5 avril 1884, qui compte cent soixante-huit
articles, se divise en sept chapitres ; elle ne s'applique
pas à Paris. Voici les principales mesures qu'elle réalise :

Les formations de communes sont facilitées, ce qui
importe fort dans un pays où sur 36000 communes, 27000
comptent moins de mille habitants ;

(1) Rapports de MM. de Marcère à la Chambre des députés et
Labiche au Sénat.
(2) Projet présenté par M. René Goblet.

Le mandat municipal est porté à quatre années, et le renouvellement intégral assure l'exécution des volontés de la commune ;

Le sectionnement pour les élections est soustrait de tout arbitraire ;

Les droits du suffrage universel sont rétablis dans leur intégrité par la suppression des deux listes ; la suspension et la dissolution des corps municipaux sont entourées des garanties les plus efficaces ; le délai de suspension est réduit à un mois ; les décrets de dissolution doivent être motivés ; les pouvoirs des délégations spéciales sont limités;

Les maires et adjoints sont élus par les conseils municipaux dans toutes les communes ; la réunion des conseils en session extraordinaire est facilitée ; les séances des conseils municipaux sont publiques ;

Des commissions spéciales émanant des conseils municipaux peuvent fonctionner dans l'intervalle des sessions et étudier les questions municipales ;

Les fonctions municipales, bien que gratuites, donnent droit au remboursement des frais nécessités par l'exécution des mandats spéciaux ; des indemnités pour frais de représentation peuvent être votées aux maires ;

Les conseils municipaux ont, en principe, le droit de décision souveraine sur les affaires de la commune ; l'autorité supérieure n'intervient plus qu'exceptionnellement;

Les attributions des maires et des adjoints sont étendues ; cependant le maire n'a pas exclusivement l'initiative des mesures de police et le préfet peut se substituer à lui sous certaines conditions ;

Les rapports du maire et du curé, quant aux cloches des églises et quant à la clef du clocher ou de l'église, sont soumis à des règles particulières ;

La responsabilité des communes, en cas d'attroupement, est tempérée ;

Les communes peuvent constituer des conférences pour délibérer sur les intérêts communs;

Les rapports des conseils municipaux et des fabriques sont améliorés, et la commune reprend la libre disposition des deniers qu'elle devait jusqu'alors consacrer aux cultes reconnus par l'État.

X

La loi du 28 mars 1882 a complété la législation républicaine sur l'enseignement primaire. La loi du 16 juin 1881, votée par la précédente législature, avait établi la gratuité. L'obligation de l'instruction et la laïcité du programme ont été imposées par la loi du 28 mars 1882. *Instruction primaire gratuite, obligatoire et laïque*, le triple principe a définitivement triomphé par ces deux lois.

Assurément, — et personne ne le conteste, — le grand effort, la grande bataille datent des années précédentes : sous l'Empire, quand Jean Macé forme la *Ligue de l'enseignement* ; au lendemain de l'année terrible, lorsque éclate dans tout le pays républicain le cri de salut : « Des écoles ! des écoles ! » et dans les Chambres de 1877 et 1878, quand, par son courage et sa ténacité, M. Jules Ferry mérite d'attacher son nom à ces belles réformes. Mais gagner la bataille n'est pas tout ; il faut encore rédiger, signer le traité qui en consacre les résultats. Les législateurs de 1882 ont signé le traité, ayant eu d'ailleurs à lutter jusqu'au bout. La réaction cléricale, en effet, soutenue par le centre gauche dissident, a disputé chaque pouce de terrain ; sur chaque article, sur chaque paragraphe, le duc de Broglie, M. de Parieu, M. Jules Simon ont, jusqu'à la dernière minute, déposé des amendements, porté des protestations à la tribune. Quel plus éclatant hommage à l'efficacité de la loi qu'une telle opposition !

L'instruction primaire obligatoire pour les enfants des deux sexes de six à treize ans révolus, — un programme dont l'instruction morale et civique est le premier article, — la maison d'école sécularisée en même temps que l'en-

21.

seignement, — le droit d'inspection, de surveillance et de
direction dans les écoles et les salles d'asile enlevé au
prêtre qui, en revanche, aura seul le droit de donner
l'enseignement religieux, — l'institution de commissions
municipales scolaires pour surveiller et encourager dans
chaque commune la surveillance des écoles, — les parents et tuteurs rendus responsables de la fréquentation
régulière des écoles par leurs enfants ou pupilles, — l'établissement d'une caisse des écoles dans toutes les communes, — telles sont les principales dispositions de la loi
du 28 mars 1882 (1), et cette loi, selon les propres termes
d'un écrivain réactionnaire, « a été un événement capital
dans l'histoire du siècle ».

D'autres lois, conçues dans le même esprit, assurant le
développement de l'instruction à tous les degrés, ont été
encore votées ou préparées par la législature de 1881 : la
loi du 20 mars 1883 crée les écoles de hameau et augmente
à cet effet, d'une somme de 120 millions, le fonds de dota-
tion de la caisse des lycées, collèges et écoles (2) ; — le
projet sur l'organisation de l'enseignement primaire codifie
les réformes introduites par les Chambres dans l'enseignement, prescrit la sécularisation, à brève échéance, du
personnel enseignant dans les écoles publiques, interdit
aux instituteurs de remplir des fonctions auxiliaires dans
l'église et maintient aux préfets la nomination des instituteurs et institutrices laïques ; — la proposition, votée
par la Chambre, sur les conditions d'exercice de l'enseignement secondaire libre, exige, des professeurs de l'enseignement secondaire privé, les garanties indispensables
(un stage de cinq ans et le grade de bachelier) et impose
aux chefs d'institution un examen de pédagogie. Les lettres
d'obédience ont disparu de l'enseignement primaire :
pourquoi laisser subsister, dans l'enseignement secondaire,
le droit à l'ignorance ?

(1) C'est un décret du 6 juillet 1882 qui a créé l'instruction militaire
dans les écoles primaires et dans les lycées et collèges.
(2) Projet de loi présenté par M. Jules Ferry ; rapports de MM. Paul
Bert à la Chambre des députés et Ribière au Sénat.

Les bâtiments de l'École normale et de l'École des
beaux-arts ont été agrandis. Les arts de l'industrie n'ont
pas été moins encouragés, même après la suppression du
ministère spécial créé par Gambetta, que le. beaux-arts
proprement dits (Écoles d'horlogerie de Cluses, de chau-
dronnerie de Nevers, etc.). Au budget, le parlement a
attribué au développement de l'instruction publique des
crédits supérieurs de cent millions à ceux de l'Empire.

XI

La Restauration avait ajouté aux Codes préparés par la
première République et promulgués par le premier empire
le Code forestier du 21 mai 1827 ; la troisième République
aura un jour l'honneur d'avoir, par le Code rural, achevé ce
vaste monument. Depuis la loi des 28 septembre et 6 octobre 1791, « ce catéchisme des populations, disait le rapporteur Heurtaut, qui devait faire plus que les constitutions
pour la tranquillité des champs », sept gouvernements et
plus de vingt Assemblées s'étaient transmis l'héritage,
toujours délaissé, du Code rural. Cet héritage a été enfin
recueilli. Par la loi du 20 août 1881, qui en promulgua le
titre V, les assises du nouveau Code avaient été solidement
établies. Les travaux, malgré la surcharge des ordres du
jour, ont été régulièrement poursuivis. Les titres II à VIII
ont été votés par le Sénat ; les titres VII et VIII (police
sanitaire des animaux, vices rédhibitoires dans les ventes
et échanges) ont été promulgués. L'ensemble du Code est
assez avancé dans toutes ses parties pour que son achève-
ment par la prochaine législature paraisse assuré. Le Code
rural doit être au développement de l'agriculture, au respect de ses droits et de ses intérêts, ce que le Code civil
est à la bonne organisation de la famille et à la société.

Au surplus, jamais, depuis un siècle, les Assemblées
et les gouvernements ne se sont occupés de l'agriculture

nationale avec autant de sollicitude et d'ardeur que le
parlement actuel et le gouvernement de la République. —
Dès le début, le décret du 14 novembre 1881, par lequel
Gambetta crée un ministère spécial de l'agriculture, le
ministère des paysans, dont il défendra en ces termes,
contre d'insidieuses attaques, l'heureuse institution :
« Voyons, messieurs, est-ce que c'est dans ce pays, avec
ces vingt millions de population qui touchent à la terre
et en vivent, est-ce dans ce pays que vous pourrez dénier
à cette industrie nationale par excellence, qui fait le fond
de la fortune et de la réserve de la France, sa supériorité
toujours vivante et revivante à travers toutes les dou-
loureuses péripéties de l'histoire? Est-ce dans ce pays
que vous pourrez dire qu'en constituant un département
ministériel uniquement couvert par le beau nom de l'agriculture, on a fait une œuvre oiseuse, stérile, passagère et
qui ne répond pas aux besoins mêmes de la nation ? » —
Puis, toute cette nombreuse série de mesures (lois et décrets), dont chacune constitue un progrès manifeste, une
amélioration certaine, un utile encouragement : loi sur
la restauration et la conservation des terrains en montagne
(mise en défense et réglementation des pâturages communaux) (1) ; — loi du 23 novembre 1883 portant modification
de l'article 105 du Code forestier relatif au partage des
bois d'affouage (2) ; — loi relative à la surveillance des
étalons ; — loi contre l'invasion et la propagande du phylloxera en Algérie ; — décrets constituant un conseil supérieur de l'agriculture et instituant l'ordre du Mérite agricole ; — pour soulager la petite propriété écrasée par les
frais de justice, loi qui supprime tous les droits du Trésor
pour les ventes judiciaires au-dessous de 2000 francs
(l'une des lois les plus utiles votées par le parlement) (3) ;

(1) Rapports de MM. Durand à la Chambre des députés et Barbey au
Sénat.
(2) Rapports de MM. Maigne à la Chambre des députés et Michel
au Sénat.
(3) Projet de M. Cazot; rapports de MM. Rameau à la Chambre des
députés, et Marcel Barthe au Sénat. — Nous lisons, à ce sujet, dans

— pour corriger les effets de la division infinitésimale du
sol et faciliter la transmission de la terre, loi sur les
échanges d'immeubles ruraux parcellaires qui seront enre-
gistrés sans frais ; — secours et subsides accordés aux
comices, à l'enseignement primaire de l'agriculture ; —
loi relative à la destruction des loups ; — propositions et
projets déjà votés et étudiés dans l'une ou l'autre Chambre,
sur la répression des fraudes commises dans les engrais,
l'organisation de l'assurance agricole, le régime des eaux,
le crédit agricole mobilier, la suppression des permis de
chasse et la répression du braconnage, le drainage, la
petite voirie dans les forêts de l'État, la destruction des
insectes, les chambres consultatives d'agriculture, le dom-
mage causé aux récoltes par le gibier qui se réfugie dans
les bois ; — enfin, les deux grandes réformes du régime de
l'industrie sucrière et des tarifs de douanes agricoles. Sur
le régime des sucres, la loi du 29 juillet 1884 protège
l'industrie sucrière et l'agriculture contre la concurrence
étrangère par le déchargement de la base des taxes intérieures (droit sur la betterave) et le relèvement des droits
de douane. Par les deux lois du mois de mars 1885 portant modification du tarif général des douanes, les céréales

l'*Annuaire de la Législation française:* « La loi du 23 octobre 1881 a
eu pour but de faciliter la transmission de la petite propriété en dimi-
nuant les frais de justice (droits dus au Trésor et rémunération des
officiers ministériels, ou agents de la loi), tout en maintenant les for-
malités établies par le Code de procédure dans l'intérêt des mineurs
et des incapables. C'est une loi de dégrèvement.

« Il résulte des travaux de statistique faits en 1880, que le nombre
des cotes foncières était à cette époque de 14 264 338 ; sur ce chiffre
il y en a 7 320 778 inférieures à 5 francs et 2 190 040 de 5 à 10 francs.

« Les deux dernières catégories forment un total de 9 510 818 cotes,
c'est-à-dire plus des deux tiers de la totalité.

« C'est ce qui faisait dire à M. Marcel Barthe, rapporteur de la loi
au Sénat, *que le projet, très modeste en apparence, touchait aux intérêts les plus nombreux et les plus considérables (Journal officiel du
25 mars 1884).*

« La loi du 23 octobre supprime tous les droits du Trésor pour les
ventes ne dépassant pas 2000 francs ; elle réduit d'un quart, pour
toutes les ventes n'excédant pas la somme de 1000 francs, les émolu-
ments des agents de la loi. »

et les bestiaux ont été frappés des surtaxes suivantes :
froment, 3 francs les 100 kilogrammes; farines, 6 francs ;
avoine, seigle et orge en grain, 1 fr. 50; malt, 1 fr. 40; —
bœufs, 25 francs par tête ; vaches et taureaux, 12 francs;
génisses, 8 francs ; veaux, 4 francs; moutons, 3 francs;
agneaux, 1 franc ; porcs, 6 francs; (projets de loi déposés
par M. Méline, ministre de l'agriculture dans le cabinet
Ferry.)

Ainsi, d'une part, défense de la première des industries
nationales contre la concurrence étrangère, surtaxe qui
est un encouragement et un soulagement, le moyen d'attendre et de préparer les temps meilleurs ; et d'autre part,
un vaste ensemble de mesures législatives et réglementaires, pour que l'agriculture se transforme, renonce aux
routines et tire profit à son tour de ces leviers nouveaux :
esprit d'association, crédit, enseignement professionnel,
qui devront réaliser pour elle, comme ils l'ont fait pour
les autres industries, d'admirables progrès.

XII

Venir en aide à l'agriculture par des surtaxes sur les
céréales et les bestiaux, remplacer par une politique doua-
nière devenue indispensable la politique des dégrèvements
devenue momentanément impossible, ces mesures n'impliquent pas la substitution générale d'un régime de protection au régime du libre échange. Entre le système
qu'avait inauguré le brutal coup d'État économique du
second empire et les exagérations prônées par les partis
hostiles à la République dans un intérêt de réclame
électorale, il existe un juste milieu qui consiste à défendre
le travail national sans provoquer une hausse dangereuse
sur le prix des denrées de première nécessité, le pain et
la viande. Chaque fois que nos industriels sont assez bien
outillés, assez habiles, assez entreprenants pour que la po-

litique commerciale puisse être celle de la liberté, c'est à la liberté qu'il faut demander des stimulants et une prospérité nouvelle. Le gouvernement de la République a dû rompre ainsi les négociations entamées avec les **Pays-Bas** et l'**Angleterre**; il a pu, au contraire, sur les bases du tarif général du 7 mai 1881, conclure des conventions avec l'**Autriche-Hongrie**, la **Belgique**, l'**Espagne**, l'**Italie**, le **Portugal**, la **Suède**, la **Norvège** et la **Suisse**.

Des conventions postales et télégraphiques, ainsi que des traités de navigation et des conventions pour la garantie réciproque de la propriété littéraire, artistique et industrielle, ont été conclues avec un grand nombre de pays amis, **Suisse**, **Belgique**, **Italie**, **Suède**, **Espagne**, **Autriche**, **Brésil**, etc. Une loi du 20 décembre 1884 a approuvé la convention pour la protection internationale des câbles sous-marins.

Dans un ordre d'idées différent, il faut citer la loi du 25 janvier 1884 tendant à la création d'une quatrième liste pour les objets d'or et d'argent destinés à l'exportation. Le droit commercial s'est enrichi d'une excellente loi sur l'hypothèque maritime (10 décembre 1884); d'assez nombreux projets, qu'il dépendra de la prochaine législature de faire aboutir, ont été mis à l'étude par l'une et l'autre Chambre et déjà discutés (projets de loi tendant à reviser le livre II du Code de commerce, à modifier la loi du 22 frimaire an VII sur les droits de succession, propositions sur la liberté du taux de l'intérêt en matière de commerce, sur les concordats amiables, sur les sociétés et la négociation des valeurs mobilières). La loi du 26 mars 1885 a renouvelé la législation des marchés à terme.

XIII

La législature de 1881 a clos provisoirement, après quatre années, la période des grands travaux publics aux frais de l'Etat. Après avoir creusé 1481 kilomètres de canaux, augmenté de 130 000 kilomètres le réseau des chemins vicinaux et de 12 282 kilomètres celui des chemins de fer, la République pouvait-elle, pour ménager ses finances, alors qu'une crise économique sévissait sur toute l'Europe, marquer un temps d'arrêt dans ses travaux? Elle le devait. Marquer ce temps d'arrêt était-ce présenter un *mea culpa*, regretter la vaste entreprise qui avait été la pensée commune de M. de Freycinet et de Gambetta, qui avait renouvelé notre viabilité, répandu des centaines de millions dans la circulation et donné le travail à des milliers d'ouvriers? En aucune façon. Si le plan primitif avait été sans doute exagéré et parfois déformé par l'action des intérêts locaux, l'œuvre en elle-même n'en restait pas moins un titre d'honneur pour la République; non seulement cette entreprise avait pendant plusieurs années multiplié le travail à l'infini sur tous les points du territoire, mais elle restait encore pour l'avenir une source intarissable d'activité et de progrès. Avoir développé le réseau de nos voies ferrées, amélioré nos ports, multiplié nos canaux, rendu navigables plus de 1200 kilomètres de rivières, ce n'étaient pas des résultats dont le gouvernement et le parlement eussent à rougir. Pour utile et féconde cependant qu'eût été cette entreprise, la discussion du budget extraordinaire de 1883 avait démontré que la situation financière ne permettait pas de continuer, du moins au compte de l'État et à coups d'emprunts, le plan Freycinet avec les additions du scrutin d'arrondissement : dès lors la nécessité des lois de novembre 1883, des conventions avec les grandes compagnies. Ces lois

avaient un double but : d'abord, assurer l'exécution du
troisième réseau, en répartissant environ 10 000 kilomètres de lignes entre les six compagnies et le réseau du
chemin de fer de l'État; en second lieu, organiser un
mécanisme financier qui, mettant les ressources des compagnies au service du Trésor et la garantie de l'État au
service des compagnies, permît d'achever promptement
les travaux commencés dans un intérêt économique ou
stratégique et de supporter les déficits de l'exploitation
des nouvelles lignes. Or, ce double but a été certainement atteint : les compagnies ont poursuivi les travaux,
le grand livre a été fermé au chapitre des réseaux ferrés,
et le budget extraordinaire, qui était de 529 millions en
1883, a été ramené, pour 1884, au chiffre de 257 millions,
soit une différence de 272 millions de francs.

L'accord avec les compagnies a été l'acte principal du
ministère des travaux publics pendant les quatre dernières années; il n'a pas été la seule mesure législative,
émanée de ce département, qui ait été ratifiée par les
Chambres. Des crédits ont encore été votés pour des
œuvres d'une utilité de premier ordre, pour le développement et l'amélioration des routes nationales et chemins
vicinaux, pour la construction des canaux de navigation du
Nord sur Paris (1) et de l'Escaut à la Meuse. La Chambre
a approuvé les propositions qui règlent les rapports des
compagnies de chemins de fer avec leurs agents commissionnés, assurant ceux-ci contre les caprices dont ils
avaient été trop souvent les victimes; le Sénat est saisi de
ce projet.

Au ministère des postes et télégraphes, nombre de créations pratiques et utiles : enveloppes et bandes timbrées,
bons de poste de sommes fixes. Divers projets de loi ont
réorganisé les services maritimes postaux, réglé les concessions des réseaux télégraphiques. Le réseau a été
étendu dans tous les départements, le service partout amé-

(1) Ce canal serait destiné à faire partie, dans l'avenir, d'une grande
ligne navigable qui relierait la mer du Nord à la Méditerranée.

lioré, le traitement des agents élevé, l'hôtel des Postes reconstruit.

XIV

Les lois de finances, les budgets de 1883, 1884, 1885 et 1886 n'entrent pas dans le cadre de cette étude; ce tableau de l'œuvre législative de nos assemblées républicaines depuis quatre années ne saurait être un résumé ni de notre histoire financière ni de notre histoire diplomatique. Les questions budgétaires d'ailleurs ont été élucidées dans une étude spéciale (1); les faits, après les éloquents discours de M. Jules Roche, ont détruit ou, du moins, auraient dû détruire toutes les calomnies. « Jamais, disaient depuis six mois la réaction et l'intransigeance, le budget de 1886 ne pourra être établi sans nouveaux impôts. » Or il l'a été, et avec la suppression de l'impôt sur le papier. « La République, disaient encore les ennemis de la Constitution, peut dépenser; elle est incapable de réaliser des économies. » Or la loi du 27 avril 1883, qui a converti les titres de rente 5 pour 100 en titres 4 1/2 pour 100, a réalisé pour le Trésor une économie annuelle de 32 846 204 francs. L'unification de la dette en 3 pour 100, qui était l'âme du plan financier de Gambetta, aurait produit une économie encore plus considérable, 50 à 60 millions, que le ministère du 14 novembre proposait de consacrer au dégrèvement de l'agriculture.

XV

« Il n'y a pas de remède social, parce qu'il n'y a pas *une question sociale*. Il y a une série de problèmes à résoudre, de difficultés à vaincre, variant avec les lieux, les climats, les latitudes, l'état sanitaire, problèmes éco-

(1) *Les Finances de la République*, par M. Jules Roche.

nomiques qui changent dans l'intérieur d'un même pays,
qui doivent être résolus un à un et non pas une formule
unique. C'est par le travail, par l'étude, par l'association,
par l'effort toujours constant d'un gouvernement d'honnêtes gens, que les peuples sont conduits à l'émancipation.
Il n'y a pas de panacée sociale, il y a tous les jours un
progrès à faire (1)... »

Sur la solution des problèmes politiques, la législature
de 1881 s'est souvent, trop souvent, écartée du programme tracé par Gambetta; dans l'étude des problèmes
sociaux, elle s'est au contraire inspirée constamment du
discours du Havre. C'est la partie la plus considérable de
son œuvre, celle qui mérite les plus grands éloges, celle à
qui paraît acquise la plus longue durée.

La Commission de quarante-quatre membres nommée,
sur la proposition de M. Clémenceau, pour faire un rapport sur la situation des ouvriers de l'industrie et de l'agriculture, a tenu de nombreuses séances, entendu de nombreux déposants et publié de nombreux fascicules. Il est
permis de croire qu'en faisant sienne la proposition sur la
création des syndicats professionnels, qu'en emportant de
haute lutte la loi du 21 mars 1884, M. Waldeck-Rousseau a
rendu aux travailleurs un service plus signalé (2). M. Tolain
a dit de cette loi : « C'est le premier acte fait, depuis un
siècle, par la société française pour l'émancipation des
travailleurs, c'est la charte qui a déclaré majeurs les salariés. » En droit, en fait, les travailleurs sont émancipés.
L'agriculture, comme les autres industries, pourra tirer
de cette loi un grand profit pour le groupement de ses
intérêts.

Développer parmi les salariés l'esprit d'association,
parce que l'association des individus suivant leurs affini-
tés professionnelles est moins une arme de combat qu'un
instrument de progrès matériel, moral et intellectuel, tel
est l'objet de la loi du 21 mars :

(1) Discours prononcé au Havre, le 18 avril 1872.
(2) Rapports de MM. Allain-Targé et Tolain à la Chambre des députés et au Sénat.

1° Les syndicats professionnels, ayant exclusivement pour objet l'étude et la défense des intérêts économiques, industriels, commerciaux et agricoles, peuvent se constituer librement. La loi ne distingue pas entre les associations même de plus de vingt personnes exerçant la même profession, des métiers similaires et des professions connexes concourant à l'établissement de produits déterminés : tous les syndicats peuvent se constituer sans l'autorisation du gouvernement. Une simple formalité est obligatoire : les fondateurs de tout syndicat professionnel devront déposer les statuts et les noms de ceux qui, à un titre quelconque, seront chargés de l'administration et de la direction.

2° Les syndicats professionnels reçoivent la personnalité civile; syndicats de patrons et syndicats d'ouvriers, les uns et les autres auront le droit d'ester en justice. S'ils ne peuvent acquérir d'autres immeubles que ceux qui sont nécessaires à leurs réunions, à leurs bibliothèques et à leurs cours, ils peuvent, sans autorisation, constituer entre leurs membres des caisses spéciales de secours mutuels et de retraite ; ils peuvent encore librement créer et administrer des offices de renseignements pour les offres et les demandes de travail.

Enfin, l'État ne se contente pas de permettre la création de syndicats professionnels : il l'encourage, il s'impose la noble tâche « de favoriser l'essor de l'esprit d'association, de le stimuler, de faciliter l'usage d'une loi de liberté, d'en rendre la pratique aisée, d'aplanir sur la route des difficultés qui ne sauraient manquer de naître de l'inexpérience et du défaut d'habitude de cette liberté » (circulaire de M. Waldeck-Rousseau, ministre de l'intérieur, en date du 25 août 1884). « Il faut que l'on sache que les syndicats professionnels ont toutes les sympathies de l'administration. »

La loi du 21 mars 1884 est la *magna charta* des travailleurs; elle n'est pas la seule loi d'émancipation et de protection qui ait été réalisée ou mise à l'étude depuis quatre ans. La loi du 9 septembre 1848 sur la durée des journées de travail est une loi excellente; elle n'est appliquée, après avoir été audacieusement méconnue, que depuis la loi du 16 février 1883, qui en confie la surveillance aux commissions locales et aux inspecteurs du travail des enfants dans les manufactures. — Deux lois spéciales (24 novembre 1883, 8 décembre 1884) modifient dans un esprit libéral la législation sur les conseils de prud'hommes. — Un projet voté par la Chambre, transmis au Sénat, rend facultatifs les livrets d'ouvriers, qui étaient obligatoires. — Le projet sur la *responsabilité des accidents*, dont les ouvriers sont victimes dans leur travail, déplace la charge de la preuve, toutes les fois qu'un accident se produit dans les usines, manufactures ou établissements quelconques où il est fait usage d'un outillage à moteur mécanique : c'est le chef de l'entreprise qui est présumé responsable.

Les mineurs réclamaient depuis longtemps des prud'hommes et des délégués: la loi sur les prud'hommes a été votée et la proposition relative aux délégués, adoptée par la Chambre, est l'objet d'un rapport favorable au Sénat. — L'enseignement manuel, technique et professionnel a été organisé et réglementé. — La loi sur les sociétés de secours mutuels, votée par la Chambre, a été discutée une première fois par la haute Assemblée. — Enfin, la Chambre a encore adopté en seconde lecture, les rendant ainsi définitifs, les projets sur la caisse nationale de retraites pour la vieillesse (4 août 1885) et sur les rapports des compagnies de chemins de fer avec leurs agents commissionnés (21 décembre 1882).

Le projet de loi sur la protection de l'enfance qui a été voté par le Sénat, a fait l'objet d'un rapport à la Chambre.

(1) Rapports de MM. Maze à la Chambre des députés et Léon Say au Sénat.

XVI

Les faits, dit un proverbe anglais, sont choses entêtées. On peut calomnier la République, on peut diffamer
la majorité républicaine des deux Chambres : après la lecture de ce résumé, cemment contester que l'activité législative du parlement, depuis quatre années, n'ait été
féconde? On a pu entasser à plaisir les inventions saugrenues et les accusations empoisonnées contre les hommes
d'État qui ont fait de la République un gouvernement et
qui ont défendu l'intégrité du patrimoine national :
peut-on effacer du *Journal officiel* et du *Bulletin des
lois* les mesures législatives qui ont été préparées, votées
et promulguées du mois d'octobre 1881 au mois d'août
1885? Évidemment la troisième législature de la République a commis des erreurs et des fautes; nous n'avons
jamais cru davantage aux parlements qu'aux papes infaillibles. Mais cette législature, quels que soient ses torts,
et ils sont nombreux, a été laborieuse, zélée, animée du
désir de bien faire, sincèrement dévouée à la démocratie,
à la cause du progrès, et l'on retrouve partout les traces
de son travail. Si la Chambre de 1881 n'a pas mérité le
grand nom de Chambre réformatrice, il n'est pas juste de
dire qu'elle a été une Chambre stérile; elle a plutôt
trop fait. Une assemblée qui a revisé la Constitution, institué le scrutin de liste, commencé le Code rural, voté les
lois sur la réforme judiciaire, le divorce, la relégation
des récidivistes, l'artillerie de forteresse, l'administration
de l'armée, les surtaxes de douanes, les syndicats professionnels, la liberté municipale, le retour à la législation
de l'an II sur les cimetières, l'obligation et la laïcité de
l'instruction primaire, l'échange des parcelles, le dégrèvement des petites ventes judiciaires, la conversion de la
rente, la réduction des journées de travail, cette assem-

blée a pu se montrer, en quelques circonstances, irréflé-
chie et téméraire: ses membres n'ont pas été des rois
fainéants.

La législature de 1881 a beaucoup et très utilement travaillé : pourquoi ce labeur a-t-il passé presque inaperçu?
pourquoi nous-même, récapitulant ces réformes d'après
le *Bulletin des lois*, sommes-nous étonné de nos propres
constatations? En voici sans doute la raison : c'est que le
vacarme continu des interpellations à grand fracas, les
clameurs de la presse d'opposition quand même, le bruit
et le tumulte qui sont presque toute la politique des partis extrêmes ont fatigué l'attention, au point que, lassée,
étourdie, elle n'a pas eu le loisir ni la force de se fixer
sur la besogne féconde, modeste, tranquille que poursui-
vaient, malgré tant de tempêtes sans éclair, les hommes
de travail et de bon sens. Les ténors qui ne sont préoccupés que de briller sur l'affiche parlementaire et d'avoir de
belles chambrées pour les entendre, les intrigants qui
agitent la rivière avec fracas pour pêcher ensuite en eau
trouble, les aboyeurs dont le métier est d'insulter, voilà
ceux qui se pressent au premier rang pour concentrer sur
eux les regards. Ils masquent ainsi les travailleurs consciencieux, dédaigneux de la réclame, penchés sur la solution pratique des problèmes complexes, les vrais hommes
de progrès qui ne renoncent pas au mieux possible par
amour de la chimère et qui ne sacrifient pas la cause des
réformes au plaisir stérile de faire applaudir par des
badauds des hâbleries de charlatans. Assurément, la
Chambre, qui n'a pas accompli toutes les améliorations qui
avaient été promises, aurait pu étudier avec plus de soin
quelques-unes des mesures qu'elle a votées. Mais qui donc
a gaspillé en interpellations et discussions oiseuses le
temps du parlement?

Ce n'est pas la première fois que les frelons accusent
les abeilles de paresse, et ce ne sera pas la dernière. Mais
les frelons auront beau faire du bruit, le moindre rayon de
miel vaudra toujours plus et mieux que leurs plus sonores
bourdonnements. Voici, par exemple, M. Clémenceau : il

a prononcé d'âpres et spirituels discours dans cinquante interpellations, et jamais député n'a fait à lui seul pareille hécatombe de ministères ; tous ces gouvernements qui ont eu pour chefs Gambetta, M. de Freycinet, M. Duclerc, M. Ferry, c'est lui qui les a renversés, précipités, culbutés les uns sur les autres, et le temps seul lui a manqué pour abattre le cabinet Brisson sur tant de débris.

Oserai-je dire que la loi, la modeste loi qui a dégrevé la vente en justice des petites propriétés a mieux servi que toute cette destructive éloquence, les intérêts du pays ?

VARIÉTÉS

LES EXCÈS DE PRESSE EN 1789. — MICHU. — LE PROCÈS DE LA
RÉVOLUTION. — LE MINISTÈRE CLÉMENCEAU.

LES EXCÈS DE PRESSE EN 1789

Mai 1882.

MIRABEAU ET LES « ACTES DES APOTRES »

Le paradoxe sur l'injure et la calomnie n'est pas à faire. Dans la vie privée, ces armes sont celles des lâches et des pleutres; dans la vie publique, celles des factions aux abois et des partis sans principes. Les partis extrêmes en ont toujours fait grand usage et on les emploiera toujours beaucoup. La pornographie politique, comme son aînée, la pornographie simple, est chose éternelle. Ce qu'elle est aujourd'hui, elle l'a toujours été, également malfaisante et insaisissable. Les peines dont on l'a frappée n'ont jamais diminué de beaucoup sa clientèle. Le mépris des bons citoyens ne l'a jamais empêchée de faire des dupes parmi les imbéciles. On nous promet qu'après un demi-siècle de liberté illimitée, l'outrage et la diffamation ne seront plus que des armes malpropres. En attendant, c'est Beaumarchais, ce n'est pas Royer-Collard qui a raison. Et la lance d'Achille ne guérit point les blessures qu'elle fait.

On dit : « En fait de presse, l'abus, l'extrême abus,
c'est la chose même, la liberté ; il n'est pas d'autre régime
pour la presse que celui du lacet turc ou de l'impunité
absolue ; la liberté sagement limitée est une chimère. »
On le dit, mais on ne le démontre pas. La vérité, c'est que,
dans cet éternel débat, on confond presque toujours deux
questions : une question d'ordre public, la nécessité pour
les gouvernements réguliers de réprimer les abus, les
excès, les grossièretés, nécessité qui n'est pas moins évidente que celle de débarrasser la voirie des ordures qu'on
y dépose ; une question de fait, l'impossibilité, démontrée
par l'histoire, de supprimer les reptiles venimeux, les
cloportes et les serpents, et, par conséquent, la race des
Zoïles et des Frérons. Distinguez les deux questions et la
solution apparaîtra. Vous armerez le gouvernement, la
société, contre la calomnie et contre l'outrage, parce que
tout délit doit être réprimé et puni ; mais vous enseigne-
rez en même temps aux apprentis de la politique cette
vérité que, pour les citoyens qui veulent faire leur devoir,
il en est de la diffamation et de l'injure comme de la rou-
geole et de la variole pour les enfants, qu'il faut passer
par là. Cela est inévitable, c'est dans le tarif de l'*Agora*.
Il faut, de bonne heure, en prendre résolument son parti.
Rien ne vous oblige à vous asseoir au Forum ; mais du
moment que vous y prenez place, ne vous attendez point à
être dispensé, sous prétexte que vous êtes un bon citoyen,
de payer la taxe. Bien au contraire. Mieux vous ferez
votre devoir, plus vous serez taxé. L'impôt est proportion-
nel, voire progressif...

Cela vous effraye de payer la taxe ? Restez chez vous et
cultivez votre jardin. Si cela ne vous effraye pas, si la noble
ambition de servir votre pays l'emporte chez vous sur toute
considération personnelle, alors payez gaîment, payez sans
compter, passez devant les bouches d'égout en regardant
le moins possible. Et si, par hasard, sous une vilenie trop
noire, une amertume trop violente vous monte à la gorge,
ne vous laissez pas aller à une inutile colère, rappelez-vous
seulement tous ceux qui vous ont précédé dans la grande

bataille pour la vérité et pour la justice et qui ont été plus cruellement atteints. Aussi ai-je souvent pensé qu'un livre utile à faire serait une histoire raisonnée de la diffamation politique depuis les temps les plus reculés. Mise entre les mains des jeunes gens au sortir du collège, elle ferait passer aux faibles le goût de la vie publique, mais elle vaccinerait les forts.

C'est un chapitre de ce livre à venir que je voudrais esquisser, d'après une très savante et très spirituelle monographie de M. Marcellin Pellet (1). Les insultés dont il s'agit sont les premiers soldats de la plus admirable des causes, et il n'est pas de boue infâme dont on n'ait cherché à les souiller.

I

Le premier numéro des *Actes des Apôtres* parut « le jour des morts, an 0 de la liberté » — en langue vulgaire, le 2 novembre 1789, — avec cette épigraphe : *Liberté, Gaieté, Démocratie royale* (2). Jusqu'à cette date, l'ancien régime avait cru qu'ayant des soldats, il pouvait se dispenser d'avoir des journalistes (3). De temps en temps, quelques pamphlets bien vénéneux, bien nourris de calomnies : avec les régiments de Royal-Cravate et Royal-Allemand, cela devait suffire contre « l'émeute ». Quand il fut avéré, après la prise de la Bastille et les journées d'octobre, que l'émeute était une révolution, le parti de la cour créa deux gazettes : le *Magasin historique*, plus connu sous le nom de *Petit Gautier*, et les *Actes des*

(1) *Encyclopédie de la Révolution française : Un journal royaliste en 1789, « les Actes des Apôtres »*, par Marcellin Pellet.

(2) Marcellin Pellet, p. 31. — Louis Blanc, *Histoire de la Révolution*, t. III, p. 129.

(3) Louis Blanc, t. III, p. 128.

Apôtres; et « dès lors, les royalistes eurent des réceptacles commodes pour leurs immondices (1) ».

Je ne parlerai pas du *Petit Gautier :* l'ordure simple y tient trop de place (2). Les *Actes des Apôtres* sont plus intéressants ; leurs rédacteurs sont payés sur la cassette du roi (3) et leurs lecteurs habituels sont la *fleur des pois* de Quatre-vingt-neuf. Un peu moins grossier que le *Père Duchêne* dans son lexique et tout aussi féroce dans ses haines que l'*Ami du Peuple*, c'est, par excellence, le journal bien pensant. La religion n'étant pas encore « à la mode et de bon ton », il est *voltairien*. Les épigraphes (il y en a une à chaque numéro) sont empruntées tantôt à la Bible et tantôt à la *Pucelle*, de préférence à la *Pucelle*. Les gravures de la première page sont d'ordinaire licencieuses et souvent obscènes. Comme il convient à une gazette qui n'est pas faite pour la canaille, le prix de l'abonnement est fort élevé : « neuf livres par volume (soit 45 livres par an) pour Paris, et 10 livres 10 sous pour la province, chez Suleau, à son domicile habituel, le palais de la Nation, et accidentellement hôtel d'Espagne, rue Richelieu. » Le journal est *mixte :* peu d'articles de fonds, force bruits de ville, menus propos et anecdotes, à foison des chroniques, des couplets satiriques et des épigrammes, autant de rimes que de prose. Cela se lit sans fatigue. C'est la Révolution traduite par l'auteur du *Sopha*.

Ce qui distingue d'abord les « Apôtres de la liberté et de la démocratie royale » (comme ils s'intitulent dans les prospectus), c'est leur extrême, leur incroyable frivolité. A voir le titre grave qu'ils ont choisi et contre quels hommes, contre quelle cause ils partent en guerre, on imaginerait volontiers d'âpres sectaires, des cousins des Ligueurs ou des *Cavaliers* de Charles Ier, et l'on pardonnerait à de telles haines l'emploi des armes les plus atroces. Approchez, vous ne trouvez qu'une douzaine de libertins en goguette. Peltier est un simple pitre ; le vicomte

(1) *Révolutions de France et de Brabant*, n° 42.
(2) *Bibliographie des journaux*, par Deschiens, p. 280.
(3) Marcellin Pellet, p. 258.

de Mirabeau, Mirabeau-Tonneau, un ivrogne; Suleau, un bretteur égrillard. Champcenetz, le clair de lune de Rivarol, a été deux fois à la Bastille (en 1787 et en 1788) pour «avoir dépassé la permission d'être obscène». Le gros Bergasse a été l'avocat du banquier Kornman (c'est tout dire) contre Beaumarchais. Rivarol lui-même n'est guère qu'un *boulevardier* d'infiniment d'esprit. Tous vivent dans une ignorance complète de la solennité des problèmes qui s'agitent, de la bataille même où ils sont engagés. C'est « les yeux clignotants (1) » qu'ils vont au gouffre. Ils prennent la Révolution pour une petite Fronde et l'Assemblée nationale pour un petit parlement Maupeou, pour « une parade de foire bonne à amuser les laquais (2) ». Discuter la Déclaration des droits de l'homme, les cahiers du Tiers, les programmes financiers de Necker, les revendications de Mirabeau, pour qui les prend-on? C'est par des cabrioles, des pieds de nez et des turlupinades variées qu'il convient à des gentilshommes, fussent-ils de contrebande, de répondre à pareilles sornettes. Necker montre la banqueroute menaçante (3), on écarte la banqueroute en traitant le prophète de « c.. u », et quand Mirabeau fait le procès des abus : « Tais-toi, v..... (4)! » *Remoucher les défenseurs du peuple* (5) n'est pas plus difficile que cela. Sans doute, les Apôtres ne manquent pas toujours d'esprit, ou du moins M. le vicomte de Rivarol en a quelquefois pour douze. Mais cet esprit lui-même (tant ils sont ignares) n'est jamais celui du drame qui se joue. De l'autre côté, l'âpre ironie de Loustalot, la plaisanterie terrible, fulgurante de Camille; ici, des coq-à-l'âne, des calembours, des lazzi malpropres, des couplets à la Piron. A la place de l'*esprit des choses*, l'*esprit des mots*, des mots qui cabriolent et qui cascadent.

(1) Louis Blanc, t. III, p. 129.
(2) *Actes des Apôtres, Eclaircissement* E.
(3) *Ibid.*, VI, 164.
(4) *Ibid.*, I, 25.
(5) *Ibid., Eclaircissement* E.

Cependant ils sont passés maîtres dans l'art de la calomnie et de l'outrage et ils y resteront d'incomparables modèles. Vous pouvez lire de la première à la dernière ligne les trois cent dix-sept numéros des *Actes* avec leurs vingt-cinq suppléments : vous ne trouverez pas dix lignes de suite qui ne renferment une injure nouvelle ou quelque diffamation, un mensonge ou quelque ordure. « Des sarcasmes, des calomnies, des convulsions : point de principes, point de convictions; l'écume aux lèvres, point de croyance au cœur, telle est cette feuille infâme que quelques écrivains vantent encore sans la connaître (1). » Ils sont bien les dignes disciples de Fréron. S'ils ne connaissent qu'une figure de rhétorique : l'injure; qu'une forme de raisonnement : l'injure; qu'un genre de polémique : l'injure, en revanche, dans leur règle de conduite, ils admettent jusqu'à trois procédés différents : 1° la calomnie; 2° la calomnie; 3° la calomnie; « le Père Garasse leur a donné l'impudence; le père Annat, la calomnie; Escobar, l'équivoque; Sanchez, l'impudicité (2). » Ces virtuoses de la diffamation insultent et mentent tout naturellement, sans le moindre effort, comme d'autres respirent. Voudraient-ils d'aventure dire la vérité ou parler un langage parlementaire, ils ne le pourraient plus; ils ont pris irrévocablement le pli de l'outrage et du mensonge. Ils ne vivent que de cela, de la réputation des gens de bien, « comme l'insecte vit de la plante qu'il ronge ». Pour un grain de sel attique, des hottées d'excréments et de déjections. Ne sachant rien, ils ne peuvent rien apprendre; donc ils inventent. Une invention scandaleuse par jour : c'est à ce prix seulement qu'ils vendent leur mauvais papier. Ils ont chacun leur spécialité : Champcenetz mord, Suleau griffe, Boniface-Mirabeau vomit, Peltier crache, Bergasse salit, Langlois aboie, Aubonne bave. A voir de près ses collaborateurs, on prend Rivarol en profonde pitié : cet évadé de séminaire qui, pouvant être le bras

(1) Eugène Despois, *la Liberté de pensée*, t. III, p. 242.
(2) Lanfrey, *l'Église et les philosophes au* XVIIIᵉ *siècle*, p. 197.

droit et le successeur de d'Alembert, s'était fait vicomte, vaut tant de fois mieux que ces écumeurs! Il sait encore raisonner, discuter. Eux, comme des crocheteurs ivres, ne savent qu'insulter. Si Talleyrand n'avait recommandé de ne jamais décourager personne, je dirais qu'il est impossible à la presse immonde de descendre plus bas.

Aussi bien, pour ne pas être taxé d'exagération — car j'atténue plutôt, — faut-il citer quelques extraits. La grossièreté est celle des tapis-francs et des cabarets de barrière. A l'Assemblée et dans les clubs, les grands mots; ici, les gros mots. Lafayette est un c....., un vil mouchard, un renard cauteleux, un tigre, un ours; il finira par la hart (IX, nᵒˢ 242 et 247). Barnave est tour à tour un boucher, une hyène, un bourreau, un chacal, « Barnave-Néronet » (VIII, nᵒ 228, et X, nᵒ 284). Philippe-Égalité est un chef de brigands, un galérien, un m.....x, un sale dogue :

> Sous sa crapuleuse figure
> La scélératesse suppure

(V, nᵒ 136, VI, nᵒ 153, VII, nᵒ 189, VIII, épilogue, et X, introduction). Hideux simulacre, grand flandrin, Arlequin, Paillasse et c....., c'est le savant et vertueux Bailly (VI, nᵒ 154, et VII, épilogue). Cornard et Cartouche, c'est Necker (VI, nᵒ 164). Les deux Lameth sont d'abominables débauchés, des coureurs de filles,

> . . . . . poursuivant de cellule en cellule
> Les exploits fabuleux de Thésée et d'Hercule.

Ils suivent le « chemin de l'intrigue, de la vileté, du crime, de l'infamie, de l'ingratitude, du meurtre, de la crapule ». Ce sont, Alexandre et Charles, des vipères, des animaux rampants et venimeux, des poches à fiel, d'ignobles bâtards, des empoisonneurs, des assassins (I, nᵒ 20, III, nᵒ 68, VII, nᵒ 204, IX, nᵒ 257). Mathieu de Montmorency est un f.... gueux (IX, nᵒ 261); d'Aiguillon un couard, un meurtrier, une salope, un Conculyx (I, nᵒ 20, et IV, nᵒ 95);

26

l'évêque d'Autun, un Judas et un monstre effroyable (VIII,
n° 216). Grimaud, pelé, rustre, galeux, ribaud, apostat,
âne, cochon, sot, c'est l'abbé Grégoire (II, n° 43, IX,
n°s 246 et 252). Lâche, proxénète, m....u, bandit, voleur
de grandes routes, sont les épithètes habituelles accolées
au nom de Condorcet (X, n° 300); Lavoisier, dans le même
numéro, est traité d'escroc et de filou. Cochon de Lapparent et Lanusse prêtent par leurs noms aux plaisanteries
qu'on devine (II, n° 38, et III, n° 74). Chapelier « n'est
dans son élément que dans la fange » (III, n° 79). Thouret
n'est appelé que ce « chien de Thouret » (III, n° 90).

L'Assemblée nationale est un cloaque déicide, plein de
mille insectes fangeux, un tas de voleurs, une bande de
scélérats, un ramassis immonde d'assassins, un repaire
impur de brigands, une tourbe, une collection de j... f....
« Il faudrait chasser les démagogues et se repaître du
spectacle de les voir tous subir le même sort que nous
faisons subir aux crapauds dans la campagne, en les accro-
chant au bout d'une perche, sur les ruines de la Bastille,
pour les faire mourir à petit feu. » Ce sont des laquais, de
plats coquins, des êtres abjects, des brutes, des drôles, des
filous, des prolétaires ignobles, des couards, de sales
b....., des Cartouches, des s...., du gibier de potence, des
mendiants, des intrigants, des ivrognes, des fumiers (I,
n° 25, III, n° 99, VII, n°s 184 et 189, VIII, n°s 6 et 85, VI,
n° 175, etc., etc.)

Voilà pour l'injure; voici pour la calomnie et le mensonge systématiques. Étant donné, par exemple, que le duc
d'Orléans a fait preuve à la bataille navale d'Ouessant
d'une bravoure qui a forcé l'admiration même des Anglais,
les Apôtres l'accusent naturellement de poltronnerie. On
affirme qu'il s'est caché à fond de cale pendant l'action.
« Ce fut sur l'eau un plat jean-f.... » Ce vainqueur de
Keppel s'est laissé payer par le cabinet de Londres; il a
reçu « les picaillons de monsieur Pitt ». Il est plus lâche
qu'un laquais (IV, n° 100, III, n° 74, II, n° 59, VIII, épilogue). — Barnave est une nature douce, sentimentale (on le
vit bien au retour de Varennes); les excès des foules empor-

tées n'ont pas de juge plus sévère que lui : on colporte contre lui le mot atroce : « Le sang qui coule est-il si pur ? » (VIII, n° 228). — Tout est contestable chez Robespierre, hors sa probité : Peltier l'accuse de lui avoir volé des chemises au collège Louis-le-Grand et déclare qu'il ne faut pas s'en étonner : Robespierre d'Arras n'est-il pas le neveu de l'écartelé Robert-François Damiens (VI, n° 165)? — Lafayette étant le courage fait homme, il n'est pas d'acte d'insigne couardise dont on n'accuse « le citoyen Motier, le général des Bleuets » (II, n° 39, et IX, n° 247). — Necker est l'honneur même ; les Apôtres racontent qu'il n'a été ministre que pour piller le Trésor, qu'il se retire millionnaire, qu'il a gorgé tous ses amis d'or et d'argent; spéculateur éhonté, il s'est enrichi de toutes les misères publiques (VI, n° 164, etc.).

Salir ses adversaires, c'est bien ; mais salir leurs femmes, leurs filles et leurs sœurs, c'est mieux. Donc, dans ce moniteur de la contre-révolution qui n'est plus qu'un journal de mauvais lieu, les petits-fils des croisés s'attaquent aux femmes. La belle et vaillante femme de Charles de Lameth est traitée de « g.... impudique, de fille perdue ». *Dondon Picot* est l'héroïne des aventures les plus ignobles; elle écrit à ses amants des billets obscènes; elle est rongée par une gale honteuse (II, n° 37, et VI, n° 175). La noble Sophie de Grouchy, l'épouse de Condorcet, est accusée de vices infâmes. Mme Dupont-Dutertre, la femme du garde des sceaux, figure dans un récit poissard intitulé *la Nuit d'un ministre* (X, n° 297). Une série de couplets infâmes déshabille la marquise de Sillery (Mme de Genlis), « la plus effrontée des ivrognesses, des bacchantes, des ménades » (VI, n° 164). La duchesse d'Orléans, la mère de Philippe-Égalité, a été la maîtresse de ses laquais et des portefaix qu'elle faisait raccoler dans la rue (VI, n° 189). De même pour Mme de Lapparent, pour la duchesse de Montmorency, pour la mère des deux Lameth (I, n° 20, et VI, n° 178). « On prétend que Mme de Montmorency s'amusait souvent à apprendre les droits de l'homme dans son antichambre et

qu'elle prenait surtout des leçons d'un laquais qui avait
une excellente constitution et qui se trouva le père du
petit Mathieu. Ainsi il n'est pas étonnant que celui-ci ait
voté, le 19 juin, la suppression des livrées ; cette opinion
lui fut inspirée par la piété filiale... » Il faudrait tra-
duire le reste en latin, pour le citer. La jeune et char-
mante femme de Bailly est une « fille publique », « *Coco*
et *Cocotte* à l'Hôtel de Ville » (IX, n° 247). Rivarol, qui
a été repoussé avec perte par Mme de Staël, l'invective,
pour se venger, dans un langage de trottoir ; *Neckrone*
n'est qu'une Messaline : « Regardez que je suis jolie, dit-
elle à l'abbé Fauchet ; voyez ma jambe, monsieur l'abbé !
ah ! vous regardez ma gorge, petit fripon ! » (X, n° 292,
VII, introduction).

II

Mais voici Mirabeau. Il est le plus grand, le plus éloquent,
le plus redoutable. C'est lui qui a déchaîné la Révolution.
Seul, il est assez fort pour la régler, assez populaire pour
fonder sur ses principes un véritable gouvernement. Quand
il parle, c'est la patrie elle-même qui parle par sa bouche.
Vous allez voir...

Je laisse de côté les outrages vulgaires, insignifiants :
monstre, fourbe, chenapan, âme atroce, escroc, Thersite,
Cartouche, voleur, Ravaillac, animal venimeux et gluant,
Catilina, j... f....., crapaud, drôle, coquin, charogne (I,
n° 25, VI, n° 173, II, n° 39, VII, n° 202, VI, n° 173, VII,
n° 210, VIII, n° 214, VI, n° 174, IV, n° 251, VIII, n° 257).
Ce ne sont là que les bagatelles de la porte, la menue
monnaie des Apôtres de la liberté. Necker, Barnave, les
Lameth, Lafayette, Montmorency ne sont insultés qu'à
l'occasion ; Mirabeau l'est tous les jours, dans chaque
numéro, presque à chaque page. Quand il s'agit de lui, le
torrent de boue n'est jamais à sec ; il coule toujours avec

une inépuisable abondance. Tout le vocabulaire poissard de Vadé y passera, et tout le lexique de Martial.

Il est le grand porte-parole de la Révolution, il est son homme d'État, il est Mirabeau. Donc tout en lui est hideux et sinistre, le physique comme le moral : « Artificieux, vindicatif, d'une ambition démesurée, aussi cruel que perfide, audacieux jusqu'à l'insolence, incapable de remords, ne trouvant aucun moyen coupable ni honteux pourvu qu'il lui servît à parvenir à ses fins... Nulle dignité dans le maintien, nulle grâce dans le geste, un teint bilieux, une figure cadavéreuse, l'œil hagard, la joue livide, la bouche convulsive, le cou vertébreux, les bras courts, les jambes mal disposées, une voix aigre dans le diapason de la séduction ou horriblement résonnante dans les accents de la fureur, voilà ce qui attirait sous ses pas la foule ébahie (1) » (II, intr.). « Visage exécrable, affreux museau, assemblage de crapule, monstre jaune, louche et puant » (I, n° 25, III, n° 81, VI, n° 175, et VII, n° 202). Et quand on l'a bien insulté dans ce masque superbe que la petite vérole a rongé, on s'en prend à sa santé... Mais ici la plume du transcripteur lui tombe des mains.

Ce n'est pas seulement dans sa vie publique, si largement ouverte au soleil, que ce géant est insulté par les acolytes de Peltier. C'est dans sa vie privée, dans ce qu'elle a de plus noble et de plus malheureux. Son frère, l'ivrogne, se garde bien de lui faire un crime de quelques scènes d'orgie athénienne. Ce qu'il faut jeter en pâture à la curiosité du public, c'est le grand amour profond, impérissable de sa vie. Ah ! il est insensible aux outrages personnels ? On va l'outrager dans celle qu'il a aimée, dans celle qui vient de mourir ; on la salira à cause de lui. C'est peut-être une chance de le faire souffrir. « M. de Mirabeau paraît, annoncé par la victoire. Mme de M. rougit, pâlit à sa vue. En vain, pour résister au penchant qui l'entraîne, elle veut éviter M. de Mirabeau ; la raison se tait, la vertu

_____

(1) Ce portrait (si faux) de Mirabeau est censé un portrait (non moins faux) d'Étienne Marcel.

succombe, et Mme de M. tombe aux pieds de son amant.
M. de Mirabeau reçut avec horreur l'aveu d'une flamme
adultère. Larmes, prières, menaces, il employa tout pour
ramener cette infortunée dans les bras de l'hymen : tous
ses efforts furent inutiles. Il résiste longtemps, mais enfin
les larmes et les prières de l'amour triomphèrent de sa
résistance, et il se laissa entraîner en Hollande. Ils
avaient à peine quitté le territoire de France que
Mme de M. lui apprit qu'elle avait emporté ses diamants et
une somme assez considérable en or. M. de Mirabeau
ne put contenir l'indignation que lui inspirait l'idée qu'il
pourrait être soupçonné d'avoir eu part à cette spoliation,
et, malgré les dangers auxquels il s'exposait en rentrant
en France, il voulait absolument retourner en Franche-
Comté, mais il fut vaincu une seconde fois. » (I, n° 8).
Savez-vous quelque chose de plus abominable que ce
morceau ? Ah ! tu as aimé Sophie Monnier de toute la
passion de ton âme, tu gardes un culte pieux de sa mémoire ! Eh bien, on va la montrer au public sous le jour
le plus affreux, la vilipender comme la dernière des voleuses
et des filles. Que n'a-t-on pu lui faire subir le supplice de
Théroigne !

On ne l'outrage pas moins lâchement dans ses amitiés
que dans ses amours. Les compagnons de débauche de
Mirabeau-Tonneau sont ses amis, « ses bons et loyaux
amis, ses braves conseillers » ; mais les amis de Mirabeau-
Tonnerre sont des laquais, de la valetaille, une bande de
pourvoyeurs, de vils flatteurs, de lâches complaisants (I,
n° 24, II, n° 39, VII, n° 169). « M. Antoine (1), membre
de l'Assemblée, est lié avec le comte de Mirabeau. Ce
M. Antoine, mari commode, est possesseur d'une jolie
femme ; pour la produire à Paris, il l'a fait venir de sa
province. Le comte la trouve jolie et entre en marché avec
le mari : celui-ci, qui n'a rien à refuser à Mirabeau, lui
écrit un jour : « Je serai à telle heure chez une telle

____

(1) « Antoine, député de Sarreguemines, ami d'enfance de Robespierre. Inutile de dire que cette anecdote scandaleuse est une simple
plaisanterie des Apôtres. » (Note de M. Marcellin Pellet, p. 57.)

« (c'était une actrice); vous y trouverez Mme Antoine et
« serez plus à même de vous arranger avec elle. » Tel était
le sens du billet que, maladroitement, M. Antoine oublia
sur la cheminée. Sa femme le trouva; la curiosité, un pressentiment, une inspiration du génie protecteur de la vertu
le lui fit décacheter. Nouvelle Ariane et ne voulant pas
être pasiphaïsée par le minotaure moderne, elle fit venir
ses chevaux et retourna dans sa province (VII, n° 188). Et,
comme nul plus que Mirabeau n'a le respect et le culte de
l'amitié — quatre jours avant de mourir, « la mort dans
les dents et toute peinte sur son visage (1) », il parla cinq
fois à l'Assemblée pour y faire décider, dans l'intérêt de
son ami La Marck, qui se trouvait l'intérêt de la justice, un
point important de la législation des mines, — les Apôtres
mettent tout leur acharnement à exciter contre lui, parmi
ses compagnons de lutte, les soupçons les plus bas, à
semer parmi eux la défiance et la zizanie. « Il est ami
perfide comme il a été fils ingrat (I, n° 28); ce père sans
pudeur (?) est capable de toutes les trahisons (II, n° 39),
de toutes les vilenies et de toutes les bassesses; il ne tient
qu'à l'argent; il trahirait son ami le plus intime pour un
écu :

> Que voulez-vous donner, messieurs, vous pouvez voir :
>   A tant par crime, on est sûr de l'avoir »

(I, n° 24). Il ne lui manque pas un vice, et il a commis
tous les crimes. Du patriote qui, sur son lit de mort, ne
pensera qu'au grand duel de la France contre l'Angleterre (2), — « J'aurais donné du chagrin à Pitt si j'avais
vécu », — ils affirment qu'il est vendu aux Anglais (I,
n° 15). Du reste, *Riquet* est lâche (I, n° 8); en Corse, sous
Choiseul, il a eu grand soin de tomber malade le matin de
la bataille; il a « la peur lamentable des coups ». Il distille
le venin (I, n° 17); tout ce qu'il dit est mensonge, c'est le

(1) Michelet, *Révolution*, t. II, p. 163.
(2) Michelet, t. II, p. 164.

démon de la fourberie. Tout sentiment généreux lui est
étranger. Vomi par l'enfer dans sa furie (I, n° 25), c'est
pour le seul plaisir de faire le mal que ce monstre s'est fait
le perturbateur de sa patrie. Son âme atroce est tout vice ;
il est féroce autant que poltron (VI, n° 155). Sa belle
devise : *Consilio manuque*, est ainsi traduite : *Consilio*,
pour tromper ; *manuque*, et pour recevoir (VI, n° 130). Ce
n'est qu'un marchand de paroles, le dernier des misérables, des traîtres et des renégats, un être absolument
abject (VI, n° 155).

Puis, comme toutes ces vilenies n'ont d'autre résultat
que d'exhausser encore le piédestal de l'insulté, de démontrer une fois de plus que la gloire la plus haute est faite
d'affronts, les Apôtres, Riquetti cadet en tête, remplacent
la boue ordinaire de leur encrier par du sang et poussent
ouvertement à l'assassinat de Mirabeau. A l'heure trouble
(mai 1790) où une foule avinée et mêlée d'agents royalistes — ce que M. Louis Blanc appelle avec quelque irré-
vérence *le peuple* (1) — marque dans le jardin des Tuile-
ries l'arbre où Mirabeau sera pendu, la boutique de Suleau
entonne en chœur :

> O le grand jour que ce jour-là
> Où tout Français prononcera
> Que Mirabeau pendu sera ;
> Bonneau, Barnave on choisira,
> Robespierre valet sera...

Le bataillon de la Grange-Batelière choisit-il Mirabeau
pour commandant, les Apôtres le représentent déguisé en
diable et enlevant avec une corde le cochon de saint
Antoine ; et ils chantent :

> O Mirabeau, chef de la horde,
> Perturbateur du genre humain,
> Que n'avez-vous au cou la corde
> Que vous tenez en votre main !

(III, n° 72). Et encore (VIII, n° 21), en vers et en prose :

(1) *Révolution*, t. X, p. 238.

Puissé-je voir au bout d'une pique sanglante
Promener dans Paris ta tête encore fumante!

« A la hauteur où vous êtes, vos ennemis mêmes con-
viennent que le gibet est le seul genre d'élévation qui
vous manque. »

Enfin, quand Mirabeau meurt au milieu de l'immense
douleur de Paris et de la France entière, la joie des Apôtres
est sans bornes. Le *bon débarras* que Louis Bonaparte
écrira en marge de la dépêche qui lui annonçait la mort
de Charras, ils le crient sur tous les tons, et la ronde cynique
que nous avons vu mener autour du cercueil de Thiers, ils
la dansent autour du cadavre de leur grand ennemi. Ils
prédisent que « sa cendre exhalera la peste » (IX, n° 255);
ils invitent « les chiens à p.... sur sa tombe » (IX, intr.)
« Seigneur, mon Dieu! mon doux Jésus, si tous les
patriotes pouvaient crever comme Mirabeau! » (IX,
n° 248). Les bornes de l'ignoble sont reculées dans d'autres
passages; impossible de citer. « Il y a des hommes, disait
Camille (1), par qui il vaut mieux être pendu que loué. »

III

Ce que la physiologie de l'injure offre de plus intéressant, ce n'est pas les insulteurs — ils sont tous les mêmes,
des aboyeurs, ou, comme dit le vieil Eschyle, *des chiens
obscènes hurlant à travers la nuit;* — c'est l'attitude des
insultés, car la pierre de touche des caractères n'est pas
ailleurs. La force d'une âme ne se marque jamais mieux
qu'à l'impassibilité qu'elle oppose aux calomnies et aux
outrages. Bailly, qui se désole et qui, de dégoût, abreuvé
d'amertume, quitte sa maison de Paris, n'est que le plus
vertueux des faibles. Les Lameth, qui ne déragent pas

(1) *Révolutions de France et de Brabant*, n° 41.

contre les coquins qui les harcèlent, sont des naïfs.
Lafayette et Barnave méprisent; Condorcet et Grégoire
dédaignent; Mirabeau est insensible. « Le mépris est un
grand consolateur (1); » le dédain est du mépris sans
colère; Mirabeau ignore. Il n'a pas besoin de mépriser,
car il n'a pas besoin d'être consolé : ces turpitudes ne
l'atteignent même pas. Son âme est l'*alma sdegnosa*
que Virgile souhaite à Dante. Comme il est édifié depuis
longtemps sur les lâchetés et les trahisons, il passe sans
regarder, sans tourner la tête : pas une plainte, pas une
ligne, une parole de récrimination : *Justum ac tenacem...*

« Mirabeau se meurt, Mirabeau est mort! De quelle immense
proie la mort vient de se saisir! J'éprouve encore en ce moment
le même choc d'idées, de sentiments, qui me fit demeurer sans
mouvement et sans voix devant cette tête pleine de systèmes,
quand j'obtins qu'on me levât le voile qui la couvrait et que
j'y cherchais encore son secret. C'était un sommeil, et, ce qui
me frappa au delà de toute expression, *telle on peint la sérénité du juste et du sage.* »

C'est Camille qui parle ainsi, Camille qui tant de fois a
méconnu Mirabeau, qui n'a pas osé s'opposer au torrent
de boue que les royalistes d'abord, puis Marat et le *Père
Duchêne* avaient lancé contre son grand ami. Ce jour-là,
trop tard, le « sublime enfant (2) » vit juste : c'était
bien la sérénité du sage qui rayonnait sur le masque
de Mirabeau endormi.

« La bonté, petit mot, grande chose. » Toute sa vie, Mirabeau avait ignoré la rancune : ses haines furent toutes
impersonnelles; il n'a pas été plutôt informé des infamies
dont il est directement l'objet qu'il les oublie, et qu'il
les oublie tout naturellement; ça ne compte pas; il a
conscience des services rendus à la patrie; ces indignités
ne montent pas jusqu'à lui. Les Apôtres auront beau
l'accabler d'outrageantes calomnies et les trente voix

(1) Lanfrey.
(2) Michelet, t. II, p. 169.

pousser contre lui leurs clameurs furibondes, il ne
s'arrêtera pas une minute pour leur répondre, il continuera à marcher droit devant lui. A-t-il le loisir de se
défendre? n'est-il pas tout entier à la défense de la Révolution contre les insensés qui la compromettent, et de la
patrie contre les émigrés qui la trahissent? A l'histoire,
qui, d'ailleurs, ne s'en est pas encore acquittée, le soin
de venger sa mémoire! Lui, il a autre chose à faire.
Comme tous les hommes vraiment forts, « les bons
géants », il a au cœur ce que Shakespeare a appelé,
d'une admirable expression, le lait de l'humaine ten-
dresse. Il a des trésors d'indulgence et de pitié pour les
plus acharnés des aboyeurs qui ont été déchaînés contre
lui. Pour peu qu'ils soient misérables, et pourvu qu'ils
n'aient jamais outragé que *lui,* il leur tend la main et
vient à leur secours, tout simplement, comme si de rien
n'était. Il eût sauvé Suleau au 10 août et Champcenetz au
5 thermidor. Lui, contre qui la cour a soudoyé les
Apôtres et que Peltier a désigné aux pourvoyeurs de la
lanterne, c'est lui qui s'est fait l'avocat, contre ses
amis les plus chers, de la liberté d'émigrer. Et il est
par excellence, après tous les complots royalistes comme
après toutes les émeutes, l'homme du pardon, surtout
contre ceux qui se disent ses ennemis personnels. Ce n'est
pas qu'il se fasse illusion sur l'inefficacité des outrages
répétés et des calomnies longuement entretenues; il n'est
pas de ces Pangloss. Non, il sait à merveille le tort
qu'on lui fait, comme quoi la rage des aristocrates
vaincus n'a pas été vaine, puisque, en s'exhalant chaque
jour contre lui, elle a réussi à répandre le doute dans
les esprits timides qui ont fini par croire à la dictature (1) et à « la grande trahison du comte de Mirabeau »;
— comment enfin la basse envie et la jalousie du « parti
bâtard » ont complété l'œuvre des royalistes et obscurci sa
popularité. Il le sait, mais il ne s'en soucie pas. Pourvu
qu'il lui reste assez de force physique pour continuer la

(1) Dans la fameuse séance du 28 février 1791 aux Jacobins, Dupont

bataille, que lui importe le reste ? S'il suffit aux Apôtres
d'avoir terni le lustre de Mirabeau auprès des esprits
ignorants et des cœurs lâches, ils n'ont pas perdu leurs
peines (*Mirabeau tué par la médiocrité*) (1) ; mais, s'ils
s'imaginent le faire souffrir, ils se trompent et leurs outrages sont édentés. Les calomnies les plus abominables
le trouvent impassible ; elles ne le feront pas dévier une
minute de la ligne qu'il s'est tracée. Il n'aura jamais
qu'une seule politique, d'où la haine et la rancune sont
toujours absentes : *Être modéré et juste, avoir toujours raison.* Il le dit dans ses *Mémoires*, et le plus grand
historien de la Révolution (2) affirme hautement que
telle a été sa devise, telle a été sa vie publique.

reprocha à Mirabeau l'orgueil de sa *dictature*, et Mirabeau répondit :
« Il y a deux sortes de dictatures, celle de l'intrigue et de l'audace,
celle de la raison et du talent. Ceux qui n'ont pas établi ou gardé la
première et qui ne savent pas s'emparer de la seconde, à qui doivent-
ils s'en prendre, sinon à eux-mêmes ? » (Michelet, t. II, p. 156).

(1) Michelet, t. II, p. 167.
(2) Michelet, t. II, p. 169. — Il doit être inutile d'ajouter que cet article a une *clef :* publié au mois de mai 1882, quatre mois après la
chute du ministère Gambetta, sept mois avant la mort du grand
patriote, il parut au moment où la campagne, poursuivie contre lui
par la triple coalition réactionnaire, intransigeante et wilsonienne,
avait atteint son *maximum* de violence.

MICHU

---

8 juillet 1882.

Connaissez-vous Michu?... Michu, c'est le meneur intransigeant de l'arrondissement de ***, dont Balandard est
député. Michu n'a pas été candidat au 21 août de l'année
dernière (la poire n'était pas encore mûre); mais, comme
il est beau parleur et qu'après boire, en ***, on écoute
assez volontiers les joueurs de trombone, il a dicté le
post-scriptum du programme de Balandard, ce tout petit
post-scriptum aussi traître et perfide que le programme
même était sensé et raisonnable. C'est ainsi que Balandard
est devenu petit à petit le prisonnier de Michu. Aujour-
d'hui, quand s'ouvre un scrutin quelconque, Balandard
ne se dit plus, comme naguère : « Quelle est la solution
juste? la plus conforme à la vérité? la plus profitable à la
République et au pays? » Il songe tristement : « Qu'est-ce
que Michu voterait à ma place? Quel est le vote qui empêchera Michu de me dénoncer aux *purs* de l'estaminet de
la Lanterne-Rouge comme un vil opportuniste? » Et alors,
selon qu'il suppose que Michu aurait voté bleu ou blanc, il
dépose dans l'urne un bulletin bleu ou blanc. Quand il lui

27.

arrive parfois de se tromper, le spectre de Michu le hante dans son sommeil et, le lendemain, il rectifie au procès-verbal.

*

Michu, c'est le vrai « danger intransigeant », c'est l'une des plus grosses maladies du parti républicain. Si la République, depuis quelques mois, a commis tant d'erreurs, c'est la faute à Balandard et à Michu.

L'intransigeance, par elle-même, l'intransigeance *en soi* n'est pas un danger. C'est seulement à cause de Balandard qu'elle est à craindre.

*

Balandard, au fond, est un bon Français, un républicain avisé et prudent. Si Michu n'existait pas, ses votes et ses actes, dictés par une conscience honnête, seraient excellents. Il sait à merveille que sur un vieux sol monarchique comme le nôtre il faut à la République beaucoup de patience et de sagesse pour pousser de profondes racines. Il sait que, dans les problèmes politiques, les solutions dites radicales sont des attrape-nigauds dont la conséquence inévitable est l'ajournement des réformes les plus nécessaires et le maintien indéfini des abus. Il sait qu'on ne sort de la prêtrophobie que pour tomber dans la théocratie et que, d'autre part, certaines prétendues libertés sont de l'oppression à rebours. La haine jalouse de toute supériorité lui est aussi étrangère que le culte misérable des individus. Comme son grand-père a été un des volontaires de 92, il sent un frisson lui courir dans le dos quand l'image de la patrie est évoquée devant lui par une voix éloquente, et il ne regarde pas sans émotion une carte de l'Alsace-Lorraine... Mais voilà, il y a Michu !

*

Quand Balandard, l'autre printemps, a appris le brillant

succès de la campagne de Tunisie et le traité du Bardo, il en a éprouvé une vive satisfaction : « Nous voici enfin, dit-il, rentrés en possession de notre place devant l'Europe. Nos troupiers se sont admirablement conduits. L'Algérie mise à l'abri et notre influence rétablie en Orient, c'est une belle entreprise. Qui sait si l'on n'aurait pas dû agir avec plus de vigueur encore ? » Mais, quand Balandard s'est retrouvé, en réunion publique, devant les cinquante-six habitués de la Lanterne-Rouge et que Michu lui a dit d'une voix tonnante : « Eh bien, citoyen, que pensez-vous des infâmes tripotages de l'affaire tunisienne et des nouveaux Jecker qui sont dénoncés *sur l'Intransigeant*? » — alors Balandard s'est troublé, il a eu honte de sa joie patriotique et il a opiné du bonnet. Dans la séance du 9 novembre, il a voté pour l'enquête et contre l'ordre du jour demandé par M. Jules Ferry.

Balandard connaît M. Gambetta depuis quinze ans : il l'a entendu dans le procès Baudin ; il l'a vu à l'œuvre pendant la Défense nationale, au 24 Mai et au 16 Mai ; alors que Michu était encore bonapartiste, c'est Gambetta qui l'a décidé, lui Balandard, lequel hésitait très fort, à voter l'amnistie ; il l'admire comme patriote et comme homme d'État. Mais quoi ! Michu proclame que Gambetta est une canaille qui a volé 193 millions pendant la guerre et qu'il a voulu faire un coup d'État, au mois de janvier, avec Miribel et Weiss. Et Balandard aussitôt de se troubler : n'osant pas, par pudeur, renier tout à fait son ancien ami, il fait ce qu'on appelle en musique une « transposition »; il déclare qu'il faut abattre le pouvoir personnel, que le scrutin de liste est une machine césarienne et qu'il n'en faut plus, des autoritaires ! Les libéraux, il n'y a que les libéraux !

Balandard trouve sages et pratiques les projets de réforme judiciaire qui ont été présentés par les gardes des sceaux, MM. Cazot et Humbert. S'il a reconnu depuis longtemps que l'antique magistrature réactionnaire a besoin d'être rajeunie et épurée, il pense que l'inamovibilité est la garantie tutélaire d'une justice impartiale

et que l'élection donnerait dans trente départements au
moins des magistrats bonapartistes et cléricaux. Mais
Michu, qui est pourvu d'un petit casier judiciaire, Michu
est pour les solutions franches. Sur quoi, Balandard
soupire, applaudit aux déclarations du vicomte de Dou-
ville, et la réforme de la magistrature va rejoindre les
vieilles lunes.

Balandard a souvenance que Michelet, Auguste Comte
et Littré ne se sont pas sentis blessés dans leur dignité de
citoyens et de libres penseurs pour avoir prêté serment
dans un prétoire décoré d'un Christ de Pujol ou de Bonnat.
Les taquineries religieuses lui répugnent ; il n'ignore point
avec quel art consommé la réaction sait exploiter contre la
République les moindres fautes. Il sait qu'il y a des électeurs à Pontivy, Vannes et Paimbœuf, tout comme à *** et
à l'Élysée-Montmartre, que le corps électoral français ne
se borne pas, hélas ! aux grands philosophes incrédules
de Charonne et des Épinettes. Mais Michu a dit devant les
quatre pelés qui sont le comité permanent, *self-elected*,
de ***, qu'il n'y avait que des cléricaux pour vouloir garder
dans le sanctuaire de Thémis l'image offensante du charpentier juif et Balandard, dont la femme va à la messe,
ne veut pas passer pour clérical. Il a voté l'enlèvement
des crucifix.

Balandard a du goût pour les beaux-arts et il a confessé
à l'instituteur de ***, quand ils ont, l'autre dimanche,
visité le Louvre de compagnie, que le Musée reste station-
naire pendant que les galeries de Londres et de Berlin
s'enrichissent tous les jours, ce que l'instituteur a déclaré
scandaleux. Quelle belle caisse des musées on pourrait
créer avec la vente des diamants de la Couronne ! Mais
M. Gatineau, Michu parvenu, affirme que le Louvre,
c'est une bêtise, et que les cinq millions des diamants
seront mieux employés à fonder une caisse de retraites
pour les ouvriers. Cinq millions, observe d'abord Balandard, c'est une goutte d'eau pour les invalides du travail,
et ce serait une fameuse aubaine pour les musées. Mais
Michu, futur Gatineau, lui apparaît, qui jure que M. Gati-

neau est un grand homme et que les bourgeois ne font jamais rien pour les ouvriers. Balandard, qui a soixante mille livres de bonnes rentes, ne veut pas passer davantage pour bourgeois que pour clérical. Il donne un demi-soupir à la *Vierge* de Boticelli et son bulletin tout entier contre la caisse des musées.

Et c'est ainsi, toujours par crainte de Michu et des quatre pelés de la Lanterne-Rouge, que Balandard, mettant la pédale sourde à sa conscience, vote que les chrétiens d'Égypte n'ont qu'à ne pas se laisser égorger, que l'influence française en Orient est une rengaine, que les canons ont été inventés pour tirer des salves au 14 juillet, qu'il faut transformer tous les cuirassés en « bains Deligny », et que M. Jean Casimir-Perier est un jeune fou. N'a-t-il pas dit, ce jeune homme, que la République saura sans nul doute, si certaines éventualités se présentent, faire respecter le drapeau de la France !

*
* *

Entre le Michu de son chef-lieu d'arrondissement, qui arrive, et les Michu, déjà arrivés, de la Chambre, Balandard est ainsi captif.

Tout ce que proposent ceux-ci, il le vote par crainte de celui-là. Je ne dis pas qu'il vote gaiement. Non, certes, Balandard vote souvent la mort dans l'âme. Balandard a souvent bien honte de ses votes et M. Clovis Hugues s'en doute :

> Ceux qui passent, douleurs suprêmes,
> Leur temps à mépriser eux-mêmes
> Le vote tombé de leurs mains (1).

Michu-ci, Michu-là, c'est Michu qui est le vrai maître.

A la Chambre, il y a trente Balandard pour un Michu, et, dans le pays, ils sont cent contre un. Mais un Michu a douze fois autant d'aplomb qu'un Balandard de courage. Et

(1) *Rappel aux principes* dans la *Muse du peuple* du 2 juillet.

voilà comment la Chambre s'agite et que l'intransigeance
la mène.

Le pouvoir occulte d'aujourd'hui, c'est l'intransigeance.

*
* *

Ah! je sais! — et Balandard surtout le sait et en profite,
— heureusement, il y a le Sénat! cet affreux Sénat! cet
excellent Sénat!... Lorsque Balandard est tout seul avec
sa conscience ou qu'il s'est bien assuré, dans la salle
des Pas-Perdus, qu'aucun Michu ne le surveille, il me
prend quelquefois à part et, dans l'ombre du *Laocoon*,
il parle ainsi :

« Il y a le Sénat, mon cher! Oh! comprenez-vous
combien le Sénat est une institution utile, une institution
commode pour nous autres! Ce que j'ai voté hier — vous
ne me l'apprendrez point et j'en ignore encore moins que
vous — n'a pas le sens commun, c'est inepte, c'est absolument stupide. Mais enfin, Michu, toujours Michu, et alors
j'ai voté! Pourquoi n'aurais-je pas voté? Le Sénat, lui, le
sage Sénat ne votera pas, grâce à Dieu! Alors il n'y aura
pas de mal; c'est du mal platonique, du mal pour rire que
nous faisons. Non, on ne sait pas encore combien le Sénat
est une belle invention! C'est le Sénat qui nous permet
de manquer de bon sens et de courage, de nous dérober
devant toutes les responsabilités, de flatter sans autre danger les caprices de Michu; il nous permet d'être impunément démagogues et libérâtres. Le Sénat! où serions-
nous sans lui, où irions-nous ? »

Et je dis à Balandard :

« Ce qui ne vous empêchera point, aux prochaines
élections, d'arguer contre le Sénat de ces mêmes votes
dont vous vous félicitez aujourd'hui en prudent citoyen
que vous êtes ; ce qui ne vous empêchera point de demander
la suppression du Sénat.

— Hélas! » dit Balandard en rougissant comme une
jeune vierge.

Et puis tout bas :

« Mais nous ne l'obtiendrons pas! »

*
* *

Cela est triste, cela est piteux et humiliant? Mais si vous vous doutiez, si Balandard se doutait combien tout cela est encore plus bête et plus inutile que honteux !

Tant de bassesse, en effet, ne sert qu'à ceci : déconsidérer Balandard aux yeux de ses vrais amis, qui sont encore si nombreux, et fortifier Michu en même temps que le réactionnaire du cru, — mûrir ensemble Michu et ledit réactionnaire pour le siège électoral de Balandard, pour son petit trépied sacré, pour son cher tabouret législatif.

Je dis bien : mûrir ensemble, à la fois, pour la députation mons Michu et le chevalier Marie de Saint-Alacoque (à moins que ce ne soit le baron Napoléon Gourdin), c'est le seul fruit de tant de complaisances qui ne font pas une dupe. Car si Michu, l'intransigeant, tient aujourd'hui la corde dans l'arrondissement de ***, à cause des souvenirs encore frais du 16 Mai et de l'invasion, chaque nouvelle folie de Michu et chaque capitulation de Balandard diminuent les distances et augmentent à vue d'œil les chances prochaines du chevalier et du baron. Avec la politique de Balandard, si le lendemain est à Michu, le surlendemain est à Gourdin ou à Saint-Alacoque. Ainsi le veut la nouvelle méthode qui répudie la politique des résultats.

Oui, toutes ces capitulations de Balandard ne lui servent de rien. Il a beau, pour fermer la bouche à Michu, voter deux fois par semaine contre sa conscience et contre tous les intérêts sérieux de la démocratie; pendant qu'il s'aplatit ainsi à Paris, c'est Michu qui devient le grand homme de l'arrondissement. Et puis, ferme-t-on jamais la bouche à Michu? Songez donc : Michu, l'ancien marguillier, Michu, l'ancien bonnet à poil, a tant de peccadilles à faire oublier! Et comment faire oublier le passé d'avant-hier s'il recule devant quoi que ce soit, s'il n'est pas « à tous crins! » Aussi bien Michu a-t-il déjà son propre Michu qui, lui aussi, a son Michu tout comme Balandard lui-même!

« Un pur trouve toujours un plus pur qui l'épure. » Cela devient un *steeple* d'insanités et de sottises. A qui les acclamations de la Lanterne-Rouge? Qui sera le plus intransigeant?

Aux prochaines élections, quand Balandard viendra demander à Michu : « Es-tu content, Michu? Ai-je bien sauté, selon ta volonté, au bout de la corde que tu m'avais attachée à la patte? » — Michu répondra, très fier : « De quoi t'avises-tu? Sans mo` ô Balandard, tu aurais voté tout le temps comme le dernier des opportunistes. Le peuple ne veut plus de mannequins : ôte-toi de là que je m'y mette. » Et il s'y mettra... Combien de Michu je sais déjà qui, depuis un an, se sont mis à la place des Balandard !

*
* *

Alors pendant que Michu siégera au Palais-Bourbon et, tous les jours, compromettra un peu plus les destinées de la République, Balandard fera de tristes réflexions. Las! mon bon ami, ce sera trop tard et il sera superflu de vous frapper la poitrine, en criant, comme dans la tragédie : « Pourquoi ai-je fait Michu? » Car c'est vous, le fait est patent, c'est vous seul qui l'avez fait, ce Michu; c'est vous, de vos propres mains, qui vous êtes noué la corde au cou. En ne repoussant pas avec colère, dès le premier jour, le patronage de cet ancien bonapartiste, vous, bon républicain de la veille, c'est vous qui lui avez donné le baptême démocratique; le reste est venu par surcroît. Comme vous ne votiez et n'agissiez plus qu'en vue de l'opinion de Michu, les électeurs ont trouvé fort naturel de vous épargner à l'avenir tant de peine et c'est pourquoi, nommant Michu, ils vous ont rendu à vos chères études.

Balandard, mon ami, voulez-vous savoir comment il aurait fallu vous y prendre pour garder, avec votre siège à la Chambre, votre propre estime et l'estime des républicains? C'est bien simple. Il fallait tout bonnement voter en Balandard et non en Michu.

Car les Michu, à l'origine, n'étaient autour de votre paisible clocher qu'une infime minorité bruyante, et, pour faire rentrer dans leurs trous à rats ces échappés de sacristie et de rastel, il vous suffisait d'aller franchement votre chemin, — en brave et loyal Balandard que vous êtes au naturel, — pour la République et pour la patrie. Oui, pour réduire à néant tous les Michu, mon cher Balandard, il vous suffisait de rester vous-même. Vous auriez conservé ainsi vos amis, les vrais démocrates, les vrais libéraux, les vrais républicains. Vous auriez rallié à la République les hésitants, très aises de saluer en vous un homme d'ordre et de gouvernement. Vous auriez jeté le désarroi dans le petit clan des tapageurs, dont les trois quarts, quand ils auraient reconnu que leurs clameurs restaient vaines, auraient vite renvoyé Michu à ses moutons.

Au lieu de cela, qu'avez-vous fait? Vous avez lassé vos amis, vous avez rendu à la réaction les bonnes gens qui s'en détachaient, et la démagogie avance et monte...

*
* *

Écoute, ô Balandard! il est grand temps de rebrousser chemin et de rentrer dans la voie droite : d'abord, parce que tu te discrédites, ce qui me fait quelque peine, car tu vaux beaucoup mieux que le rôle qu'on te fait jouer, tu es pétri d'excellentes qualités; ensuite, parce que tout ce que tu fais depuis quelque temps, à la plus grande joie de Michu, tourne fatalement au grand détriment de la République.

Penses-y sérieusement: Michu, c'est ton mauvais génie; Michu conduit tout droit à Gourdin et à Saint-Alacoque. Cela est aussi sûr que 2 et 2 font 4. L'intransigeance n'a de force que par ta faiblesse. Et la sagesse des nations dit ceci : « Un pommier porte des pommes; le fruit de la démagogie, c'est le caporal. »

Or, n'est-ce pas? tu ne veux plus de caporal. Tu sais ce que cela coûte...

28

LE PROCÈS DE LA RÉVOLUTION (1)

9 mai 1885.

I

Comme le premier volume des *Origines de la France contemporaine* venait de paraître, un ami de M. Taine contait un soir à M. Thiers, dans le salon de la place Saint-Georges, que le sévère psychologue de l'ancien régime allait aborder l'histoire de 89 : « Ah! s'écria le malin vieillard qui avait des soupçons, dites bien à M. Taine qu'il ne touche pas à *ma* Révolution! »

Par ces mots : « ma Révolution », qu'entendait M. Thiers? Les dix volumes de l'*Histoire de la Révolution française*

(1) H. Taine, *les Origines de la France contemporaine; la Révolution; t. III, le Gouvernement révolutionnaire* (Hachette). — Mallet du Pan, *Correspondance inédite avec la cour de Vienne*, publiée par André Michel (Plon). — Colonel Th. Iung, *Dubois-Crancé.* — *Variétés révolutionnaires*, par Marcellin Pellet (Alcan). — *Le Vandalisme révolutionnaire*, 2° édition, par Eugène Despois (Alcan). — *Danton et les massacres de septembre*, par Antonin Dubost (Charavay).

depuis 1789 *jusqu'au* 18 *Brumaire?* L'interlocuteur de
M. Thiers ne s'y trompa pas; il savait que l'auteur de *le
Consulat et l'Empire* jugeait son récit de la Révolution
selon ses mérites : comme un ouvrage historique d'une
valeur très secondaire, comme un événement historique
considérable. Pour M. Thiers, *Ma Révolution* ce n'était
donc point la publication que Michelet, Quinet, Louis
Blanc, de Sybel, avaient tant secouée. *Ma Révolution,*
c'était la fidélité à la Déclaration des droits de l'homme et
du citoyen, l'attachement qui avait été la véritable vertu de
la bourgeoisie de 1830; c'était la reconnaissance et le respect pour les grands cœurs qui de leur sang avaient fait
la patrie libre et pour les grands esprits qui avaient allumé
tant de rayonnants flambeaux; c'était le patrimoine du
tiers état émancipé, la charte de cette émancipation. Pour
M. Thiers, qui n'était pas un démagogue, comme pour
M. Mignet, qui était un aristocrate, 89 était ainsi une
croyance, une patrie morale. Un descendant des hommes
du Tiers qui médisait de la Révolution, surtout s'il était
un lettré, un savant ou un artiste, les choquait comme un
type d'ingratitude, comme un Français qui eût insulté la
France, un fils qui eût mal parlé de sa mère. Ç'avait été
le grand mérite, c'était le durable honneur de leurs deux
études sur la Révolution que l'*Histoire* de M. Thiers
et l'*Abrégé* de M. Mignet avaient été le signal du retour à
l'esprit de justice et de reconnaissance pour les hommes
de la Constituante et de la Convention. Après plus d'un
demi-siècle où les droits de la vérité, rétablis avec tant
d'éclat, ont paru incontestés, est-ce que l'ère des Loriquet
va se rouvrir et le procès de la Révolution recommencer?

Avoir deviné au début de sa carrière qu'Eugène Dela-
croix était un peintre de génie; avoir soupçonné, quelques
mois avant de mourir, que M. Hippolyte Taine se ferait le
continuateur des émigrés de Coblentz et des pamphlétaires
de Berne, ces deux intuitions, la seconde surtout, suffi-
raient pour réhabiliter contre toutes les attaques la
clairvoyance critique de M. Thiers. Pour reconnaître Dela-
croix, il suffisait d'ouvrir les yeux sur *la Barque de Dante;*

pour percer à jour M. Taine en 1876, il fallait une per-
spicacité qui n'avait été le privilège jusqu'alors que de
trois ou quatre élèves de l'École normale, contemporains
du brillant rhétoricien de 1847. Le libre penseur qui
avait été anathématisé par l'évêque Dupanloup en compagnie de MM. Littré et Robin, le matérialiste enragé
qui avait écrit de la vertu et du vice qu'ils sont des produits comme le sucre et le vitriol, le chercheur patient qui
venait d'ajouter au dossier de l'ancien régime un monu-
mental réquisitoire, comment prévoir qu'il se révélerait
l'ennemi personnel des hommes de la Révolution, qu'il
accepterait sans bénéfice d'inventaire tout le plat bavar-
dage de Mallet du Pan et les sales calomnies des *Actes
des Apôtres?* On savait, à la vérité, que M. Taine avait
signé en 1871 une pauvre brochure sur *le Suffrage universel et la manière de voter*, qu'il avait pris au sérieux la
spéculation de l'éditeur Gifford, les lettres apocryphes sur
le Séjour en France de 1792 *à* 1795; mais de là à écrire ce
long blasphème en dix-huit cents pages contre la Révolution,
à traiter ses plus illustres serviteurs d'Omar, de Philippe II
et de Mandrin, à ne voir dans la Convention qu'« une
bête vautrée sur un tapis de pourpre » et à ignorer, à nier
tous les bienfaits, tout le merveilleux travail des plus
grandes assemblées que le monde ait jamais vues à l'œuvre,
il semblait qu'il y eût loin... Entre cette âpreté matérialiste
et cette violence réactionnaire, il n'y avait cependant que
l'épaisseur d'un cheveu.

Si M. Taine avait jadis battu en brèche, avec tant de
fureur iconoclaste, les doctrines spiritualistes, ce n'était
point, en effet, pour des raisons vraiment philosophiques
et scientifiques : le généreux naturalisme de Diderot, la
lumineuse pénétration de Buchner lui étaient et lui sont
restés également étrangers; M. Taine avait été matérialiste
parce qu'il est né myope, que son œil voilé est incapable
de découvrir l'arbre derrière l'écorce. Cette myopie,
il l'avait apportée dans ses études sur la littérature : Shakespeare, le génie le plus clair et le plus sensé de son siècle
et peut-être de tous les âges, lui était apparu comme un

monstre difforme, une espèce de fournaise où bouillonnent
pêle-mêle, sous une épaisse fumée, les matériaux grossiers
et les matières précieuses. Il l'avait apportée dans ses
études sur la peinture : au cours de son voyage en Italie,
ne voyant pas plus loin que l'étiquette, il avait pris Dughet
Poussin le Gaspre pour Nicolas Poussin et, partant de là,
avait abouti à d'invraisemblables conclusions. Comment
M. Taine, le jour où il s'attaquait à l'histoire, eût-il pu se
débarrasser de cette myopie?

Plus que toutes ses études précédentes, celle de l'histoire contemporaine exigeait un coup d'œil franc et net,
la puissance de voir de haut et de loin, de négliger les
détails pour considérer les grandes lignes et les ensembles.
Hélas! aucun ange Gabriel n'était venu frotter de fiel de
poisson les yeux de l'écrivain fatigué, et l'insurrection de
la Commune avait encore aggravé son cas en l'affligeant
d'une peur personnelle inguérissable. Or M. Thiers savait
ces choses. De l'ancien régime, dans le volume qu'il y
avait consacré, M. Taine n'avait vu que les vices grossiers,
ce dont s'étaient réjouis, dans le camp des libéraux, les
juges superficiels. De même, il ne verrait que les petits
côtés de la Révolution. N'ayant compris ni même soupçonné
la grandeur politique de l'ancien régime, il était inévitable
qu'il ne verrait ni ne comprendrait la beauté morale du
régime nouveau. L'énorme caravansérail grouillant de
Versailles avait paru à M. Taine l'image et le résumé
fidèle de toute la royauté française(1) : un tel contresens
ne pouvait rester isolé; il appelait la métaphore du Crocodile (2). Quand M. Taine en arrivera au Consulat et à
l'Empire, à la monarchie parlementaire et à la démocratie
républicaine, il continuera; comme le cheval borgne qui
passait le pont, il mettra le pied dans tous les trous.

Et voilà pourquoi, passant du connu à l'inconnu, selon
la bonne méthode cartésienne, M. Thiers avait flairé d'avance
toutes les erreurs contre-révolutionnaires de M. Taine.
Celui-ci d'ailleurs a essayé de s'en venger :

(1) T. Ier, p. 117.
(2) T. III, p. 1.

« Ce volume, comme les précédents, écrit-il dans sa dernière
préface, n'est écrit que pour les amateurs de zoologie morale,
pour les naturalistes de l'esprit, pour les chercheurs de vérité,
de textes et de preuves, pour eux seulement, et non pour le
public, qui, sur la Révolution, a son parti pris, son opinion faite.
Cette opinion a commencé à se former entre 1825 et 1830, après
la retraite ou la mort des témoins oculaires : eux disparus, on
a pu persuader au bon public que les crocodiles étaient des
philanthropes et que plusieurs d'entre eux avaient du génie,
qu'ils n'ont guère mangé que des coupables, et que, si parfois
ils ont trop mangé, c'est à leur insu, malgré eux, ou par dévouement, sacrifice d'eux-mêmes au bien commun. »

Or, dans cette diatribe, qui est *On*, si ce n'est d'abord
M. Mignet et M. Thiers, petits esprits qui n'étaient pas des
amateurs de « zoologie ou de botanique morale », qui ne
croyaient pas trouver la vérité dans des racontars d'émigrés
et de portières, et qui, cherchant des preuves, avaient,
n'en déplaise à M. Taine, trop pressé de les enterrer, inter-
rogé des « crocodiles » encore vivants, ces témoins de la
grande époque : Lafayette, Lakanal, Talleyrand, l'abbé
Grégoire, le maréchal Marmont et le fils de Philippe-Égalité,
M. le duc d'Orléans, ancien membre du club des Jacobins ?

II

On a souvent rappelé qu'en 1790, au cours de la discussion sur les nouveaux statuts des Académies, Mirabeau
avait prononcé, à l'Assemblée nationale, ces prophétiques
paroles : « Je veux bien croire que dans ce moment de
crise les Académies et les corps enseignants montrent
beaucoup de patriotisme; mais il ne faudrait pas trop
compter sur la durée de ces dispositions heureuses; et
peut-être, quelque jour, dans l'Académie française, la
même qui servait naguère d'asile à la philosophie, verra-

t-on des philosophes repentants écrire et parler avec indécence de la Révolution. » Que M. Taine, membre distingué de l'Académie française, ait justifié en 1879, sous la troisième République, et avec l'approbation non dissimulée de la première classe de l'Institut, la prophétie de Mirabeau, cela ne laisse pas d'être significatif. Le spectacle de philosophes pénitents sur la route de Canossa n'est jamais fait pour réjouir les libres esprits. Voici cependant qui est plus grave encore et qui prête malheureusement à de plus tristes réflexions :

Cette bourgeoisie qui, en 1827, avait acclamé comme sa propre réhabilitation les *Histoires* de M. Thiers et de M. Mignet, ces salons qui avaient fait cause commune avec la démocratie pour s'exalter, en 1846, à la lecture des *Girondins* de M. de Lamartine, ces cénacles libéraux qui, sous le régime de Décembre, avaient fait à la *Révolution* de Michelet un accueil enthousiaste, tous ces cénacles, tous ces salons et une fraction importante de cette bourgeoisie font aujourd'hui fête à la prose d'émigré de M. Taine. Les critiques les plus autorisés ont eu beau signaler la méthode défectueuse suivie par l'auteur dans ces trois volumes et les erreurs de fait qui fourmillent d'un bout à l'autre de cette juxtaposition d'anecdotes controuvées ; cette zoologie de la *Révolution*, de la *Conquête jacobine* et du *Gouvernement révolutionnaire* a beau former la plus indigeste compilation qu'on puisse imaginer : rien n'y a fait. Comme la loi Falloux a passé par là, comme elle a eu le temps de porter ses fruits, les fils des bourgeois voltairiens de 1830 se sont joints en nombre aux petits-fils des soldats de Condé pour célébrer ce long pamphlet. L'ont-ils lu? Je n'en jurerais pas; mais ils ont appris par quelques extraits de journal ou de revue de quelle maîtresse façon M. Taine a traité les idées de 89 et les hommes de 92. Et cela suffit. La journée immortelle du 14 juillet, qui fit, au témoignage du comte de Ségur, « tressaillir l'Europe et le monde d'admiration et de joie », n'est plus pour M. Taine que l'*anarchie spontanée;* il ignore Mirabeau; il définit la Révolution « un brigandage

philosophique (1) » ; il appelle les girondins « des bavards
outrecuidants et râpés (2) » ; Cambon « l'inventeur du vol
systématique pratiqué en grand (3) » ; Roland « un manne-
quin administratif et phraseur, avec un coin de chimérique
grotesque et plat (4) » ; David « un possédé (5) » ; Danton
« un Mandrin, un barbare, un boucher politique (6) » ;
Robespierre « le suprême avorton et le fruit sec de
l'esprit classique (7) » ; Saint-Just « un Laubardemont
jeune, une sorte de vizir qui a déshonoré l'intelligence
humaine (8) » ; les représentants aux armées « des pachas à
la chaîne, des ivrognes et des voleurs (9) » ; les volontaires
et les sans-culottes « des gens de sac et de corde qui, à
travers le brigandage public, comptaient pratiquer le brigandage privé (10) ». Un lecteur bien pensant — l'homme
du monde qui, ayant passé par la rue des Postes, y envoie
ses enfants, — serait bien difficile s'il ne se contentait
pas de ces extraits. *Dignus es intrare,* dit-il aussitôt à
M. Taine, sans demander son reste. N'étant pas pourvu d'un
estomac d'autruche, pourquoi cet élève des révérends pères
s'imposerait-il la digestion des trois énormes pavés qui nous .
occupent? Il n'a souci que de l'intérêt politique : en considération du but très pieux que poursuit cet auxiliaire
inattendu, pourquoi chicanerait-il sur ces moyens d'une
loyauté historique au moins douteuse : un tableau de la
Constituante où les réformes de cette assemblée tiennent
dans sept lignes et demie, et un tableau de la Convention
où l'invasion, la guerre contre la coalition de vingt rois
qui a été l'origine, sinon l'excuse, de la Terreur, est
mentionnée une seule fois en six cents pages?

(1) T. III, p. 187.
(2) T. II, p. 96.
(3) T. II, p. 97.
(4) T. II, p, 109.
(5) T. II, p. 419.
(6) T. III, p. 178, 179, 187.
(7) T. III, p. 191.
(8) T. III, p. 247.
(9) T. III, p. 255, 342, 343.
(10) T. III, p. 368.

Tel est le genre de succès, succès de confiance et succès d'opinion, dont un nombreux public a salué le pamphlet contre-révolutionnaire de M. Taine; mais, si les applaudissements des hommes de l'ancien régime ne sont un châtiment que pour l'ex-philosophe qui en était l'objet, il faut savoir reconnaître une leçon et un sérieux avertissement dans les félicitations que M. Taine a recueillies parmi d'autres transfuges et dans l'évolution dont ce succès est l'un des indices les plus certains. Pour robuste que fût la confiance des républicains dans les nouvelles couches sociales, ils pensaient que la reconstitution de la patrie serait d'autant plus sûre et rapide que les anciennes classes dirigeantes comprendraient leur rôle dans la France moderne et qu'au lieu de regarder vers un passé condamné, elles se résigneraient au présent pour aider à la préparation de l'avenir. « L'ancienne aristocratie, disait un jour Gambetta, appartient à la France; elle peut encore la servir (1)... » A plus forte raison la bourgeoisie. Or, si une fraction importante de la bourgeoisie se joint au clergé et à l'ancienne noblesse pour désavouer les origines de la France nouvelle et renier la Révolution, de combien d'années faudra-t-il encore ajourner la réalisation de nos rêves? et comment ne pas s'attrister à la pensée des obstacles qui vont encombrer la route et de toutes les forces qu'on perdra encore dans des luttes intestines?

« Si la vieille aristocratie, disait Gambetta dans le même discours, a l'intelligence de se rallier à la France du travail et de la science, elle contribuera, par son patriotisme fier et sa noble délicatesse, à lui donner cette fleur d'élégance et de distinction qui fera de la République française dans le monde moderne ce qu'était la République athénienne dans l'antiquité. » Cette généreuse espérance apparaît aujourd'hui comme une chimère; soit! et, à la rigueur, nous pouvons voir s'envoler encore cette illusion sans trop de regrets. Mais quoi, si des défections se pro-

(1) Discours du 24 mai 1874 aux obsèques du comte d'Alton-Shée.

duisent dans le tiers état lui-même et si, par conséquent,
c'est du fond lui-même et non plus d'un vernis brillant,
du nécessaire et non plus du superflu qu'il s'agit? Ce qui
fait l'importance et l'éclat de ce qu'on appelle impropre-
ment les classes moyennes, c'est précisément, selon une
lumineuse observation(1), que ce ne sont pas des classes,
qu'elles viennent de partout, d'en haut et d'en bas, et que
leur puissance sociale, loin de diminuer avec la démocratie, grandit plutôt avec elle, embrassant de plus en
plus, dans un cercle sans cesse élargi, tout ce qui travaille, s'élève et réussit. Or, que ces classes aisées,
instruites, lettrées, soient ébranlées dans leur attachement aux principes de 89, c'est l'unité morale de la
France qui est atteinte, atteinte plus gravement et plus
douloureusement qu'elle ne l'a jamais été.

Qu'on remarque, en effet, dans quelle circonstance
s'opère cette nouvelle fissure : l'heure choisie par ces
bourgeois pour déserter ces principes de la Révolution
dont leurs prédécesseurs furent les premiers et les plus
vaillants soldats, c'est celle où la République a rallié
autour d'elle l'immense majorité des ouvriers des campagnes comme des villes; l'heure où M. Taine peut écrire
avec succès, dans un livre qui n'est pas fait pour les
masses rurales, que le culte de la Révolution est un culte
« monstrueux et bête », c'est celle où les Romieu eux-
mêmes ont renoncé à promener dans les foires de village
leurs spectres rouges, désespérant de trouver un nombre
rémunérateur de badauds.

M. Taine est-il le premier écrivain de talent qui ait
essayé de surprendre la justice de l'opinion publique en
comprenant dans une même proscription, d'ailleurs également injuste, la Convention et la Constituante, les
hommes de 93 et les idées de 89? On sait assez que non,
et qu'après M. de Maistre, M. de Montalembert avait jugé,
lui aussi, que s'attaquer à la Convention est un lien com-

(1) M. Challemel-Lacour, discours du 15 décembre 1874 à l'Assemblée nationale.

mun. « Brûlant d'un feu impitoyable » et poussant droit
au véritable monstre, il avait pensé à son tour que c'est la
Constituante qu'il faut surtout poursuivre dans ses actes,
dans ses paroles, dans ses victoires ; pour bien montrer
qu'on en veut aux principes premiers beaucoup plus qu'aux
excès, c'est la Constituante qu'il faut de préférence calomnier et abîmer sous les outrages. Mais, d'abord, ni M. de
Maistre ni M. de Montalembert n'appartenaient, comme
M. Taine, au Tiers émancipé par la Révolution et à
l'armée des philosophes libres penseurs. En second
lieu, ce n'est point les applaudissements de la bourgeoisie
que recherchaient l'auteur de *Jean-Claude Têtu* et le fils
de l'émigré Marc-René de Montalembert, officier d'état-
major dans l'armée anglaise. Ranimer les haines des privilégiés qui avaient été dépossédés de leurs privilèges ;
égarer la crédulité des paysans et de tous les travailleurs
encore ignorants, l'ambition de M. de Maistre et de M. de
Montalembert n'allait pas loin. S'adresser à la bourgeoisie,
à quoi bon ? Est-ce qu'elle n'était pas le sanctuaire même
de l'esprit voltairien et révolutionnaire ? Est-ce qu'elle ne
se faisait pas un titre d'honneur de garder le dépôt des
gloires de l'*Encyclopédie* et de 89 ? Et que dis-je : de 89 ?
mais encore de la Convention comme de la Constituante
elle-même, car n'était-ce pas un représentant des classes
moyennes que ce Royer-Collard qui écrivait sous la Restauration :

« Qu'il y ait pour les États des crises plus fortes que les
remèdes ordinaires, dont l'application serait impossible ou
dangereuse ; qu'à ces époques fatales les gouvernements puissent et doivent s'élever au-dessus des lois, frapper, s'il en est
besoin, ceux qu'elles épargnent, épargner ceux qu'elles frappent,
séparer le fait du droit et la justice de ses formes ; en un mot,
chercher leurs motifs et leurs règles dans l'intérêt suprême du
salut de l'État, dont alors ils sont uniquement responsables :
c'est ce qu'on ne peut nier après avoir lu l'histoire et assisté à
la plus terrible de ses leçons, à moins qu'on ne prétende d'une
manière générale et absolue qu'il est prescrit aux nations de
descendre au tombeau plutôt que de s'écarter, un seul instant,

d'aucun des principes, d'aucune des formes établies dans d'autres temps et pour un autre but. Les gouvernements ont sans doute abusé de ce droit terrible de négliger les lois quand le salut de l'État le commande ; mais on abuserait aussi contre eux, et avec bien plus de péril, de l'impuissance où ils seraient de l'exercer. »

Et n'était-ce point un autre représentant de la bourgeoisie aisée et lettrée, que ce Thibaudeau qui, le 31 mai 1831, aux obsèques du régicide Grégoire, prononçait cet éloge d'une magnifique éloquence :

« Grégoire, mon collègue, mon ami, *mon honorable complice!* Je ne te fatiguerai pas du récit de tes bonnes actions, de tes généreux sentiments, de tes vertus! Tu as vécu inébranlable dans ta noble vocation, fidèle à ta résolution, à tes anciens amis, à la patrie... Ainsi la faux du Temps moissonne chaque jour les vieux et rares débris de la Convention nationale; mais leur mémoire ne périra pas : elle vivra toujours dans le souvenir et le respect des hommes généreux, cette Assemblée qui rompit avec la royauté et les rois, qui, après les avoir vaincus, les força de traiter avec la République, qui maintint l'indépendance du pays et agrandit ses frontières, qui extirpa la féodalité, planta les institutions libérales dans les entrailles de la France, qui exerça avec le plus pur désintéressement les plus grands pouvoirs et les abdiqua volontairement. Elle vivra, malgré l'ingratitude des illustres renégats qui, sans elle, ramperaient humblement dans la condition subalterne où les refoulait la vieille aristocratie, dont ils veulent prendre la place. Combien n'a-t-elle pas grandi par la haine persévérante de ses ennemis et le privilège de leurs prétentions! Combien ne grandit-elle pas chaque jour auprès de la petitesse de ses détracteurs! »

Si le régicide Thibaudeau et le métaphysicien Royer-Collard pouvaient parler ainsi, sous le régime de Juillet et sous la Restauration, au nom de la presque unanimité de la bourgeoisie, est-ce à dire que pour la majorité de ces classes moyennes le sens de ces paroles soit aujourd'hui perdu? A Dieu ne plaise! Je dis seulement que le nombre des renégats qui « sans la Convention, ramperaient humblement dans une condition subalterne », s'est accru d'une façon inquiétante depuis quelques années et que ces désertions répétées valent la peine qu'on s'en préoccupe.

Aussi bien, l'accueil empressé et chaleureux fait au livre de M. Taine par tant de fils et de petits-fils de bourgeois voltairiens et révolutionnaires n'est-il bien qu'un indice, qu'un symptôme entre mille. Pourquoi jouer, en effet, le jeu de l'autruche? A quoi bon chercher à dissimuler une triste réalité? Ici comme partout, un seul parti est viril et salutaire : regarder les choses bien en face et les dire telles qu'elles sont. Or, la vérité, la voici : De toutes parts abondent les marques certaines que les principes premiers de la France nouvelle sont reniés par quantité de gens qui en avaient trouvé le culte dans l'héritage de leurs pères. De toutes parts, il devient évident que ceux des orléanistes (car il faut enfin appeler ces transfuges par leur nom) qui n'ont point passé, à la suite de M. Thiers, du camp de la monarchie constitutionnelle dans celui de la République, ont passé, avec M. Taine, du parti de la Révolution dans celui de la contre-révolution. Dans la politique courante ils ne reculent guère, comme on sait, devant l'emploi des formules démocratiques et volontiers, en public, ils parlent de liberté et de suffrage universel; mais c'est qu'ils ne peuvent faire autrement et que ce langage, qui n'engage pas quant au fond, est aussi obligatoire dans les réunions du corps électoral que l'était autrefois, pour les orateurs qui montaient à la tribune de la Chambre, l'habit à la française. Voyez-les, suivez-les cependant, dans leurs livres, leurs revues et leurs journaux, dans leurs instituts catholiques et leurs sociétés particulières ; là les masques tombent et tous les artifices de langage disparaissent. Devant la « canaille », on parle le « langage de la canaille », et, n'étant démocrate en rien, on fait admirablement et d'autant mieux le démagogue ; n'avons-nous pas vu récemment les hommes du 24 Mai et du 16 Mai réclamer sans rire l'élection du Sénat au suffrage universel et parler de « pays légal »? Mais, dès qu'ils sont entre eux, ils professent et proclament les plus pures doctrines du

29

Syllabus. Ici, chaque fois qu'il s'agit de mesures violentes
ou folles qui ne pourraient avoir d'autre résultat, si elles
étaient adoptées, que de compromettre l'existence de la
République, ils votent et se coalisent avec les plus intransigeants ; là, ils organisent une guerre acharnée contre la
Révolution, contre ses hommes et contre ses principes,
ayant parfaitement compris que ces principes sont les
assises de la société moderne.

La campagne est on ne peut plus méthodique. Parcou-
rez le catalogue de leurs récentes bibliothèques : jamais,
depuis un siècle, on n'a écrit autant de gros volumes et de
petites brochures pour jeter le discrédit sur les finances,
les armées et les lois de la Révolution, sur Cambon que
M. Stourm vilipende, sur les volontaires que M. Camille
Rousset dénigre, sur les grandes Assemblées contre lesquelles on a trouvé à propos de rééditer les insipides
commérages et les commentaires niais de Mallet du Pan.
C'est une guerre en règle, systématique, infatigable. Il y a
même des enfants terribles, comme ce professeur si justement suspendu hier par M. Fallières, qui poussent l'indépendance jusqu'à débiter en pleine classe, dans des lycées
de l'État ou des établissements municipaux, les déclamations de M. Taine contre les Assemblées de 89 et de 92.
De ce qu'un professeur d'histoire a osé dire en plein collège
Rollin, vous pouvez conclure à ce que racontent dans les
écoles et universités *libres* les maîtres attitrés de la con-
grégation, les jésuites en robe courte, tous les échappés de
sacristie à qui la loi Falloux, destructrice des belles lois de
la monarchie de Juillet, a donné la parole. Pour les Saint-
Agate qui enseignent à domicile, voyez la pénétrante
comédie d'Augier, *Lions et Renards ;* à ce tableau du
maître, il n'y a pas un coup de pinceau à ajouter.

Tel le procès de la Révolution qui vient d'être engagé
sur nouveaux frais, et, s'il est difficile de déterminer
l'intensité exacte du mal qui sévit sur la bourgeoisie, on
peut sans peine en préciser les causes principales : d'abord,
l'établissement du suffrage universel en 1848, qui a
étendu les bénéfices politiques de la Révolution à des

couches nouvelles de citoyens ; ensuite, la législation scolaire de 1850, qui a rendu au clergé la prépondérance
dans l'enseignement des classes moyennes.

Dans le tiers état, depuis le 18 brumaire an VIII jusqu'au 24 février 1848, qu'était la bourgeoisie? Elle était
dans le Tiers ce que la noblesse et le clergé étaient, avant
89, dans la nation. Elle était tout. Des réformes sociales,
civiles de la Révolution, la nation tout entière avait profité ; de l'émancipation politique dont la Constituante et la
Convention avaient été les auteurs, la bourgeoisie seule,
les classes moyennes seules, usaient et profitaient depuis
un demi-siècle. Formant presque à elle seule, avec l'ancienne noblesse et une partie du clergé, la Cité politique,
comment la bourgeoisie n'eût-elle pas été attachée avec
une véritable passion à la Révolution, qui avait remis le
gouvernement du pays entre ses mains, qui l'avait appelée
tout au moins à peser d'un si grand poids sur la marche
des affaires? Toucher à la Révolution, à ses principes, à
sa gloire, c'était donc toucher directement à la bourgeoisie, à ses intérêts, à son honneur, et tous ses membres
sans exception en avaient le sentiment, les uns qui étaient
vraiment imbus de l'esprit généreux de 89, les autres qui
ne considéraient que leur intérêt, le pouvoir conquis au
profit des classes moyennes sur les anciennes classes privi-
légiées. Aussi, tant qu'il s'agit uniquement de garder
contre les hommes de l'ancien régime la direction des
affaires publiques, la bourgeoisie resta-t-elle unie et
fidèle à la Révolution. Elle inscrivit dans ses chartes
quelques-uns de ces articles politiques ; elle défendit ces
articles de son argent, de son influence, et jusque sur les
barricades.

Pour que les choses changeassent, il fallut 48 ; la Cité
politique qu'on avait conquise sur l'aristocratie, il faut la
partager maintenant avec la démocratie qui « coule à pleins
bords », avec les nouvelles couches qui montent et qui
arrivent. Jusqu'à présent on avait été fier de se sentir et
de se dire devant l'urne du scrutin le pair des grands sei-
gneurs et des évêques de la défunte monarchie ; devant le

suffrage universel, il va falloir maintenant se reconnaître
l'égal de tous les paysans et de tous les ouvriers. Tout
de suite la scission s'opéra ; pendant que les uns, les plus
éclairés comme les plus nobles d'esprit, comprenaient que
leur devoir et leur intérêt leur commandaient de rester
pour encadrer la jeune démocratie sans expérience, les
autres passaient les ponts et allaient rue de Poitiers. Ils
avaient bien voulu de l'émancipation politique pour eux ;
ils n'en voulaient point pour les nouveaux venus. Ils
avaient été heureux de s'asseoir au banquet de la Révolution ; dès qu'il fallut se serrer à table et partager avec
d'autres convives, ils se levèrent et cherchèrent une autre
auberge. Hier, ils applaudissaient à l'admirable testament
du duc d'Orléans : « Il faut avant tout que mon fils soit un
homme de son temps et de la nation, serviteur passionné,
exclusif de la France et de la Révolution. » Aujourd'hui,
bourgeois-gentilshommes d'un nouveau genre, ils renient
les *troubles*, désavouent les *Trois glorieuses* et parlent
avec mépris de la *vile multitude*. Demain, ils feront
sans doute au régime de Décembre quelque opposition ;
mais, s'ils lui en veulent, ce n'est point parce qu'il aura
égorgé la République et qu'il sera le bas-empire, c'est
parce qu'il aura rétabli le suffrage universel mutilé par
les lois de Mai.

Voilà pour les pères : la crainte de la démocratie ayant
été plus forte dans leur esprit que l'éducation libérale
qu'ils avaient reçue, ils ont passé à la « contre-révolution ».
Pour les fils, l'affaire sera plus simple et la loi Falloux
leur épargnera la peine ou la honte d'une désertion. Dès
l'enfance, on va leur enseigner dans les bonnes maisons
la haine des principes pervers, des doctrines scélérates de
la France moderne. Les pères, ceux-là mêmes qui ont la
plus grande peur du suffrage universel, ont toujours gardé
quelque pudeur, ayant vu la lumière, ayant bu aux
sources pures et élevées. Les fils n'ont rien vu, ils ne savent l'histoire que selon le père Loriquet et le *Syllabus*.
Retourner l'œuvre du démon contre le démon, avoir inventé contre la liberté et contre l'instruction la liberté

d'enseignement, c'est là, au dix-neuvième siècle, le trait
de génie, le chef-d'œuvre du cléricalisme ; c'est par là
que vivra, comme celui d'un véritable homme d'État, de
l'homme d'État de la contre-révolution, le nom de M. le
comte de Falloux. Les vieilles milices, celles qui avaient
eu des ancêtres aux croisades, étaient usées, affaiblies,
énervées ; grâce à la loi de 1850, on va pouvoir recruter
des légions nouvelles, plus fraîches et plus fortes, parmi
les générations encore saines dont les pères ont figuré à la
prise de la Bastille. Puis, ce que l'enseignement congré-
ganiste et l'aversion pour les nouveaux venus n'auront pu
faire, la mode le fera — par les femmes ; la haine de la
Révolution, la dévotion aux représentants de l'Église, sont,
de nos jours, les vraies savonnettes à vilains.

III

Voilà le mal : à l'heure présente, ce n'est plus seule-
mont ce qui reste de l'ancienne France qui professe la
haine de la Révolution, c'est-à-dire de la France nouvelle, c'est encore une partie tous les jours plus nombreuse de la France nouvelle elle-même, effrayée qu'elle
est par la rude jeunesse de la démocratie, égarée par la
mode, trompée et corrompue par une funeste éducation.
Et maintenant, quel est le remède ? Nous allons célébrer
dans quelques années le centenaire de 89 ; n'est-il pas
triste de penser que cette fête ne sera point comprise par
une fraction importante et toujours croissante de cette
bourgeoisie qui était unanime, vers la fin du siècle dernier, pour préparer, hâter et saluer l'avènement radieux
que nous voulons glorifier ?

Quel est le remède, ou, pour parler plus exactement,
quel ensemble de mesures convient-il de prendre, d'abord
pour empêcher l'extension du mal, ensuite pour le réduire
et le diminuer ? On n'attend pas que nous traitions ici

cette vaste question : sur chacun des problèmes singulièrement complexes et divers qui la composent, il y a matière
à plusieurs volumes. La qualité indispensable à tous les
fonctionnaires, le *loyalisme*, ne doit-on pas l'entendre sous
la République comme le fils aîné de Louis-Philippe l'entendait sous le règne de son père : *le dévouement exclusif à la Révolution?* La liberté d'enseignement, l'une
des causes principales de ce recul des esprits, ne doit-
elle pas être soumise à une surveillance sévère, ramenée
à ce qu'elle était sous la monarchie de Juillet, alors que
les grands-maîtres de l'Université de France, qui étaient
cependant des libéraux, s'appelaient Guizot, Cousin et
Villemain? L'éducation civique doit-elle être limitée à
l'instruction primaire? Continuera-t-on à ne pas enseigner
aux enfants des collèges et des lycées les préceptes qu'on
apprend aux enfants des écoles?... Ce n'est pas en quelques
lignes qu'on peut répondre à de pareilles questions et à
bien d'autres qui tiennent au même sujet. Les signaler est
déjà beaucoup. On nous permettra seulement d'insister
sur ce point : puisque « en histoire comme en politique,
on n'a jamais cause gagnée (1) » et que le procès de la
Révolution est encore à plaider, il faut cesser de ne
répondre que par le mépris aux détracteurs des hommes
et des principes de « l'époque mère. » Les amis de la
Révolution ont trop dédaigné ces retours offensifs. Sur
les positions conquises par près d'un siècle d'efforts nous
nous étions endormis; une fusillade, dont le cercle se
rapproche tous les jours, nous réveille : que ce réveil soit
marqué par des coups sensibles et de justes ripostes.

Il est dur, je l'accorde, il est humiliant de dialoguer
avec tous les plumitifs qui, découpant M. Taine et M. Wallon
en petites brochures, traitent Turgot de scélérat, Danton
de barbare et les Girondins de farceurs. Mais Voltaire lui-
même, quand il le fallait pour l'honneur de l'esprit humain, n'a-t-il pas polémiqué avec Patouillet et Nonnotte?

---

(1) Ranc, avant-propos aux *Variétés révolutionnaires* de M. Marcellin Pellet.

Aussi bien d'aucuns ont-ils déjà donné l'exemple, qui méritent d'être grandement loués et suivis dans la bonne voie. — La férule au poing, dans le style naturaliste qu'il a adopté, M. Taine range Dubois-Crancé parmi les « théoriciens sans scrupules » et les « grands pourris » : M. le colonel Jung met en pleine lumière, dans un savant ouvrage, le patriote austère qui a été à la France moderne, pour l'organisation de ses armées, ce que Louvois avait été à l'ancien régime. — Une pléiade de plumitifs sans conscience a pour passe-temps favori de diffamer sans mesure le plus grand homme d'État de la Révolution, d'accuser Danton d'avoir reçu l'argent de la cour et présidé aux massacres de septembre : pièces en main, le docteur Robinet établit que la vénalité de Danton est une calomnie, et M. Antonin Dubost, dans quelques pages qui révèlent un historien de race, donne une réfutation décisive de l'autre mensonge. — Vingt revues spéciales ont pris à tâche de verser tous les mois sur l'œuvre tout entière de la Constituante et de la Convention des flots d'ouvrages et d'inventions saugrenues : reprenant dans la *République française* la tradition de Louis Combes et de Georges Avenel, M. Marcellin Pellet publie les *Variétés révolutionnaires*, dont chacune, vive, alerte, souvent éloquente, toujours marquée au coin du bon sens et d'une ferme critique, détruit une légende ridicule ou rétablit une vérité méconnue. — L'auteur des *Origines de la France contemporaine* appelle les orateurs de la Constituante « des cuistres à l'ivresse malsaine et grotesque » : M. Aulard écrit son beau livre, *l'Éloquence parlementaire pendant la Révolution...*

On le voit : si la prose de Coblentz a cours encore sur le marché, la race des défenseurs de la Révolution n'est pas éteinte. A l'exemple des vaillants écrivains que j'ai nommés, il faut seulement qu'un plus grand nombre de soldats cesse de s'enfermer dans la tour d'ivoire du dédain. On attaque le patrimoine commun de la démocratie : qu'elle le défende avec la même vaillance qu'elle mit jadis à le conquérir. La bonne défense consistera souvent à porter l'attaque chez l'ennemi : qu'on n'hésite jamais à le faire, qu'il s'agisse des Bonapartes ou des Bourbons ; qu'on rappelle sans cesse ce qu'était l'ancien régime. « Vos pères, où sont-ils ? » le mot du prophète, épigraphe du beau livre de M. Peyrat répliquant à Edgar Quinet, reste encore aujourd'hui et pour longtemps la vraie réponse aux détracteurs de la Révolution, à tous ceux qui oublient.

Certes, la Constituante, la Législative, comme la Convention, se sont laissé parfois égarer par le mirage de faux principes ! Hé, sans doute, les hommes de 89 et de 93 ont commis des fautes qu'il convient (et qu'il n'est plus d'ailleurs bien difficile) de déplorer ! Mais, à supposer que ces fautes et ces erreurs même n'aient point contribué dans une certaine mesure au succès final, il n'en reste pas moins acquis que les résultats de la Révolution sont pour notre société moderne la condition même de l'existence. Et c'est là ce qu'on ne saurait se lasser de répéter. Paysan qui cultives en paix un champ qui t'appartient, ouvrier qui n'es plus le serf d'une corporation, soldat qui peux aspirer à tous les grades, noble, et toi, philosophe ingrat, qui n'es plus à chaque heure du jour menacé d'une lettre de cachet, que seriez-vous sans ces hommes qui ont sacrifié, pour que vous soyez libres et égaux, leur fortune, leur vie et leur honneur même ? Oui, monsieur Taine, si vous avez pu écrire votre livre des *Philosophes français* sans être bâtonné comme le fut Voltaire, votre livre de *la Littérature anglaise* sans être exilé comme le fut Rousseau, votre traité de *l'Intelligence* sans être embastillé comme La Chalotais, c'est que le *Crocodile* a passé par là...

LE MINISTÈRE CLÉMENCEAU

———

22 août 1885.

I

LES ÉLECTIONS DU 4 OCTOBRE

..... Le 7 août 1885, comme les Chambres avaient voté le budget de 1886 sans augmentation d'impôt, un décret du Président de la République prononça la clôture de la session. La période électorale commença aussitôt.

Les chefs de l'intransigeance et de la réaction avaient-ils tenu des conciliabules secrets? Cette question n'est pas encore élucidée. Toujours est-il que la droite et l'extrême gauche avaient adopté un même mot d'ordre : « L'opportunisme, c'est la guerre! L'opportunisme, c'est l'ennemi! » Ce mot d'ordre, ce *Montjoie-Saint-Denis* d'un nouveau genre, était tout leur programme. Les monarchistes, ayant enfoncé leurs drapeaux dans leur poche, se gardèrent bien de parler dans leurs professions de foi ni du roi ni de l'empereur : ces sujets leur paraissaient scabreux. Il était beaucoup plus simple, au lieu de s'expliquer sur les principes, de se déchaîner sans relâche contre les hommes. Ils n'y manquèrent pas. Les républicains qui avaient dirigé depuis quatre années les affaires du pays, les anciens 363 qui avaient triomphé du 16 Mai, les amis de Gambetta qui avaient été ses collaborateurs dans la défense nationale et dans l'œuvre de la fondation et de l'organisation de la République, M. Jules Ferry, qui avait donné à son pays, en quatre années, deux colonies et l'enseignement primaire obligatoire, gratuit et laïque, furent accablés de calomnies et d'outrages. Le cléricalisme vaincu, tel était le grand crime de M. Ferry aux yeux des candidats réactionnaires qui combattaient sous le masque et s'intitulaient avec une modestie hypocrite *conservateurs*, *libéraux* et *agricoles*. Mais ils se gardaient bien de proclamer leur grief; à peine, de temps à autre, quelques paroles attendries sur le malheur des consciences opprimées, sur la persécution religieuse. Très habilement, ils concentrèrent leurs efforts contre la politique extérieure de la République. Parce que M. Jules Ferry avait tenu haut le drapeau de la France et qu'en le défendant il avait trouvé moyen d'accroître en Afrique et en Asie le patrimoine de son pays, cet homme d'État fut accusé de toutes les vilenies et de tous les crimes imaginables. Les moindres actes de sa politique furent expliqués par des motifs bas et honteux. Les bonapartistes criaient : *Au Mexique !* et les fondateurs de l'*Union générale* dénonçaient des tripotages. La manœuvre avait réussi contre Gambetta, qu'on avait également accusé de desseins belliqueux et de spéculations douteuses. Pourquoi ne réussirait-elle pas contre M. Ferry? Pour qu'il fût lavé de toutes les calomnies, il avait fallu que Gambetta mourût. Eh bien, M. Ferry n'avait qu'à mourir!

Ainsi déblatéraient dans leurs discours et leurs journaux les partis monarchiques; les intransigeants tenaient le même langage. Les articles de M. Henry Maret auraient pu paraître dans le *Pays*, ceux de M. Paul de Cassagnac dans le *Radical:* personne ne se fût douté qu'il y avait eu transposition. Si les réactionnaires exploitèrent de préférence la crise agricole qui sévissait sur toute ¨Europe, les intransigeants jouèrent plus volontiers de la crise industrielle. Ce fut la seule différence bien sensible entre les programmes des deux partis. Sur tout le reste, l'accord fut parfait, les réactionnaires ne se souciant pas, comme de juste, de défendre l'institution d'un Sénat républicain. Ainsi, une seule et même plate-forme : le Tonkin ; et les mêmes procédés de polémique, le même système de dénigrement et d'incriminations perfides. Comme naguère à la Chambre, ils se succédaient sur les mêmes tréteaux, y jouaient le même air et se félicitaient réciproquement avec effusion. Les intransigeants firent à la réaction la galanterie de célébrer l'amiral Courbet beaucoup plus pour ses lettres que pour ses victoires de Son-Tay et de Fou-Tchéou. La réaction répondit en couvrant M. Clémenceau de fleurs et le *Figaro* lui criait chaque matin : « Tu es l'homme d'État providentiel de la République, tu seras président du conseil! »

Quant au cabinet Brisson, il n'était pas mieux traité que l'ancien ministère Ferry. Sa déclaration, dans la séance du 30 juillet, avait suffi pour l'entacher d'infamie. « Il ira rejoindre au dépotoir électoral, écrivait l'*Intransigeant,* les sacripants avec lesquels il s'est solidarisé. » La forme, dans les autres journaux du parti, était un peu plus académique ; le fond était le même.

Que pouvait contre une telle coalition, contre de pareils déchaînements l'ancienne majorité républicaine? Renier les actes qui étaient ses titres de noblesse et d'honneur, la défense des idées de gouvernement, les sages réformes qu'elle avait votées, la Tunisie organisée, le Tonkin et l'Annam pacifiés, soumis à notre protectorat, le prestige de la France rétabli dans la Méditerranée et l'extrême Orient? Elle n'y songea pas. Que le traité de 1874, conclu par le duc de Broglie, fût la cause et la source des difficultés rencontrées dans la suite au Tonkin, elle le rappela parce que c'était la vérité. Mais elle ne s'abaissa pas à

plaider les circonstances atténuantes. Elle prit fièrement
la responsabilité de ce qu'elle avait fait et déclara que la
politique d'effacement et d'humiliation ne serait jamais
la sienne. Pour la politique intérieure, elle ne promit ni
la solution de la question sociale en cinq minutes, ni des
droits protecteurs de 10 francs sur les céréales, ni le
millénium, ni la lune. Elle se prononça simplement,
franchement, pour le maintien de la Constitution telle
qu'elle venait d'être revisée, pour le développement normal et régulier des libertés politiques, pour la mise à
l'étude d'un ensemble de sérieuses réformes économiques
et financières : « Nous sommes également, disaient ces
candidats, des républicains de gouvernement et des républicains de progrès. » Malgré les menaces des repris de
justice dont la relégation avait été retardée, ils refusèrent
de désavouer la loi sur les récidivistes.

Comment le suffrage universel se laissa-t-il écarter de
la voie où il était entré, quinze années auparavant, par
les belles élections du 3 juillet 1871? Comment se laissa-
t-il égarer par les déclamations de l'intransigeance et les
injures de la réaction? La licence de la presse, mal
qu'on dit nécessaire et auquel il n'était pas encore habitué, la répétition incessante des mêmes calomnies contre
les mêmes hommes, l'ignorance encore trop générale de
la politique extérieure en sont, avec l'incident que nous
allons raconter, les causes principales.

Aussi bien le gouvernement n'avait-il pas su imposer à
toute l'administration la neutralité électorale qu'il avait
promise. Il n'y a pas que l'héliotrope qui ait pour habitude de se tourner vers le soleil levant. Beaucoup de
fonctionnaires se tournèrent ainsi vers M. Clémenceau. Le
ministre de l'intérieur n'eut pas de candidats officiels.
Mais le directeur de la *Justice* en eut. Les chefs de plusieurs services importants étaient à ses ordres et il avait
des complaisants, deux ou trois ministres qu'on nommait,
jusque dans le cabinet.

Les élections avaient été fixées au 4 octobre; le 1er au
soir, l'amiral Galiber, ministre de la marine, reçut de

l'amiral Miot, qui commandait devant Madagascar, la dépêche suivante :

Dans la nuit d'hier, le poste de Ngency, en avant de Vohémar, a été attaqué par cinq mille Hovas conduits par des officiers anglais. Après avoir repoussé trois assauts et couché plus de quinze cents ennemis sur le terrain, le capitaine de frégate Audant, craignant d'être enveloppé, a battu en retraite sans être poursuivi, en ramenant ses canons et ses blessés. Nos pertes se montent à deux officiers et vingt hommes tués. J'ai ordonné l'évacuation de Vohémar et vais concentrer nos forces à Port-Choiseul pour une prompte reprise des opérations.

MIOT.

La réaction et l'intransigeance bondirent sur cette dépêche avec une joie féroce. Ils l'affichèrent dans toutes les communes, l'accompagnèrent des plus haineux commentaires et des plus sinistres prophéties. Le comité central intransigeant lança à la dernière heure un « suprême appel » : après ce nouveau « désastre », il faut en finir une bonne fois avec l'opportunisme, avec l'eunuque Brisson comme avec l'assassin Ferry! Si le pays ne comprend pas ce devoir, malheur à lui, il méritera toutes les calamités dont la seule intransigeance, dont M. Clémenceau seul pourra désormais le sauver!

M. Ferry et ses amis eurent cette illusion qu'à six mois de distance la leçon de Lang-Son ne pouvait être perdue. Un second affolement pour un accident de guerre qui, celui-ci du moins, n'avait fait perdre la tête à aucun officier supérieur, cette hypothèse n'était pas admissible. Recommander au suffrage universel de ne pas se figurer, parce qu'un poste avancé avait été momentanément évacué, que les Hovas allaient se mettre en marche sur Paris, ne serait-ce pas faire injure au bon sens du corps électoral? Aucun contre-manifeste ne fut rédigé.

Ce fut une grave erreur ; mais ni M. Ferry, ni aucun de ses amis, ni même le président du Conseil ne la reconnurent à temps. Quand la panique malgache, non moins savamment organisée par la réaction et par l'intransi-

geance que la panique tonkinoise, éclata dans soixante
départements, il était trop tard pour l'arrêter. Il s'en fallut
de très peu que les élections ne se fissent dans les campagnes au son du tocsin. A Paris et à Marseille, des troubles éclatèrent et le drapeau rouge fut promené dans les
rues. Ce ne fut pas une défaite pour l'ancienne majorité,
ce fut une déroute. Dans presque tous les départements du
Midi, de l'Ouest et du Nord les listes dites opportunistes
furent écrasées. Sur 584 députés que comprenait la nouvelle Chambre, l'intransigeance put en revendiquer 246 et
la réaction, grâce à la division des républicains, 172. Dans
le département de la Seine, les socialistes, collectivistes,
anarchistes et autres révolutionnaires avaient fait passer
18 candidats. A droite, on célébrait de véritables résur-
rections : cinquante députés qui semblaient, depuis l'Assemblée de Versailles, ensevelis dans un éternel oubli, les
Ravinel, les Rainneville, les Flottard, les Octave Depeyre,
les Antonin Lefèvre-Pontalis, sortaient du tombeau. M. de
Fourtou rentrait avec MM. de Parieu, Brunet, Caillaux,
Othenin d'Haussonville. Le duc de Broglie, parmi les chefs
de son parti, avait seul échoué pour avoir recommencé
dans une réunion de cultivateurs le fameux discours :
« Messieurs, vos pères et mes ancêtres... »

Comme on voit, l'*Union républicaine* et l'*Union démocratique* étaient réduites à leur plus simple expression,
150 à 160 sièges. Plusieurs de leurs membres les plus
importants, de ceux dont les services et les titres auraient dû être incontestés, étaient restés sur le carreau.
MM. Jules Ferry, Develle, Raynal, Spuller, Waldeck-
Rousseau, Rouvier, Jules Roche, Antonin Proust, n'étaient
nommés qu'à de faibles majorités. Pour M. Brisson, il ne
passait dans le Cher que l'avant-dernier sur la liste, et
quant au ministre de l'intérieur, il était battu dans les
trois départements où il s'était présenté. M. Ribot avait
sombré dans le commun naufrage.

La rente baissa de 2 fr. 75 le premier jour et de
3 francs le lendemain.

II

LE MINISTÈRE CLÉMENCEAU

Morte la bête, mort le venin ! Les meneurs de la réaction, bien que la formidable baisse du 3 pour 100 ne leur fût pas indifférente ; les chefs de l'intransigeance, bien que la prochaine responsabilité du pouvoir ne fût pas légère, tous ces fiers vainqueurs de l'opportunisme débordaient de joie : à lire et à entendre leurs chants de triomphe, on eût dit une bande d'anthropophages qui vient de mettre la main sur un convoi d'hommes très gras. Sans doute, ils ne constataient pas sans surprise que le corps électoral, dans son ensemble, ne partageait pas leur bruyante allégresse. Le pays, en effet, semblait déjà effrayé de ce qu'il avait fait dans une heure de cyclone. Assurément, pensait-il encore, les opportunistes n'ont que ce qu'ils méritent. Mais quoi ! les voir remplacés à la Chambre par les plus audacieux revenants du 2 Décembre, du 18 Mars et du 16 Mai ! Quel gouvernement stable, assez fort pour inspirer la confiance, — ou même pour maintenir l'ordre dans la rue, — pourra sortir de cette Assemblée divisée en trois parties, de forces à peu près égales ? A coup sûr, les révolutionnaires vont se croire les maîtres du pavé. Des émeutes tous les jours, comme sous la monarchie de Juillet : le bon moyen pour ramener le travail, pour faire sortir les capitaux qui se cachent ! M. Clémenceau, évidemment, n'est pas le premier venu ; depuis le temps qu'il en parle, il doit avoir réfléchi sur les choses de la politique : ah ! s'il pouvait ajourner son programme *minimum* aux calendes ! s'il avait le courage de couper sa queue et de chausser les bottes de l'odieux Ferry ! Et quels commentaires humiliants que ceux de la presse anglaise, de la presse allemande, des journaux

espagnols et italiens sur la panique malgache! Enfin,
est-ce que le 4 octobre, à six heures du soir, à la minute
même où le scrutin a été clos, l'amiral Miot n'a pas télé-
graphié qu'il avait réoccupé Vohémar sans coup férir et
qu'il tenait solidement toute la côte? Cela rendait plus
amer encore le vin qu'on avait tiré, mais qu'il fallait
boire.

Si l'avenir paraissait ainsi gros de nuages, en revanche
la situation parlementaire était très claire. Au ministère
Brisson, dont le Président de la République avait accepté
la démission, et qui n'était plus chargé que de l'expédition
des affaires courantes, rien qu'un ministère Clémenceau
pouvait succéder.

L'extrême gauche était devenue le groupe de beaucoup
le plus nombreux de la Chambre : M. Grévy ne pouvait,
ne devait faire appel qu'à M. Clémenceau. Celui-ci, d'ailleurs, radieux de sa victoire, plus léger et plus confiant
en son étoile que jamais, déclarait très haut qu'il était prêt
à prendre le pouvoir. Le marché public sans affaires,
l'opinion sans confiance, l'Europe inquiète, il ne s'effrayait
pas pour si peu. C'étaient là les dernières manœuvres
d'une coterie aux abois, de la bande des Gambettistes,
Ferrystes et Brissoniens chassés du gouvernement. D'ailleurs, toute la presse réactionnaire lui faisait fête et, sauf
le petit groupe soupçonneux des socialistes qui suivaient
MM. Félix Pyat, Eudes, Gambon et Maujan, sauf les amis
de M. Sigismond Lacroix qui se tenaient sur la réserve,
on l'acclamait encore de tous les coins de l'intransigeance. Un ancien centre-gaucher, qui venait de se convertir avec éclat, le salua dans un banquet, à l'hôtel Continental, comme le Robespierre de la troisième République.

Le parlement se réunit le 21 octobre, la Chambre affai-
rée et bruyante comme une ruche d'abeilles, le Sénat très
grave et presque triste. Le président de la haute Assemblée
prononça une courte allocution qui fut écoutée avec un
profond recueillement :

« Rappelez-vous, dit-il à ses collègues, le mot du grand

patriote Gambetta : le Sénat sera l'ancre de salut de la République. Dans les circonstances que nous allons traverser, sachons ne pas faire mentir cette prophétie. »

A la Chambre, après la vérification des pouvoirs qui fut menée au pas de charge, les députés procédèrent à l'élection du bureau. M. Floquet avait cru tout naturel de poser sa candidature à la présidence ; mais M. Clémenceau, non sans rudesse, lui opposa M. Anatole de la Forge qui fut élu par 380 voix contre 25. L'ancienne majorité, qui s'était formée en un seul groupe compact sous le nom d'*Union républicaine et démocratique*, s'était abstenue. Plutôt que d'appeler au bureau un seul opportuniste, une place de vice-président fut donnée à la droite, qui porta son choix sur M. de Fourtou ; l'extrême gauche lui adjoignit MM. Achard, Delattre et Sigismond Lacroix.

Le 24 octobre, M. Clémenceau fut appelé à l'Élysée où il accepta la mission de former un nouveau ministère. Comme il avait toujours rencontré au cours de sa brillante carrière une extrême bienveillance chez M. Grévy, M. Clémenceau jugea qu'il serait peut-être correct de demander son avis au Président de la République. Mais il ne put obtenir que cette réponse : « Je vous prie de ne pas oublier que les Chambres doivent se réunir en Assemblée nationale le 30 décembre pour désigner mon successeur. — Vous n'entendez pas dire, mon cher président, reprit M. Clémenceau, que vous n'avez plus confiance ? — Je vous ai dit toute ma pensée, » répliqua M. Grévy.

Au contraire des ministères Gambetta, Freycinet, Jules Ferry et Henri Brisson, le ministère Clémenceau fut composé en vingt-quatre heures. On a donné de cette célérité deux raisons : la première, que M. Clémenceau est un esprit rapide, net, agile, décidé, qui ne s'embarrasse pas de vétilles ; la seconde, que son ministère s'était formé de lui-même, qu'il s'était, comme on dit, si naturellement dégagé de la situation que l'éloquent député, en rentrant dans la salle de rédaction de son journal, l'avait trouvé déjà réuni en conseil de cabinet. Dès le 25 octobre, le Pré-

sident de la République put signer les décrets qui constituaient la nouvelle administration. M. Clémenceau, président du Conseil, prenait le portefeuille des affaires
étrangères, avec M. Camille Pelletan comme sous-secrétaire d'État. M. Boysset allait, avec M. Georges Laguerre,
à la justice. Le général Thibaudin rentrait à la guerre où
l'accompagait M. Laisant, et l'ennemi personnel des expéditions coloniales, M. Georges Perin, devenait ministre
de la marine et des colonies. M. Granet avait pris le
portefeuille de l'intérieur, M. Barodet avait reçu celui de
l'instruction publique et des cultes, et M. Lafont voulut
bien accepter celui des travaux publics. M. Wilson, après
quelque hésitation, ne refusa pas le ministère des
finances, où M. Camille Dreyfus le suivit comme sous-
secrétaire d'État. MM. Laurent Pichat et Songeon, sénateurs, devinrent titulaires des ministères de l'agriculture
et du commerce. M Georges Martin se contenta des postes
et télégraphes.

Ce ministère, qui avait assurément le mérite d'être
homogène, ne fut pas aussi mal accueilli que certains
envieux de M. Clémenceau l'avaient espéré. L'armée, respectueuse de la discipline, sut taire les sentiments qui
l'oppressaient. Sur huit ambassadeurs, cinq seulement
envoyèrent leur démission au quai d'Orsay. Les préfets
restèrent à leur poste, sans témoigner de trop vives inquié-
tudes. La Bourse, qui s'attendait à pis, ne baissa que d'un
franc. C'était un succès.

Chose curieuse cependant, revirement qui parut longtemps inexplicable à M. Clémenceau et à M. Camille Pelletan! A l'heure même où paraissaient à l'*Officiel* les
décrets qui constituaient le ministère, la presse réactionnaire, qui n'avait pas arrêté depuis dix mois de prôner le
futur président du Conseil, changea complètement de ton.
Hier, comme on l'opposait à M. Jules Ferry et à M. Henri
Brisson, M. Clémenceau était le seul orateur, le seul
homme de sens, le seul homme d'État de la République.
Aujourd'hui qu'il est enfin au pouvoir avec ses amis,
M. Clémenceau ne vaut pas plus que les autres et il est

beaucoup plus dangereux (vu son entourage, vu sa queue)
pour l'ordre social, pour la religion, pour la famille et
pour la propriété elle-même.

Comment en un plomb vil l'or pur s'est-il changé?

se demande le premier ministre qui n'a pas encore aperçu
cette vérité pourtant claire comme le jour : si la droite, depuis
quatre ou cinq ans, lui a prêté un concours dévoué, c'est que
nul ne le valait pour user, déconsidérer et tuer les ministres
républicains ; maintenant c'est à lui le tour, à lui qu'on
croit la dernière ressource de la République. Et le *Figaro*
est le premier à déterrer les vieilles calomnies sur le rôle
de M. Clémenceau dans la sinistre journée du 18 mars
1871, ces calomnies que M. Langlois (« cet énergumène
de Langlois », comme on dit dans la presse intransigeante) avait jadis, avec tant de courage, démenties et
réfutées. Et de toutes parts, drues comme la grêle, acérées
et empoisonnées, les flèches de la réaction tombent maintenant sur le général Thibaudin qu'on n'appelle que Com-
magny, sur M. Granet « qui a si bien mérité du marquis
Tseng », sur M. Wilson « qui a fait de l'Élysée le quartier
général de conspirations permanentes », sur M. Georges
Martin « pharmacien malheureux », sur M. Georges
Laguerre « ex-enfant chéri des bons pères », sur M. Laisant, à qui l'on rappelle les cinglantes ripostes d'Émile
de Girardin et le blâme solennel dont M. Brisson, aux
acclamations de la Chambre, l'avait autrefois frappé. Oui,
c'est la presse réactionnaire qui part ainsi en guerre dès
la première heure, ce n'est pas la presse opportuniste :
celle-ci se réserve, sans cacher ses tristesses et ses
alarmes, pour d'autres combats que des luttes contre des
personnages qu'elle connaît cependant et qu'elle a jugés
depuis longtemps. N'est-ce pas la République, la République conquise au prix de tant d'efforts, qui est maintenant en péril ? C'est à son seul salut qu'il faut songer.

III

LES DÉBUTS DU MINISTÈRE

Le lundi 26 octobre, la déclaration du nouveau cabinet fut lue au Sénat, au milieu d'un silence glacial, par M. Laurent Pichat, et à la Chambre, où des incidents surgirent aussitôt, par M. Clémenceau.

Le manifeste du nouveau gouvernement avait été rédigé par M. Camille Pelletan. La besogne n'était pas aisée. Il s'agissait, en effet, sans alarmer davantage une opinion visiblement inquiète, de se déclarer prêt à appliquer les cinq articles du programme *minimum*, les cinq réformes dont la poursuite immédiate s'imposait au ministère Clémenceau pour que le discours de Bordeaux fût une vérité et que la fameuse distinction entre l'opportunisme et l'anti-opportunisme ne fût pas un simple jeu de rhétorique. Ce n'était qu'en échange de l'adjectif *immédiat* cinq fois répété que le parti intransigeant avait sacrifié à l'auteur du programme *minimum* le vaste cahier de deux ou trois douzaines d'articles des comités radicaux socialistes. C'était par ce vocable (*in hoc adjectivo*) qu'on avait vaincu ou qu'on croyait avoir vaincu. Sans être accusé de trahison et sans mériter d'être accusé de duplicité, comment renier dès le lendemain de la victoire ce qui passait pour l'instrument de la victoire, ce qui avait été la condition même de l'accord contre les opportunistes? Évidemment, il fallait tenir sa promesse. Mais, d'autre part, comment la tenir? Comme M. Clémenceau ni ses collègues n'en avaient encore la moindre idée, ils s'en étaient remis au rare talent d'écrivain de M. Camille Pelletan.

Quel que fût son talent, le jeune sous-secrétaire d'État ne pouvait échapper à la loi commune. Ce que ses amis

ne concevaient pas bien, il ne pouvait l'énoncer clairement, et la déclaration, malgré de merveilleux artifices
de langage, apparut forcément aux *purs* qui surveil-
laient M. Clémenceau comme quelque chose d'ambigu,
d'équivoque et de louche. En effet, après avoir chanté son
Te Populum laudamus et vanté les bienfaits de la future
politique de renonciation à toute action extérieure, le président du Conseil ne s'engageait pas à présenter dans les
vingt-quatre heures, habillées en projets de loi, les cinq
réformes qui avaient fait les frais de la campagne électorale. Il disait bien, et dans le meilleur style, que s'il avait
pris le pouvoir, c'était pour rendre au suffrage universel
sa souveraineté absolue et que ses collaborateurs allaient
mettre à l'étude toutes ces fameuses questions : la séparation des Églises et de l'État, la réorganisation judiciaire,
la réforme financière, la réforme militaire, la réforme
pénitentiaire. Mais il ne précisait rien. Ce vague parut au
Sénat gros de dangers pour la République. Il parut suspect
aux deux tiers des intransigeants qui ne faisaient pas partie
du ministère.

M. Clémenceau était à peine descendu de la tribune que
M. Maujan y parut :

« Vous avez bien parlé, dit l'ancien capitaine en s'adressant
au président du Conseil, du suffrage universel dont la souveraineté doit être absolue ; mais pourquoi, à l'appui de vos éloquentes
paroles, n'avez-vous pas déposé un projet de revision générale
de la Constitution ? Quand M. Gambetta, dans la séance du
15 novembre 1881, apporta aux députés d'alors une déclaration
qui avait au moins le mérite d'être nette et franche, quelle
réponse fîtes-vous à ce chef de l'opportunisme ? S'il ne vous en
souvient pas, citoyens ministres, je vais vous la rappeler.
M. Barodet, aujourd'hui ministre de l'instruction publique, des
beaux-arts et des cultes, déposa une proposition générale de
revision de la Constitution et il demanda l'urgence. Puis, comme
M. Gambetta repoussait et l'urgence et votre doctrine de la
revision illimitée, qui défendit et cette doctrine et la demande
d'urgence ? Qui ?... M. Clémenceau, aujourd'hui président du Conseil et ministre des affaires étrangères. Eh bien, citoyens ministres, je suivrai votre exemple, je reprends la proposition

Barodet, et je réclame l'urgence. Félix Pyat, Gambon, Chabert,
Eudes, Vaillant, Jules Guesde, Lissagaray, Duportal ont signé,
avec moi, cette proposition. »

Qui fut désappointé quand M. Maujan déposa sur le
bureau cette motion et que soixante députés, debout à
l'extrême gauche, accueillirent ce hardi début par une
triple salve d'applaudissements? Ce fut M. Clémenceau.
Il consulta du regard ses collègues :

« Vous êtes un homme à la mer, lui dit M. Laurent
Pichat qui revenait du Sénat, si vous capitulez à la première
sommation de ces gens-là.

— Vous allez connaître la roche Tarpéienne, lui dit
M. Barodet, si vous désavouez au pouvoir *nos* discours de
l'opposition. »

Le président du Conseil résolut bravement de capituler, se jurant bien que ce serait la dernière fois. Très
pâle, très nerveux, il monta à la tribune. Il dit à M. Maujan qu'il n'était pas de ceux, tout le monde le savait, qui
ont pour habitude d'oublier leurs engagements :

M. Maujan. — Alors pourquoi la déclaration est-elle muette
sur la revision immédiate?

M. Clémenceau, *président du Conseil.* — Je vais vous le
dire. Nous prenons les affaires à la veille de la réélection du
Président de la République...

M. Félix Pyat. — Et vous préférez que le successeur du
citoyen Grévy soit élu par l'ancien Sénat! (*Rumeurs pro-
longees.*)

M. le Président du Conseil. — Si je suis interrompu à
chaque instant, je descendrai de la tribune...

M. Eudes. — C'est les mêmes menaces que M. Jules Ferry!

M. le Président du Conseil. — A la veille d'un acte aussi
important, au lendemain d'une revision partielle...

M. Eudes. — C'est le fondateur de la ligue revisionniste qui
parle ainsi!

M. le Président du Conseil. — ... revision bâtarde contre
laquelle, j'imagine, j'ai protesté assez haut, il nous a paru que
le choix de l'heure la plus propice au succès de cette grande

réforme républicaine que nous avons promise et que nous comptons bien accomplir en temps et lieu : la revision intégrale...

M. MAUJAN. — Les voilà, les opportunistes de demain !

M. EUDES. — Les opportunistes d'aujourd'hui. (*Vives exclamations.*)

M. LE PRÉSIDENT DU CONSEIL. — ... ce choix pouvait être laissé sans inconvénient au cabinet. Oui ou non, était-ce trop demander à votre confiance ? (*Applaudissements sur plusieurs bancs. — Vives protestations à l'extrême gauche. — Rumeurs au centre et à droite.*)

M. MAUJAN. — Oui ou non, appuyez-vous l'urgence ? (*Très bien ! Très bien !*)

Mis aussi brutalement au pied du mur, étonné de cette explosion de sentiments hostiles à laquelle il s'attendait assurément de la part des socialistes, mais qu'il n'avait pas crue si prochaine, paralysé dans ses moyens oratoires par l'attitude embarrassée et le silence de ses amis, M. Clémenceau ne sut pas, comme il en avait eu le dessein, capituler avec grâce. Mécontent à bon droit de *son parti*, mécontent de lui-même, il déclara sur un ton de méchante humeur que le gouvernement ne s'opposait pas à l'urgence, qu'il ne pouvait pas songer à s'y opposer dès que la question était soulevée.

Devant la demande de revision intégrale et immédiate, l'attitude de l'*Union républicaine et démocratique* ne pouvait être douteuse ; M. Develle, au nom de ses amis, protesta contre le triste spectacle qui venait d'être donné au pays par l'humilité excessive de M. Clémenceau, désormais le jouet du premier démagogue venu, et il refusa, dans l'intérêt supérieur de la République, de s'associer à de pareilles aventures. Mais quel serait le vote de la droite? Ses 170 voix étaient ainsi, dès le premier jour, maîtresses absolues du sort des ministères républicains. Elles n'avaient qu'à se réunir aux 160 voix de l'ancienne majorité pour mettre en déroute, dès la première rencontre, M. Clémenceau.

Après avoir délibéré rapidement avec ses principaux

collègues, M. Paul de Cassagnac, devenu le *leader* incontesté de la droite, monte à la tribune. L'agitation revisionniste, selon lui, ne peut qu'ajouter au désarroi général, au discrédit de la République. Le pays avait fait l'expérience de l'opportunisme ; il ferait plus rapidement encore celle de l'intransigeance : une Constituante alors ne pourrait manquer de rétablir la monarchie. Et comme M. Devès, M. Jules Roche, M. Casimir Perier demandaient : « Quelle monarchie? » M. de Cassagnac répondit qu'il importait peu, que l'essentiel était de débarrasser au plus tôt le pays de la République. Après avoir nettoyé les écuries d'Augias, les honnêtes gens sauraient toujours s'entendre. Donc la droite, pour accélérer la débâcle, voterait l'urgence et la revision immédiate.

Rappelé à l'ordre à trois reprises par M. Anatole de la Forge pour la violence de ses paroles, M. Paul de Cassagnac, quand il retourna à son banc, fut l'objet d'une véritable ovation de la part de ses amis : pendant plusieurs minutes, ils défilèrent devant lui, le comblant de félicitations, lui pressant la main ; l'enthousiasme de MM. Caillaux, Antonin Lefèvre-Pontalis et Octave Depeyre débordait. Les ministres paraissaient atterrés : la droite les sauvait, mais à quel prix ! Entre les deux humiliations qu'il venait de subir, il était impossible à M. Clémenceau de distinguer la plus amère. Il pensa à l'âne de Buridan.

L'urgence sur la proposition de MM. Maujan, Félix Pyat et Gambon fut prononcée par 397 voix contre 156. Et M. Clémenceau, qui n'était ni vaincu ni content, put aller coucher au palais du quai d'Orsay.

IV

LE PROGRAMME MINIMUM

Pour regagner le terrain perdu dans la séance du 26 octobre, deux moyens s'offraient à M. Clémenceau : obliquer vers l'*Union républicaine et démocratique* ou tâcher, par des concessions répétées, d'apaiser la gauche de l'extrême gauche. Livré à lui seul, M. Clémenceau n'eût pas adopté sans plaisir le premier parti. Mais les collaborateurs qu'il s'était donnés ne lui laissèrent point le choix. Pendant que le président du Conseil prenait langue au ministère des affaires étrangères, qu'il amusait les chefs de légation par la gaieté mordante et spirituelle de ses causeries et qu'il prodiguait à tous venants les déclarations les plus gracieuses, ses collègues n'avaient qu'une pensée : concilier par des complaisances illimitées les intransigeants mécontents, retenir les autres par des faveurs à jet continu. On connaît sous chaque ministère les recommandations qui font prime : ces apostilles, sous le ministère du 26 octobre, étaient celles de MM. Gambon, de Rochefort, Éudes, Maujan et Félix Pyat. Sur 40 préfets, 110 sous-préfets, 32 trésoriers-payeurs et 56 avocats de la République qui furent déplacés ou rendus aux douceurs de la vie privée, plus d'un tiers avait été immolé aux ultra-radicaux et socialistes, qui désignèrent ensuite leurs remplaçants. En moins de huit jours, tous les membres du Comité central et de la Commune qui n'étaient pas députés ou conseillers municipaux de Paris furent pourvus de hautes fonctions, de grosses sinécures et de galons. La confection des projets de loi tendant à renouveler la face du pays marchait aussi rapidement que l'épuration du

personnel. Sans souci des obstacles, des « soi-disant
impossibilités » dénoncées à Mâcon par M. Clémenceau,
tous les ministres, selon une autre formule du même discours, s'apprêtèrent « à mener de front toutes les réformes
si longtemps attendues ». Dans un projet en un article
et deux phrases, M. Barodet, ministre des cultes, régla
la question des rapports de l'Église et de l'État : « Article
unique. — Le Concordat est dénoncé ; le budget des cultes
est supprimé. » Des questions sans nombre que soulève le
problème de la séparation, M. Barodet ne s'était pas encore
préoccupé : M. Clémenceau, dans le même programme de
Mâcon, n'avait-il pas déclaré « qu'on a toujours le loisir de
polir ensuite son œuvre dégrossie » ? Les projets sur le
recrutement militaire et sur l'impôt progressif du revenu
furent rédigés par les ministres compétents dans le même
style laconique : *imperatoria brevitas* était la devise.
D'un trait de plume, M. Boysset, garde des sceaux, abrogea
la loi sur les récidivistes et proposa l'élection de la magistrature. Un autre projet, qui n'était guère plus développé,
était relatif au rachat immédiat et simultané de tous les
chemins de fer. Le ministre de l'intérieur annonçait un
projet sur l'autonomie communale, le rétablissement de
la mairie de Paris, la suppression de la préfecture de
police.

Et la *Justice*, commentant cette noble activité, rassurait
en ces termes les amis de M. Félix Pyat (car des alarmes
du Sénat et de l'*Union républicaine et démocratique*, on
n'avait nul souci) : « D'ailleurs tout ceci n'est qu'un commencement. »

Si le ministère Clémenceau travaillait avec zèle, la Commission de revision, élue par les bureaux de la Chambre,
ne chômait pas davantage. Après avoir écarté non sans
dédain, dès sa première réunion (29 octobre), les objections
des deux commissaires qui représentaient la minorité,
MM. Cochery et Martin-Feuillée, elle avait repris purement et simplement le projet de résolution que l'extrême
gauche avait soutenu, le 26 janvier 1881, contre le ministère
Gambetta : « La Chambre des députés, disait ce projet,

déclare qu'il y a lieu de reviser les lois constitutionnelles. »
Naturellement, dans l'esprit de la Commission, les pouvoirs
du congrès devaient être illimités : cela ne souffrait même
pas de discussion. Le rapporteur, M. Sigismond Lacroix,
fut chargé d'indiquer nettement, dans son rapport, que le
cabinet aurait mission de conclure, devant le congrès, à
la suppression du Sénat. MM. Pichon et Millerand, qui
passaient pour recevoir l'inspiration intime de M. Clémenceau, proposèrent d'ajouter dans le rapport, à seule fin
d'assurer une ligne de retraite, ces dix mots timides : *Ou
à l'élection du Sénat par le suffrage universel.* On regarda
de travers ces deux députés. A la suite d'une amère réplique
de M. Lacroix, qui avait toujours sur lui la collection des
discours prononcés par M. Clémenceau pendant la période
électorale, ils retirèrent leur proposition, s'excusant de
l'audace grande. « Qu'on ne vous y reprenne pas ! » dit
M. Clovis Hugues, tirant ainsi la moralité de l'incident.

Le débat sur le rapport de M. Lacroix ne remplit qu'une
séance (2 novembre). M. Raynal, qui avait été chargé par
ses amis de l'*Union*, d'en combattre les conclusions, fut
interrompu avec tant de violence qu'il dut renoncer à la
parole. Le président, M. de la Forge, avait prodigué en
vain ses efforts pour faire respecter la liberté de la tribune ;
il finit par s'écrier, s'adressant à la partie extrême de
l'extrême gauche et à la droite : « Si de pareilles scènes
d'intolérance se renouvellent encore une fois, je renon-
cerai à l'honneur de présider cette assemblée. » Au banc
des ministres, M. Clémenceau eut seul le courage de faire
à M. de la Forge un signe d'assentiment.

Ce fut M. Boysset qui parla au nom du cabinet. Alors
qu'ils étaient simples députés, tous ses collègues avaient
voté la résolution que présentait aujourd'hui l'honorable
M. Maujan ; à cette heure où ils représentaient au pouvoir
les idées qu'ils avaient défendues dans l'opposition, ils
étaient prêts à porter au Sénat le vote de la Chambre.
« Mais si le Sénat, dit M. Ferry, refuse le suicide que
vous lui proposez ! — Monsieur, reprit le garde des
sceaux, nous connaissons ces soi-disant impossibilités ;

mais nous savons aussi que le Sénat, comme nous tous, doit obéissance aux arrêts du suffrage universel. » Le groupe des socialistes révolutionnaires, qui grossissait tous les jours, accueillit cette réplique par des rires. « Le Sénat, s'écria M. Maujan, je ne le consulte pas, je le livre en pâture au lion populaire. » M. Batbie, qui assistait dans une tribune à la séance, sourit et rougit à ces mots : il les avait prononcés lui-même, en mars 1848, les appliquant aux riches.

Au vote, on retrouva la majorité du 26 octobre : 397 voix contre 156 adoptèrent le projet. Une triple salve d'applaudissements accueillit la proclamation du scrutin. « Qui donc disait, s'écria M. Eudes, déjà jaloux de M. Maujan, que le Sénat est difficile à abattre? »

Le lendemain, 3 novembre, il y avait foule au palais du Luxembourg. On savait que, dès le matin, les trois groupes de gauche s'étaient réunis, et qu'à l'unanimité ils avaient pris une résolution que tous les sénateurs s'étaient engagés à garder secrète. Les ministres, au grand complet, s'assirent à leur banc; l'hémicycle et les tribunes regorgeaient de monde.

A deux heures précises, M. le président Le Royer ouvrit la séance. Le procès-verbal adopté : «J'ai reçu du président de la Chambre, dit le président du Sénat, la communication suivante», et il donna lecture de la lettre par laquelle M. de la Forge transmettait le vote de revision à M. Le Royer. La droite ricana; la gauche observa le plus profond silence.

M. Challemel-Lacour, président de l'*Union républicaine,* se lève et de sa place : « Je demande au Sénat de prononcer l'urgence sur la proposition qui nous est adressée par la Chambre. »

Les ministres se retournent étonnés; ils n'en croient pas leurs oreilles. Alors M. Feray (d'Essones), le vénérable président du centre gauche, et M. Humbert, président de la gauche républicaine : « Nous appuyons la demande de M. Challemel-Lacour. »

M. Buffet, après avoir consulté MM. Bocher et Chesnelong : « Nous demandons l'avis du gouvernement. »

Le premier moment de surprise passé, M. Clémenceau
a flairé un piège, deviné qu'un effroyable coup de massue
va s'abattre sur le cabinet qu'il préside. Mais que faire?
comment, pour le moins, échapper au ridicule?

M. Songeon, cependant, et M. Boysset ne comprennent
pas pourquoi le président du Conseil hésite à répondre.
Est-ce que la situation ne se présente pas sous les meilleurs
auspices, des auspices inespérés? La brèche, la fameuse
brèche ne s'est-elle pas faite toute seule ? Ils se lèvent tous
les deux à fois, et d'une voix forte : « Le gouvernement
accepte l'urgence qu'il aurait réclamée, si l'honorable
M. Challemel-Lacour n'avait pas pris les devants. »

Le président du Sénat met aux voix la proposition
d'urgence, qui est votée à la presque unanimité.

Alors M. Challemel-Lacour, toujours de sa place :

« Si mes honorables collègues, M. Feray et M. Humbert, se
sont joints à moi pour demander au Sénat de voter l'urgence
sur la proposition de revision illimitée des lois constitutionnelles,
c'est pour cette seule et unique raison : aux termes de votre
règlement, le vote de l'urgence est nécessaire pour que la
question préalable puisse être proposée. La résolution qui a
été adoptée par la Chambre porte atteinte à la dignité du Sénat
qu'on somme de disparaître au nom d'une coalition où je retrouve
tous les ennemis de la République; elle est une faute grave,
impardonnable contre le gouvernement dont la conquête nous
a coûté tant de cruels efforts. Nous, Sénat républicain, nous
avons la garde de la République, de son honneur, de sa renommée à travers le monde. A des motions comme celle qui vous
a été transmise, à un arrêt de suicide qui porte près de deux
cents signatures royalistes et bonapartistes, vous ne répondrez
que par la question préalable. Nous vous demandons, monsieur
le président, de la mettre aux voix. » (Applaudissements répétés
à gauche. — Mouvement prolongé.)

Les ministres s'agitent et protestent; M. Clémenceau
s'élance à la tribune pour repousser la question préalable
qui n'atteint pas moins le gouvernement que la Chambre.
Sa harangue, vive, emportée, parfois menaçante, provoque

31.

à plusieurs reprises les murmures et les rires de la droite :
« Vous avez donc cru, dit M. de Gavardie, au guillotiné par
persuasion? » La gauche, qui n'a pas une seule fois interrompu l'orateur, réclame le scrutin.

Par 206 voix contre 12 (la droite s'est abstenue), la
question préalable est adoptée.

Les ministres, pâles, défaits, quittent la salle des
séances; M. Carnot, le doyen de la haute assemblée, dit
d'une voix forte : « La République, malgré la tempête,
tient bon sur ses ancres. »

V

LES CRÉDITS POUR MADAGASCAR

Le vote du Sénat fut suivi, à la Chambre et dans la rue,
de scènes déplorables. Comme il s'était senti profondément
blessé dans son orgueil, M. Clémenceau perdit pendant
quelques jours toute mesure. Quand MM. Maujan et Jules
Guesde l'interpellèrent sur le vote du Sénat : « Comment
avez-vous accompli votre mandat? qu'avez-vous fait de
notre projet? » le président du Conseil répondit par une
amère diatribe contre la haute Assemblée. La République
radicale ne se laisserait point arrêter par une intrigue,
une cabale dont il connaissait les auteurs; et il montrait
du doigt MM. Jules Ferry, Waldeck-Rousseau, Develle,
qui se contentèrent de hausser les épaules. Un « syndicat
honteux » s'était formé entre le Sénat et la minorité de la
Chambre; il aurait prochainement le sort de tous les
syndicats de ce genre : la faillite. La démocratie avait
emporté d'autres forteresses que cette bastille de l'opportunisme, la soi-disant assemblée des communes de France.
Quant au gouvernement, il poursuivait l'accomplissement
du programme radical malgré les obstacles.

M. SPULLER. — Vous reconnaissez donc que tous les obstacles ne sont pas fictifs!

Puis, tous les grands chefs des groupes socialistes défilèrent à la tribune pour jeter au Sénat des paquets d'injures et de défis ; les jeunes sous-secrétaires d'État applaudissaient. Quand la série fut épuisée, M. Jules Ferry monta à la tribune où il fut accueilli par un effroyable vacarme :

« Je n'ai à dire que deux mots ; je les dirai : le Sénat a fait son devoir ; les républicains qui ont fondé le Sénat ont bien mérité de la patrie! »

La Chambre vota un ordre du jour de blâme contre le Sénat et de confiance dans le cabinet.

Pendant que ces choses se passaient à la Chambre, une foule de cinq à six mille individus, agitant des loques rouges et poussant des cris de menace contre le Sénat, descendait les boulevards extérieurs, gagnait par la rue Blanche et la rue de la Chaussée-d'Antin les grands boulevards, enfilait la rue de Richelieu, cassait les vitres de la Bibliothèque nationale et, par la rue de Rivoli, les quais, le boulevard Saint-Germain, débouchait devant le Luxembourg. La police et la garde républicaine n'intervinrent qu'alors. Grisée par sa marche triomphale à travers Paris, la foule résiste aux sommations ; les meneurs commencent même à dépaver la chaussée pour construire des barricades. Il fallut dégainer et charger. Une sanglante bagarre suivit qui se prolongea jusqu'à huit heures du soir. Des deux côtés, il y eut des morts et des blessés. Sur 560 individus qui furent arrêtés, plus de 400 étaient pourvus de casiers judiciaires.

Le lendemain, le Conseil municipal rendit un vote de flétrissure contre la police. A la Chambre, le ministre de l'intérieur, interpellé par M. Vaillant, blâma la confiscation des drapeaux rouges et annonça une enquête *générale*.

Sur l'interrogation répétée de M. Waldeck-Rousseau, le ministre voulut bien reconnaître que le *meeting d'indignation* avait commis de coupables excès.

La Bourse maintenant baissait tous les jours, l'étranger
et la province arrêtaient toutes les commandes ; de tous
côtés, on ne parlait plus que d'usines fermées, de fabriques
qui suspendaient les travaux. Des grèves éclatèrent à la
fois à Anzin et au Creusot. Le président du Conseil commença à trouver que les ambassadeurs des grandes puissances lui faisaient grise mine : son prestige était visiblement compromis, son étoile pâlissait.

« Tout cela, écrivaient les feuilles ultra-radicales et
socialistes, tout cela, c'est la conséquence de la politique
coloniale, de la politique d'aventures. » Et l'on demandait
au ministre de la marine quand il se souviendrait des
discours prophétiques de M. Georges Perin, quand il rappellerait les troupes du Tonkin, de Madagascar et d'Obock.
« Mais laissez-nous donc le temps de nous retourner ! »
répondait la *Justice*.

Sur ces entrefaites, les journaux anglais, toujours les
premiers informés, arrivèrent un matin avec une surpre-
nante nouvelle : l'amiral Miot venait d'occuper Tananarive.

Voici comment le correspondant du *Times* racontait ces
incidents :

« La formation d'un vaste camp hova sur les hauteurs de
Grand Manahar, après la reprise de Vohémar par les Français,
avait donné à l'amiral Miot l'idée, qui se trouva juste, que le
gouvernement d'Emyrne avait dégarni la capitale pour préparer
un coup d'éclat dans le nord de l'île. Jeter les Français à la
mer, tel était le projet que les missionnaires anglicans, d'après
des renseignements de source certaine, avaient conseillé à la
reine Ranavalo et que la reine avait follement adopté.

« L'amiral français conçut alors un audacieux dessein. Laissant devant Vohémar un simple rideau de troupes, il forma un
corps expéditionnaire avec les compagnies de débarquement, les
trois mille volontaires que l'île de la Réunion avait levés à la
suite des combats malheureux du 29 septembre et les quatre
mille hommes de renfort que le ministère Brisson avait envoyés
à Madagascar. La saison était exceptionnellement favorable.
Dans l'espace de huit jours, toutes ces troupes bien reposées
depuis quelques semaines, heureuses enfin de pouvoir tirer

vengeance d'un insupportable ennemi, se trouvèrent exactes au
rendez-vous de la baie d'Andévourante qui commande la grande
route de Tananarive. Comme l'amiral l'avait prévu, d'Andévourante à la forêt de Fanghourou, il ne rencontra aucune
résistance : le gros des troupes hovas avait été en effet, depuis
un mois, dirigé par paquets successifs vers le nord. Ce ne fut
que le huitième jour, au moment d'arriver à l'étape d'Ambatou-
Manga, le dernier gros village avant la capitale, que la petite
armée française se heurta à l'arrière-ban des troupes hovas
qui avait été réuni en toute hâte pour défendre Tananarive.
Ces troupes, les plus mauvaises du royaume malgache, se
débandèrent après un petit combat qui ne dura pas deux
heures, et fuyant à travers les plaines d'Ankaye, vinrent répandre
la terreur dans la capitale. Le surlendemain, qui était le
onzième jour depuis son départ d'Andévourante, l'amiral Miot
entra dans Tananarive sans rencontrer de résistance et mit
garnison dans la citadelle de Manjaka. La reine, accompagnée
des 15ᵉ et 14ᵉ honneurs, des ministres et des missionnaires, était
partie la veille dans la direction des plateaux d'Ankavandra. »

Le récit du *Times*, bien qu'il tînt du roman, était parfaitement exact : une dépêche explicite de l'amiral Miot ne
tarda pas à le confirmer. Après avoir rappelé au ministre
les pleins pouvoirs qu'il avait réclamés et obtenus à la
suite de l'incident de Vohémar, il rendait compte, dans un
style simple et fier, de la marche sur Tananarive, de la
belle conduite des troupes et de la facile occupation de la
capitale. Comme on avait opéré au meilleur moment de
la belle saison, le nombre des malades était insignifiant ;
celui des blessés ne dépassait pas cent hommes. L'amiral
était heureux d'offrir à la République cette victoire. Il ne
demandait pas encore de récompenses pour ses troupes.
Pour attendre la soumission de la cour fugitive et pour
garder les points importants de la côte orientale et de la
route d'Andévourante, il réclamait seulement un renfort
temporaire, mais immédiat, de 3000 hommes. La réalisation définitive des grands projets de Richelieu, de Louis XIV
et de la Convention sur la *France orientale* valait bien ce
dernier effort. La paix signée, ce qui ne pourrait tarder,
il suffirait de quelques bataillons d'infanterie de marine

et de quelques cuirassés pour assurer le respect de nos droits séculaires.

Ainsi la politique d'aventures, l'odieuse et victorieuse politique coloniale, les poursuivait toujours ! Les ministres, réunis en conseil au palais de l'Élysée, sous la présidence de M. Grévy, écoutèrent d'un air mélancolique la communication du ministre de la marine et des colonies :

« Hé ! messieurs, demanda le président de la République, je constate que vous n'avez pas la victoire gaie. Que proposez-vous ? »

Ce fut M. Clémenceau qui prit la parole. Assurément ses sentiments intimes sur la politique coloniale n'avaient pas changé ; mais quoi ! il n'avait pas reçu intacte la question de Madagascar...

« Mon cher ministre, interrompit en souriant M. Grévy, je vous ferai observer qu'il en a été de même de tous les chefs de la politique française depuis que votre illustre prédécesseur, le cardinal de Richelieu, donna lettres patentes au capitaine Rigault « pour ériger à Madagascar colonies et commerce ».

— J'entends bien que M. de Freycinet et M. Brisson, répondit M. Clémenceau sur un ton pincé, nous avaient déjà dit quelque chose de semblable il y a trois mois.

— Mais vous ne l'avez compris que d'aujourd'hui, » répondit malicieusement M. Grévy.

M. Clémenceau, reprenant la parole, exprima alors l'avis qu'il était impossible de ne pas accorder à l'amiral les renforts qu'il réclamait, de ne pas demander au parlement un crédit de 12 millions. Le merveilleux succès de l'amiral avait produit sur l'opinion un effet irrésistible d'enthousiasme ; le nom subitement glorieux de Miot volait de bouche en bouche ; l'Angleterre jalouse, l'envieuse Italie, la Prusse elle-même, ne parlaient qu'avec admiration de cette marche extraordinaire sur Tananarive. Quelque regrettable que fût cet engrenage, quelque déception qu'un prochain avenir réservât sans nul doute à cette nouvelle aventure, le gouvernement de la République ne pouvait pas se cantonner dans une bouderie stérile que les

coteries vaincues attribueraient à des sentiments mes-
quins ; surtout il n'avait pas le droit de refuser au
corps expéditionnaire un secours de quelques milliers
d'hommes.

Le général Thibaudin, bon et brave soldat, quand un
mirage politique ne l'égare pas, appuya avec chaleur la
proposition du président du Conseil : « Lorsqu'un camarade, et surtout un pareil camarade, demande du renfort,
qui refuserait serait un j...-f... »

« Je suis résigné à défendre le projet, » dit alors
M. Georges Perin, avec le geste classique de M. de Guernon-
Ranville signant les ordonnances et cherchant au mur
le portrait de Strafford ; le Président de la République
approuva la demande de crédits.

Ce fut une étrange séance (26 novembre). Quand M. Perin,
qui depuis quinze ans avait repoussé, sauf une seule,
toutes les demandes de crédit pour les expéditions coloniales, parut à la tribune pour déposer le projet du gouvernement, le groupe des socialistes et des ultra-radicaux
éclata en cris de colère et d'indignation. Comme l'extrême
gauche de la dernière Chambre avait accablé M. Jules
Ferry sous les épithètes, qui eussent été glorieuses à
Rome, de Tunisien et de Tonkinois, la nouvelle extrême
gauche, montrant le poing au ministre, poussant de véritables hurlements, traita M. Georges Perin de Malgache et
de Hova. Le ministre tint tête à cette tempête avec beaucoup de crânerie, d'abord impatienté, puis encouragé
(à mesure que l'homme de parti disparaissait devant le
patriote) par les bravos de l'*Union républicaine et démocratique*. S'il eut le tort, dans un pareil moment, de
rappeler comme une circonstance atténuante sa vieille
hostilité contre la politique d'expansion coloniale, il
déclara d'une voix forte, reprenant ainsi les protestations
successives de M. Ferry, de M. de Freycinet et de M. Henri
Brisson, que le drapeau de la France ne serait point
abaissé : « Honte à qui hésite quand l'honneur de la
France est en jeu. Le sentiment de cet honneur impose
au gouvernement des devoirs impérieux. Le ministre de

la marine et des colonies ne manquera pas à ces
devoirs. »

M. Maujan remplaça M. Georges Perin à la tribune pour
critiquer en termes d'une âpre violence l'expédition de
l'amiral Miot. «Cette victoire est grosse de désastres futurs,
dit l'ancien capitaine : mes amis et moi, nous ne voulons
pas être associés à la responsabilité de ces catastrophes.
Cette aventure est pire que celle du Tonkin dont elle n'est
d'ailleurs qu'une servile copie, un audacieux décalque :
l'amiral Miot s'est emparé de Tananarive, comme le commandant Henri Rivière s'était emparé d'Hanoï, par un
coup de fortune. Mais a-t-on déjà oublié les conséquences
de ce néfaste succès? Faut-il les rappeler à M. Perin,
à M. Granet, à M. Clémenceau, qui avaient établi alors
avec une logique impitoyable l'enchaînement fatal des
fautes commises dans le Delta? C'est la même histoire qui
recommence et presque dans les mêmes conditions. Au
lieu du Tonkin, Madagascar; au lieu de M. Jauréguiberry,
ministre de la marine et des colonies, M. Perin, ministre
de la marine et des colonies : pas d'autre différence. C'est
parce qu'ils savent résister à des entraînements passagers,
surtout à la griserie des victoires faciles, que les hommes
d'État se distinguent des politiciens. La politique sage?
C'est celle que M. Clémenceau recommandait hier. C'est
toujours la nôtre. Nous déposons une interpellation sur
cette nouvelle aventure et nous déposons en même temps
un ordre du jour que vous n'avez pas eu le temps
d'oublier :

« La Chambre,
« Condamnant la politique coloniale, passe à l'ordre du
jour. »

M. Clémenceau, président du Conseil, accepte que la
demande d'interpellation soit jointe à la demande de crédits. M. Maujan réclame la discussion immédiate de l'interpellation.

« Au nom du gouvernement, dit M. Clémenceau, je réclame la priorité pour le vote des crédits : d'abord, l'armée ; vous direz ensuite si vous avez ou non confiance dans le cabinet. »

M. Spuller, au nom de l'*Union républicaine*, et M. le comte de Mun, au nom de la droite, appuient la demande du président du Conseil, qui est adoptée par 390 voix contre 112.

« On est plus généreux pour vous, crie M. Chabert, que vous ne l'avez été pour M. Jules Ferry ! Mais soyez tranquille, vous ne perdrez rien à attendre. »

La séance est suspendue, la Chambre se retire dans ses bureaux et nomme la Commission des crédits ; celle-ci se réunit aussitôt, entend le ministre de la marine, accepte le projet et charge M. Rouvier de déposer à la reprise de la séance le rapport concluant à l'adoption.

A quatre heures, au milieu d'une agitation extrême, la Chambre rentre en séance et M. Rouvier donne lecture de son rapport.

C'est d'abord un magnifique éloge de l'amiral Miot ; M. Rouvier promet ensuite au cabinet, pour mener à bonne fin cette œuvre patriotique, le concours de tous ses amis. « Il est d'ailleurs bien entendu, dit le rapporteur, que la politique du cabinet n'est pas, à Madagascar, une politique d'annexion et de conquête. La conquête serait ruineuse, l'annexion inutile. Comme nous le disait au mois de juillet l'honorable M. de Freycinet, comme M. Jules Ferry le répétait dans un discours prononcé à Lyon, nous n'avons jamais poursuivi à Madagascar que le respect de nos droits et la sauvegarde de nos intérêts. Dès que la cour d'Emyrne aura fait acte de soumission, abrogé la loi 85 et reconnu dans un acte solennel la situation qui nous est acquise par les traités sur la côte nord-ouest de l'île (1), nous devrons évacuer Tananarive. Poursuivre

(1) Ce sont les propres termes de la dépêche adressée par M. de Freycinet, le 25 avril 1882, au consul de France à Tananarive. (*Livre jaune*).

l'exécution intégrale du traité conclu en 1868 avec le gouvernement hova et exiger le retrait de la loi 85, telle a été la ligne de conduite adoptée au mois de décembre 1881 par M. Gambetta et continuée plus tard par les ministères Freycinet, Duclerc et Ferry. La Commission juge qu'il convient de persévérer dans cette voie. »

MM. Félix Pyat et Vaillant combattent avec une extrême violence les conclusions du rapport. M. Clémenceau répond à M. Pyat et, comme les mêmes situations ramènent les mêmes paroles, il refait le discours de M. Henri Brisson, dans la séance du 30 juillet. M. Jules Ferry clôt la discussion par une superbe harangue qui enlève le vote. La droite, sauf une douzaine de membres, l'*Union* tout entière et cent députés de la droite de l'extrême gauche se prononcent pour les crédits.

Mais alors, l'ordre du jour appelle l'interpellation de M. Maujan, et « le combat changea d'âme ». La droite est maîtresse de la victoire : sauvera-t-elle encore une fois le cabinet ? « Non ! » dit M. Paul de Cassagnac ; ses amis ont calculé que la chute du cabinet Clémenceau ouvrira nécessairement une crise très difficile et que cette crise se prolongera pendant de longues semaines au grand détriment de la République : plus de majorité, plus un homme dans le parti républicain à qui M. Grévy puisse faire appel. Quel gâchis! Et quelle chance inespérée pour la droite que ce gâchis !

En quelques paroles empreintes d'une brutale franchise, M. de Cassagnac annonce que ses amis ont voté les crédits à l'armée, mais qu'ils voteront la défiance au ministère (*Applaudissements à droite et à l'extrême gauche.*)

Cependant M. Jules Ferry a conféré avec les membres de l'*Union*. Certes, le ministère Clémenceau, depuis un mois qu'il travaille à la désorganisation de la République, ce ministère a été déjà bien funeste, bien malfaisant; mais quoi! il vient de faire preuve d'énergie, de courage, il comprend enfin que les gouvernements se transmettent les uns aux autres des héritages que le patriotisme interdit de ne pas accepter; s'il tombe aujourd'hui, il naîtra de sa chute une crise qui peut être fatale. Le sacrifice est dur, mais qu'importe, l'intérêt supérieur de la République et de la patrie le commande. Puisque M. Clémenceau n'accepte pas l'ordre du jour pur et simple, M. Jules Ferry et ses amis voteront l'ordre du jour de confiance qui est réclamé, à la demande du président du Conseil, par MM. Clovis Hugues, Millerand et Tony Révillon.

La déclaration de M. Jules Ferry produit sur la Chambre une profonde sensation.

« Il y a quelques mois, dit Félix Pyat interpellant le président du Conseil, vous demandiez au président du Conseil d'alors : Sommes-nous sous le ministère Brisson ou sous le ministère Ferry? Je reprends votre question : sommes-nous sous le ministère Clémenceau ou sous le ministère Ferry? »

Après une courte réplique de M. Clémenceau, la Chambre procède au scrutin. A peine 100 membres de l'extrême gauche votent l'ordre du jour de confiance, qui est repoussé par 286 voix contre 262. Toute l'*Union* a voté pour le cabinet, toute la droite a voté contre.

M. Clémenceau déclare qu'il sait ce qui lui reste à faire, et pendant que la Chambre adopte, après une tumultueuse discussion, l'ordre du jour pur et simple, il réunit ses collègues, recueille leurs démissions et se rend à l'Élysée.

« Eh bien, dit le Président de la République, c'est à mon tour de vous demander conseil. A qui vais-je offrir votre succession? A M. Sigismond Lacroix? à M. de Fourtou?

— Monsieur le Président, répond M. Clémenceau, je n'ai point d'avis à vous donner.

— Si je faisais venir M. Jules Ferry ou M. Brisson?

— Monsieur le Président, le pays a confiance dans votre sagesse.

— Si je proposais au Sénat la dissolution de la Chambre?

— Monsieur le Président, personne n'a jamais douté de votre dévouement à la République.

— Hé! mon cher ministre, dit M. Grévy, vous n'êtes pas suggestif ce soir... » Puis, après un silence.: « Et vous, qu'allez-vous faire maintenant? Comptez-vous voyager?

— Monsieur le Président, reprit M. Clémenceau, n'auriez-vous pas deviné que je reviens aujourd'hui même d'un voyage de dix ans? Je reviens d'Utopie. »

FIN

16850.   Imprimeries réunies, A, rue Mignon, 2, Paris.

TABLE DES MATIÈRES

33

16850. — Imprimeries réunies, A, rue Mignon, 2, Paris.

BIBLIOTHÈQUE-CHARPENTIER

11, RUE DE GRENELLE, 11, PARIS

CHOIX DE ROMANS

CONTES — NOUVELLES

Collection dite BIBLIOTHÈQUE-CHARPENTIER

A 3 FR. 50 LE VOLUME (FRANCO)

vol.

CANIVET	Pauvres diables	1
CÉARD (HENRY)	Une belle Journée	1
CLADEL	Bonshommes	1
—	Les Va-nu-pieds	1
—	N'a-qu'un-œil	1
CONSTANT (BENJAMIN)	Adolphe	1
COURMES (ALFRED)	Jours d'Amour	1
DAUDET (A.)	Fromont jeune et Risler ainé	1
—	Le Petit Chose	1
—	Lettres de mon Moulin	1
—	Sapho	1
—	Contes du Lundi	1
—	Le Nabab	1
—	Numa Roumestan	1
DAUDET (Mᵐᵉ A.)	Impressions de Nature et d'Art.	1
DAUDET (E.)	Le Roman d'une Jeune Fille . . .	1
—	Fleur de Péché	1
DAYOT	L'Aventure de Briscart	1
DUBUT DE LAFOREST	Les Dames de Lamète	1
DURANTY	Les Six Barons de Septfontaines.	1
—	Les Malheurs d'Henriette Gérard.	1
ESCOFFIER (HENRI)	Madame Ripert	1
FABRE (FERDINAND)	Le Roman d'un Peintre	1
—	Julien Savignac	1
—	Le Chevrier	1
—	L'Abbé Tigrane	1
—	Les Courbezon	1
—	Le Marquis de Pierrerue	2
—	Mˡˡᵉ de Malavieille	1
—	Mon oncle Célestin	1
—	Le Roi Ramire	1
—	Lucifer	1
—	Barnabé	1
—	Monsieur Jean	1
—	Madame Fuster	1
—	Toussaint Galabru	1
FÈVRE (HENRY)	Au port d'arme	1
FLAUBERT (G.)	Madame Bovary	1
FLAUBERT (G.)	Salammbô	1
—	La Tentation de saint Antoine . .	1
—	Trois Contes	1
—	L'Éducation sentimentale	1

vol.

FLAUBERT (G.)...........	Par les Champs et par les Grèves.	1
—	Bouvard et Pécuchet.........	1
FLEURY (M. DE).........	Amours de savants..........	1
FRANCE (H.).............	Les Va-nu-pieds de Londres...	1
—	Les Nuits de Londres........	1
—	Sous le Burnous.............	1
FRESCALY (MARCEL).......	Le 6e Margouillats...........	1
—	Fleur d'Alfa................	1
—	Mariage d'Afrique...........	1
—	Nouvelles Algériennes........	1
FULBER (FLORENT)....... .	L'Échéance.................	1
GAUTIER (TH.)...........	Mlle de Maupin.............	1
—	Le Capitaine Fracasse........	2
—	Le Roman de la Momie.......	1
—	Spirite....................	1
—	Romans et Contes............	1
—	Nouvelles.	1
—	Fortunio...................	1
—	Partie Carrée...............	1
—	Un Trio de Romans..........	1
GONCOURT (EDMOND DE).....	La Fille Élisa..............	1
—	Les Frères Zemganno........	1
—	La Faustin.................	1
—	Chérie....................	1
GONCOURT (E. ET J. DE)....	En 18**...................	1
—	Germinie Lacerteux..........	1
—	Madame Gervaisais..........	1
—	Renée Mauperin............	1
—	Manette Salomon............	1
—	Charles Demailly...........	1
—	Sœur Philomène............	1
HARAUCOURT (EDM.).......	Amis.....................	1
HENNIQUE (LÉON).........	La Dévouée................	1
—	L'Accident de M. Hébert......	1
HEPP (ALEXANDRE)........	L'Amie de Mme Alice........	1
HERMANT (ABEL).........	Le Cavalier Miserey.........	1
—	Nathalie Madoré............	1
—	La Surintendante...........	1
—	Cœurs à part..............	1
—	Amour de tête.............	1
HERVILLY (E. D).........	Histoires divertissantes......	1
—	Histoires de Mariages........	1

vol.

ZOLA (É.)...............	*Les Rougon-Macquart :*	
—	La Fortune des Rougon.........	1
—	La Curée..................	1
—	Le Ventre de Paris...........	1
—	La Conquête de Plassans.......	1
—	La Faute de l'abbé Mouret.....	1
—	Son Excellence Eugène Rougon.	1
—	L'Assommoir	1
—	Une Page d'Amour...........	1
—	Nana.....................	1
—	Pot-Bouille...............	1
—	Au Bonheur des Dames........	1
—	La Joie de vivre.............	1
—	Germinal..................	1
—	L'Œuvre..................	1
—	La Terre..................	1
—	Le Rêve	1
—	La Bête humaine	1

ZOLA (É.)...............	Le Capitaine Burle............	1
—	Naïs Micoulin...............	1
—	Les Mystères de Marseille......	1
—	Le Vœu d'une Morte.........	1
—	Thérèse Raquin..............	1
—	Madeleine Ferat.............	1
—	La Confession de Claude.......	1
—	Contes à Ninon..............	1
—	Nouveaux Contes à Ninon......	1
—	En collaboration avec	

G. DE MAUPASSANT, J.-K. HUYSMANS, LÉON HENNIQUE,
H. CÉARD, PAUL ALEXIS : Les soirées de Médan........   1

Envoi *franco* de ces Ouvrages contre mandat ou timbres-poste adressés à l'ordre de MM. G. CHARPENTIER et E. FASQUELLE, éditeurs, 11, rue de Grenelle, Paris.

16850. — Imprimeries réunies, A, rue Mignon, 2. — Paris.

ANDRÉ DANIEL

L'ANNÉE POLITIQUE

1re à 16e année — 1874 à 1889

16 volumes

NOTA. — La première année (1874) de cette série est épuisée.

ÉDOUARD NOËL & EDMOND STOULLIG

LES ANNALES DU THÉATRE

ET DE LA MUSIQUE

1re à 15e année — 1875 à 1889

15 volumes

NOTA. — La huitième année (1882) de cette série est épuisée.

PAUL GINISTY

L'ANNÉE LITTÉRAIRE

1re à 5e année — 1885 à 1889

5 volumes

Imprimeries réunies, A, rue Mignon, 2, Paris. — 16850.

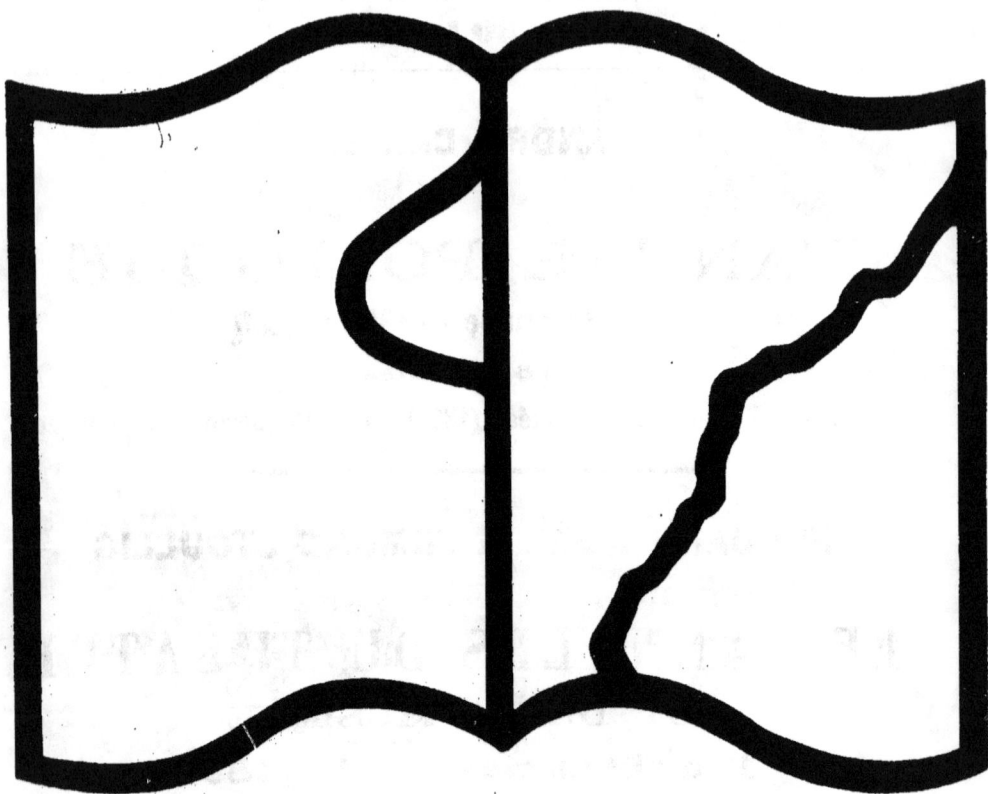

Texte détérioré — reliure défectueuse

NF Z 43-120-11